기억의 유령

The Emergence of Memory: Conversations with W.G. Sebald
Edited by Lynne Sharon Schawartz

Copyright © 2007 by Lynne Sharon Schwartz
Originally Published in English by Seven Stories Press, Inc.
Korean Translation Copyright © 2023 by Artichoke Publishing House

Korean edition is published by arrangement
with Seven Stories Press through Duran Kim Agency

이 책의 한국어판 저작권은 듀란 킴 에이전시를 통해
저작권사와 독점 계약한 아티초크에 있습니다.
저작권법에 의해 보호를 받는 저작물이므로
무단 전재와 무단 복제를 금합니다.

기억의 유령

폭력의 시대, 불가능의 글쓰기는 어떻게 가능한가

린 섀런 슈워츠 엮음 | 공진호 옮김

아티초크

일러두기

1. 본문에 나오는 주는 모두 옮긴이 주입니다.
2. 모든 삽화와 연보 및 부록은 원서에 없으며 번역에서 추가했습니다.
3. 단행본은 『 』로, 시, 단편 등은 「 」로, 잡지나 신문, 공연은 《 》로, 개별 기사 등은 〈 〉로 구분했습니다.
4. W. G. 제발트 작품을 인용한 부분은 이미 출간된 번역서를 따랐고, 해당 번역서의 표기 규칙과 함께 그대로 옮겼습니다. 관련 도서 목록은 책 말미에 있습니다.

차례

옮긴이의 말 제발트와 언어의 힘	11
감사의 말	29
서문 상실된 것을 부활시키는 언어	31
사냥꾼	55
유령 사냥꾼	81
제발트는 누구인가	121
보이지 않는 대상에 대한 시	147
서늘한 사치	165
제발트와의 대화	175
연기의 고리	219
모의된 침묵	261
경계를 넘다	285
연보	311
인용 출처 및 참고 문헌	324
부록	
나방의 죽음	327
사냥꾼 그라쿠스	337
글쓰기에 관한 제발트 어록	349

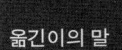
옮긴이의 말

제발트와 언어의 힘

공진호

제발트는 자신의 작품 『현기증. 감정들』 『이민자들』 『토성의 고리』 『아우스터리츠』를 'prose fiction'이라고 불렀다. 언뜻 '산문소설'로 번역할 수 있을 것 같은데, 그리 간단한 문제가 아니다. 산문이 아닌 소설이 어디 있어? 라는 의문이 생긴다(푸시킨의 운문소설을 감안하지 않는다면 말이다). 영미권에서도 많은 독자들의 고개를 갸우뚱하게 하는 명칭이다. 제발트는 우리가 일반적으로 알고 있는 '소설 novel'을 수동 기어를 변속할 때 요란한 소리를 내는 낡은 자동차 같은 것으로 생각했다. "이야기를 진행시키기 위해 대화를 쓰는 건 18세기나 19세기의 소설에는 괜찮았지만 이제는 기계 부품들이 서로 부딪치고 삐걱이며 앞으로 나가는 걸 보는 것 같아서 보기가 좀 괴롭다." 그의 생각이 이러하다면 우리가 아는 바대로의 '소설'과 구분해서 'prose fiction'을 '산문픽션'이라고 옮길 수밖에 없겠다. 한편 『기억의 유령』에서 'novel'은 물론 그대로 '소설'이라고 옮겼다. 『기억의 유령』을 옮기며 나 자신에게 분명히 해야 했던 번역어를 이상과 같이 정리해 보았다.

번역과 제발트

내가 번역가이니만큼 제발트가 번역을 대하는 방식은 특히 흥미롭다. 제발트는 이스트앵글리아 대학교에 브리티시 문학번역원(이하 BCLT로 표기)을 창설하고 초대원장까지 지냈기에 나는 번역에 관한 그의 견해를 그의 입으로 자세히 들을 수 있기를 기대했는데 번역 이야기는 오가지 않아 조금 아쉬웠다. 그러나 다른 자료를 통해 어느 정도 알고 있었고 흥미로운 이야기들이 많으므로 그중 일부를 이 자리에 소개해 보겠다.

BCLT 소속 번역가이자 부원장이었던 애덤 체르니아프스키는 영국 하빌출판사의 편집자였던 빌 스웨인슨에게

옮긴이의 말

『이민자들』을 번역, 출간할 것을 권한다. 1993년 3월 스웨인슨은 독일어 원본을 두 번역가에 보내 검토를 의뢰한다. 마이클 헐스와 존 하틀리 윌리엄슨, 두 번역가 모두 『이민자들』이 좋은 책임을 확인해 주자 하빌출판사는 출간을 결정한다. 제발트는 샘플 번역을 요구했고, 스웨인슨은 세 명(다른 한 명은 누구인지 모르겠습니다)의 번역가에게 샘플 번역을 받아 무기명으로 제발트에게 전달한다. 블라인드 심사인 셈이다. 제발트는 가장 균형 잡히고 운율적인 문어체의 샘플 번역을 택했으나, 스웨인슨은 '밝은 느낌'을 주는 다른 번역(마이클 헐스)이 이 작품에 적합하다며 제발트를 설득한다. 그리고 결국 그해 11월 마이클 헐스는 『이민자들』 번역 계약을 했다.

마이클 헐스는 이듬해인 1994년 봄에 『이민자들』 번역에 착수했다. 그런데 그 결과를 받아 본 제발트는 몹시 실망하고 그의 번역을 승인하지 않았다. 나중 일이지만 그럼에도 마이클 헐스는 이어서 『토성의 고리』와 『현기증. 감정들』까지 번역했다. 과장해서 말하자면 이 번역에 얽힌 이야기는 '대하소설' 같다.

마이클 헐스는 제발트의 작품에 탄복하고 헌신적으로 번역에 임했다고 한다. 하지만 많은 시간이 주어지지 않아

옮긴이의 말

상당한 압박을 받았다고 한다. 그러다 보니 번역에 실수도 나오고 기한을 맞추지 못하기도 했다. 과부 설움은 과부가 안다고 번역가라면 누구나 알 이해할 만한 일이다. 그런데 진짜 문제는 마이클 헐스는 훌륭한 번역가이기 전에 시인이라는 데 있었다. 자신만의 확고한 언어 감각이 서 있는 시인인 데다, 그때만 해도 아직 마흔 살의 혈기왕성한 나이였다. 그런데 자신의 번역에 온통 줄이 죽죽 그어져 있고 수정이 되어 있었으니 심정이 어땠을까?

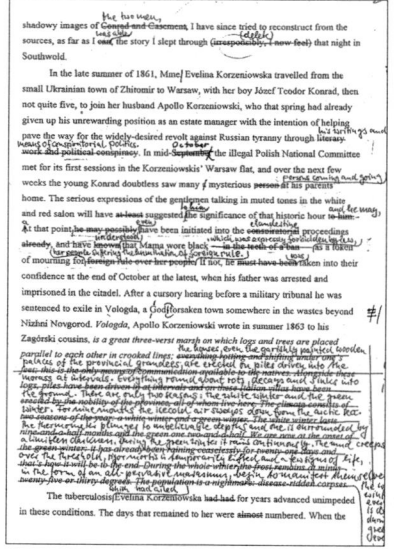

마이클 헐스의 『토성의 고리』 번역 초고와 제발트의 교정
ⓒ The Estate of W. G. Sebald

옮긴이의 말

 세간의 번역 논쟁은 크게 의역이냐 직역이냐로 나뉘는 듯하다. 편의상 그렇게 논할 수도 있지만 사실 이런 구분은 단순하기 짝이 없다. 번역 논쟁 또는 '시비'는 대개 개별 문장의 문법적, 어휘의 해석 수준에 머문다. 새 언어로 최대한 아름답게 옮기는 편을 택하느냐, 아니면 그런 건 알 바 아니고 원문에 최대한 가깝게 옮기는 편을 택하느냐 하는 건데, 물론 둘 다를 성취하는 게 이상적이겠지만, 이상은 거의 언제나 피안에 있는 듯하다. 여기에 문제를 더 복잡하게 만드는 건 왜 '원전'에 노예처럼 충실해야 하며, 충실하다는 건 무엇이며, 그러다 보면 결국 문학이란 무엇이냐 하는 문제까지 대두된다. 그러나 이 문제까지는 여기서 다룰 이야기가 아니므로 건너뛰겠다.
 아무튼 마이클 헐스는 제발트의 문장을 '영어화'시키는 편이었고, 저자인 제발트는 생각이 달랐다. 헐스가 원문을 '영어화'시키고, 더 나아가 '헐스화'시키면 그 번역을 받아든 제발트는 그것을 도로 '독일어화'시키고, '제발트화'시키는 식이었다. 그래서 결과적으로 제발트는 독일어로 원작을 완성시키기까지 들인 시간보다 영어 번역을 교정하는 작업에 더 많은 시간을 들였다. 그러는 과정에서 제발트 자신이 독일어 원문과 다르게 영역을 고치는 현상도 나타났다. 이런 까닭에 제발트의 경우, 영어 번역본이 독일어 원본과 대등한 지위를 가지게 되는 듯하다. 제발트 전기 작가인 캐럴 앙지에는 그의 작품의 원전은 두 가지이며, 어찌 보면 영어판이 더 원전에 가깝지 않겠느냐는 말도 한다. 시간적으로 독일어 원문보다 나중에 이루어진 데다가, 저자 자신이 그 번역에 '참여'하여 독어판보다 영어판에 더 많은 시간과 공을 들였기 때문이다. 결과적으로 그렇게 집중되고 긴장된 긴 과정을 거친 영어 번역판들은 독일어판과 영어의 장점이 묘하게 결합된 완성체가 된 것이리라.

그런 한편 『아우스터리츠』의 번역 과정은 달랐다. 네 편의 산문픽션 중 제일 마지막 작품은 마이클 헐스와 결국 '갈라선' 제발트가 다른 번역가를 선택했다. 저명한 독일어권 번역가인, 지금은 작고한 안시아 벨 여사다. 한데 이분도 30페이지 가량 되는 샘플 번역을 승인받고서야 번역자로 낙점되었으니, 제발트가 얼마나 까다로웠는지 짐작할 수 있다.

제발트는 마이클 헐스가 자신의 '목소리(voice)'를 포착하지 못한다며 한탄했다. 자신의 번역문이 저자에 의해 거의 다시 쓰여서 되돌아온다는 건 상상만 해도 살 떨리는 일이다. 그런데 번역자인 마이클 헐스 입장에서 더 괴로웠

옮긴이의 말

던 점은 제발트가 자신보다 BCLT 비서인 베럴 랜웰의 '귀'를 더 신뢰했다는 점이다. 제발트는 번역 원고를 받으면 자신이 먼저 고치고 랜웰에게 고치도록 한 다음, 다시 그걸 받아 검토하고 대개는 랜웰의 교정을 받아들이거나 추가로 고치는 작업을 했다. 『이민자들』의 '쎌윈 박사' 편과 『아우스터리츠』를 제외한 산문픽션 전체가 그런 식으로 베럴 랜웰의 손을 거쳤다고 하니 그 시간과 노고가 얼마나 들어간 걸까?

2001년 번역 심포지엄에서 제발트는 자신이 생각하는 이상적인 번역가를 이렇게 묘사했다. 그 번역가는 아마도 젊지 않을 것이다. 그리고 "우연히 번역을 하게 된" 사람일 것이다. 열정이 있고 "지난 세대의 언어를 기억"하고 있으며 양질의 일반 교양 교육을 받은 사람일 것이라고 했다. 그 말을 들은 사람들은 안시아 벨을 가리키는가 보다 했지만, 안시아 벨은 옥스퍼드 대학교에서 문학을 공부한 전문 번역가였다. 제발트가 생각한 사람은 베럴 랜웰이었을 거라고 한다. 제발트는 『토성의 고리』 영역 교정지 겉장에 번역은 마이클 헐스, 교정은 베럴 랜웰, 그리고 제발트 자신의 순서로 했음을 기입해 두었다고 한다.

번역과 관련하여 이 책의 초판에서 제발트의 작품 중

옮긴이의 말

『기억의 유령』에 인용되는 구절은 기본적으로 기존 한국어 번역본을 찾아 그대로 인용하고 각주에 해당 번역서를 표기했다. 간혹 인용 문맥에 따라 편의상 영어판을 번역하여 본문에 넣을 때는 이에 해당하는 기존 한국어 번역본의 번역을 각주에 병기했다.

제발트와 카프카, 그리고 그라쿠스

2001년 12월 14일 금요일. 해미쉬해밀튼출판사는 제발트에게 그가 보지 못할 『자연을 따라. 기초시』의 영어 번역 교정쇄를 보내고, 이 책의 번역자 마이클 햄버거는 편지를 발송했다. 그는 결국 그 교정쇄와 편지를 받아 보지 못했다.

이날 정오 무렵, 제발트는 포링랜드의 구(舊)목사관 집을 나섰다. 조수석에는 스물여덟 살 먹은 딸이 타고 있었다. 노리치로 가는 길이었다. 한 10분쯤 지났을 때 제발트의 차는 커브길을 따라 돌지 않고 직진했으며, 맞은 편 길에서는 38톤 화물트럭이 달려오고 있었다. 제발트의 차는 트럭의 운전수 쪽 앞을 받았고 트럭은 도랑에 처박혔다. 제발트의 차는 충돌 후 빙빙 돌다 멈췄다는데, 옆에 타고 있던 딸은 크게 다치지 않았지만 그는 즉사했다.

이 소식을 접한 지인들은 평소에 교통사고가 잦았던 제

발트가 이번엔 돌이킬 수 없는 사고를 당했다고 생각했다. 자살을 의심한 이들도 있었다. 그러나 딸을 끔찍이 사랑하던 그가 그런 식으로 자살할 리는 없었다. 장례식은 부검을 위해 3주쯤 지난 후에야 치러졌다. 부검 결과는 심장마비였다. 커브길을 따라 돌지 않고 직진한 것은 심장마비 때문이었고 충돌 전에 이미 사망했으리라는 것이다.

제발트는 운전이 능숙하지 않았던 데다 운전대를 잡은 채 상념에 잠기곤 해서 자잘한 사고가 잦았는데, 이 때문에 지인들은 처음 사고 소식을 접했을 때 졸음이 원인이었으리라고 추측했다. 게다가 제발트가 상념에 잠길 만한 신빙성 있는 이유가 있었다. 그 시간, 그 비극적인 순간에 차 안에서 듣던 라디오에서는 1998년 1월만 해도 그와 함께 런던의 이스트엔드를 돌아다니던 시인 친구 스티븐 왓츠가 자신의 시 「Fragment(단상)」를 낭송하는 방송이 흘러나오고 있었다. "런던의 낮은 하늘을 휩쓰는 눈이 내리길 갈망하니……" 그리고 왓츠는 친구의 죽음에 다음과 같은 시를 부쳤다.

……

나는 방에서 비틀비틀 돌아다닐 수밖에 없네, 그러면서

옮긴이의 말

맥스, 맥스, 자네 이름이 가냘프게 내 입에서 새어나오지
이제 자네가 여기 없으니 이제 언어는 어떻게 될까
……

언어. 제발트는 언어의 힘을 믿었다. 눈에 보이는 것은? 사진은? 그것은 불신의 대상이었다. 한나 아렌트처럼 제발트는 눈에 보이는 것이 진실이 아닐 수 있음을 잘 알고 있었다. 아우슈비츠의 참상에 대해 우리가 떠올리는 이미지들은 사실은 수감자들이 해방되었을 때를 담은 사진들이었다. 대량 학살의 현장은 그 이전에, 안 보이는 데서 신속히 처리되었던 것이다.

그러나 제발트는 이 책의 인터뷰에서 사진은 텍스트에 신빙성을 부여한다고 한다. 그러나 위에서 말한 점을 상기한다면 제발트의 이 말 자체가 불신의 대상이 될 것 같다. 신빙성을 부여해야 할 사진이 역설적으로 불신의 대상이라면, 의지할 것은 텍스트밖에 없고, 궁극엔 언어만이 남는다고 볼 수 있지 않을까? 그게 제발트의 생각인 듯하다. 그래서 스티븐 왓츠는 언어의 힘이 희귀한 세상에서 그마저 가 버리면 "언어는 어떻게 될까"라고 한탄하는가 보다. 『아우스터리츠』의 한국어 번역판 커버에도 쓰인 소년의

옮긴이의 말

사진은 실은 주인공 아우스터리츠와 아무런 관계가 없다. 아우스터리츠는 체코인인데 사진 속 멋진 옷차림의 소년은 영국인이다. 아우스터리츠의 어릴 적 사진이 아니다.

　제발트는 작품에서 실제 자료의 출처를 분명히 밝히지 않는다. 이를 두고 일부에선 문화 유용을 들먹인다. 유대인의 고난을 작품 소재로 유용했다는 것이다. 그러나 그는 "항상 무엇보다도 역사적으로 소수자 그룹들에 대한 박해와 비방에 대해 글을 써야 한다"고 느꼈다. 그러면서 "강제 수용소에 대해 쓴다는 건 사실상 불가능하다"면서 "글 속에서 그 사실을 자주 언급하지 않아도 독자로 하여금 저자가 사실은 오랫동안 이 문제와 씨름했구나 하는 걸 깨닫게 할" 방법을 찾아야 한다고 그는 생각했다. 이것만으로도, 제발트의 성장 배경과 사고의 발달 과정을 더듬지 않더라도, 문화 유용 비난은 온당하지 않다는 생각이 든다.
　그런 한편, 제발트를 홀로코스트 작가 또는 유대인이 아닌 독일인임에도 홀로코스트와 그 외상성 여파에 대해 정직하게 쓴 작가라는 등의 평가는 그의 작품이 지닌 보편성

옮긴이의 말

을 생각하면 정당한 평가가 아니다. 그래서인가, 제발트는 「메모」라는 제목의 이런 시를 남겼다.

> 불을 때고 그 연기로
> 미래를 점치자
>
> 그런 다음 재를 들어내
> 머리에 뒤집어 쓰자
>
> 뒤돌아보지 말 것을
> 명심하자
>
> 탈바꿈하는 기술을
> 시험해 보자
>
> 진사(辰沙)로
> 얼굴을 칠하자
>
> 슬픔의
> 표시로

옮긴이의 말

. . .

 2001년 6월 17일, 슈투트가르트 문화센터에서 행한 강연에서 제발트는 "문학의 효용이란 무엇인가"라는 질문을 던지고 "기억을 돕고 어떤 일들은 인과관계의 논리로는 설명되지 않음을 가르쳐주는 것뿐인지도 모릅니다"라고 말했다. "글에는 여러 가지 형식이 있지만 문학만이 단순한 사실의 나열이나 학식을 넘어 회복의 시도를 할 수 있습니다." 그의 회복의 제스처는 슬픔에서 시작되었을 것 같다. 그가 "물론 비종교적인 의미에서 하는 말이지만, 글은 영혼을 구원해야, 아니 최소한 구원하려는 시도여야 한다"라고도 한 것은 그때문이 아닐까.

 꿈에서 본 것이 이상하게도 현실보다 더 생생하게 느껴진다면, 이는 아마도 파묻힌 기억 때문일 것이다. 하지만 어쩌면 꿈속에서 다른 무언가를, 흐릿하고 뿌연 어떤 것을 통과하면 역설적이게도 모든 것이 훨씬 더 명료하게 나타나는 것인지도 모른다. 작은 물방울이 호수가 되고, 미풍이 폭풍으로, 한줌의 먼지가 황야로, 유황 입자 하나가 분출하는 화산

옮긴이의 말

으로 변한다. 우리가 시인과 배우, 기계 기술자, 무대미술가, 관객 등의 역할을 한꺼번에 떠맡는 이 연극은 도대체 어떤 것인가?[1]

제발트에게 이 연극은 기억 속에서 회상이, 꿈속에서 기억이 펼쳐지는 연극이다. 그의 작품에는 이 꿈 같은 특성이 있다. 악몽 같을 때도 있다. 그것은 역사의 악몽이며 우리 인간은 그 악몽에서 깨어나려고 버둥거리고 있다고 제발트는 말하는 듯하다.

제발트에게 우연이란 없다. 운명은 결정되어 있다. 이는 스피노자의 말을 떠올리게 한다. 스피노자는 우리가 우연이라고 생각하는 그 우연은 단지 우리가 우연을 둘러싼 모든 것을 다 헤아려 알지 못하기 때문에 그것을 우연이라고 생각할 뿐이라는 입장이었다. 제발트의 가장 자서전적인 『현기증. 감정들』에서 제발트는 그 우연의 공포를 생과 사 다음으로 인간이 처한 존재론적 공포 중 가장 강력한 것으로 인지한다. 이 공포는 카프카가 가졌던 공포이며, 제발트가 특히 『토성의 고리』에서 내용뿐 아니라 형식으

---

[1] 『토성의 고리』 98쪽.

옮긴이의 말

로 전달하는 공포이기도 하다. 이는 반복의 공포와도 통한다. 악몽 같은 역사의 반복.『토성의 고리』는 1장에서 토머스 브라운과 누에와 실크, 죽음으로 시작하고 2장에서는 노리치에서 출발하는 여행을 떠나고 9장에 이르러서는 노리치로 돌아온다. 그리고 마지막 10장에서 다시 실크와 죽음, 브라운에 대해 이야기한다. 좌우 대칭, 반복의 구조다.

수전 손택은『현기증. 감정들』과『이민자들』에 대해 "4부로 된 음악 같은 구조이고 네 번째 이야기가 가장 길고 강렬하다"고 했다. 그런데 왜 4부 구조인가에 대해서는 바로『토성의 고리』1장의 "다섯눈모양"(30쪽) 즉 퀸컹크스 (quincunx)에서 단서를 찾을 수 있다. 다이아몬드 모양의 4등변형이 사방으로 연결되고, 동그라미 하나에서 이어지는 4개의 선 끝에는 또 각각 동그라미가 있는데, 이 4개의 동그라미를 머릿속에서 연결시키면 직사각형이 되고, 그 중 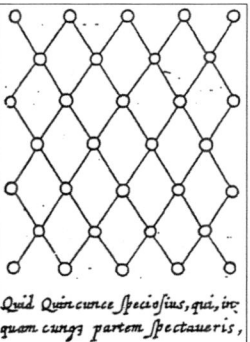 앙에는 처음의 동그라미가 있다. 4개의 동그라미는 4부 픽션의 구조이며, 이 동그라미들이 안으로 바라보는 곳에 있는 그 한 개의 동그라미는 4개의 동그라미를 관통하는 주

25

옮긴이의 말

제 또는 서브텍스트를 가리킨다. 토머스 브라운의 퀸컹크스는 제발트의 작품 특히 첫 두 작품의 이해에 유용한 틀이다. "외견상 무한히 분기하는 형태로 반복되는 패턴"[2]을 기록하는 브라운을 이야기할 때 제발트는 그의 산문픽션의 구조에 대한 템플릿을 알려 준다. 운명을 이야기하다가 구조에 대해 이렇게 길게 이야기하는 것은 퀸컹크스를 언급하지 않으면 제발트의 '운명'을 이야기할 수 없기 때문이다. 다시 말해서 퀸컹크스 중앙의 동그라미에 프란츠 카프카의 「사냥꾼 그라쿠스」가 있고 버지니아 울프의 「나방의 죽음」이 있다는 것을 말하고자 함이다.

  검은 숲(제발트의 고향) 계곡에 떨어진 사냥꾼 그라쿠스는 영원히 삶과 죽음 사이의 경계 지대에 처해진다. 카프카는 사냥꾼 그라쿠스를 통해 복화술로 이렇게 말한다.

> 나는 영원히 그곳에 이르는 광대한 계단에 있습니다. 그 끝없이 넓은 계단을 배회합니다. 올라갈 때도 있고 내려갈 때도 있고, 오른쪽으로 가기도 하고 왼쪽으로 가기도 하며 항상 이동합니다. 사냥꾼이 나비가 된 거죠. 웃지 마십시오.

---

2 "무한하리만치 다양한 형태 속에서 때때로 반복되는 형(型)" (『토성의 고리』, 29쪽)

옮긴이의 말

『현기증. 감정들』에서는 사냥꾼 그라쿠스 이야기가 나오는 한편 『이민자들』에서 카지미르 외삼촌은 바다를 응시하며 "여기가 어둠의 경계다"[3]라고 말한다. 루이자 란츠베르크의 아버지는 이름이 라차루스[4] 즉 성경에서 죽었다가 살아 돌아온 나사로(Lazarus)다.

제발트의 등장인물들은 세상이라는 광대한 계단에 처해 있다. 그리고 그의 글은 삶과 죽음, 과거와 미래, 꿈과 현실을 연결한다.

. . .

『기억의 유령』 원서에는 없지만 부록으로 버지니아 울프의 「나방의 죽음」과 프란츠 카프카의 「사냥꾼 그라쿠스」를 수록했다. 제발트는 버지니아 울프가 제1차 세계대전의 사망자들은 물론이고 죽음을 면한 이들의 영혼에 가해진 손상을 노골적으로 쓰지 않고 일견 관련이 없어 보이는 소재인 '나방의 죽음'으로 나타냈다고 생각한다. 살을 발려

---

3 "저것이 어둠의 경계야." 『이민자들』 112쪽.
4 『이민자들』 245쪽.

낸 가시로 삶의 존재를 떠올리게 하는 텍스트를 논한 모리스 블랑쇼나 빙산의 끝만 보여 준다는 어니스트 헤밍웨이의 말처럼, 제발트도 그런 선택적 글을 울프에게서 봤고 또 그런 글을 썼다. 현대인이 처한 폭력의 시대에 제발트의 '불가능의 글쓰기'가 하나의 처방이 될 수 있을까.

한강 작가가 "과거가 현재를 돕고 있다고, 죽은 자들이 산 자를 구하고 있다고 느낀 순간들이 있었다"고 했을 때 나는 "산 자와 죽은 자 사이의 간격을 메우는 일과 그 일의 불가능성을 다룬다"는 제발트가 생각났다. "산 자와 죽은 자에게 동등한 지위를 부여"했더라도 그는 인류의 미래에 크게 낙관하지 않은 듯하다.

작가들의 인터뷰를 즐겨 읽는 나는 『기억의 유령』을 번역하며 누가 어떤 질문을 하느냐에 따라 대답이 보물 같을 수도 있고 시시할 수도 있다는 사실을 다시금 깨달았다. 위대한 작가라도 인터뷰하는 사람이 시시하면 대답은 위대하지 않을 수 있다. 『기억의 유령』은 질문자가 좋은 질문으로 '작가의 비결'을 포함해 많은 것을 이끌어 내 알게 해 주고, 제발트는 과연 위대한 작가임을 다시 확인시켜 주었다. 제발트의 소설을 읽지 않았어도 『기억의 유령』은 누구에게나 충분히 유익하고 재미있으리라 확신한다.

감사의 말

브린모어 칼리지의 사서 알린 지멀의 도움이 없었더라면 나는 이 책을 끝마치지 못했을 것이다. 그녀의 능력과 열정, 재치와 무한한 인내심 덕분에 W. G. 제발트 관련 자료를 찾는 일이 흥미진진할 수 있었다. 그곳에서 보낸 수많은 날 중 매주 화요일 오후 그녀와 함께 도서관에서 일하는 것이 그렇게 즐거울 줄은 몰랐다.

또한 베닝턴 칼리지의 유능하고 친절한 사서 조 터커의 도움도 받았다. 그는 신속하면서도 너그럽게 시간과 지식을 보태 주었다. 최근 브린모어 칼리지를 졸업한 엘리자베스 캐터네스는 인터넷의 미로를 헤치는 일에 도움을 주었다.

서문

상실된 것을 부활시키는 언어

린 섀런 슈워츠

2001년 57세였던 W. G. 제발트의 사망 소식은 독자들에게 충격은 물론 묘한 상실감을 안겨 주었다. 1996년 영어로 번역된 최초의 작품 『이민자들』이 모습을 드러낸 지 몇 년도 안 되어 그는 우리에게 없어서는 안 될 꼭 필요한 작가가 되어 있었다. 제발트는 오늘날 어떤 작가보다도 새롭게 글을 썼다. 굽이치며 최면을 거는 듯한 그의 문장들은 (고풍스러운 형식임에도) 뒤엉킨 불안뿐 아니라 무기력을 동반한 현대적 감성의 패러다임 그 자체다. 꿈을 묘사하는 듯 두서없이, 그러나 엄밀한 문장으로 전개되는 서술은 좀처럼 가시지 않는 충격을 떠올리게 하고, 그 충격

서문

은 세계대전의 유물일 뿐만 아니라 그에 앞서 식민지 건설이 활개치던 19세기의 유물이기도 하다. 그것은 실로 "거의 난국들로만 이루어진 우리의 역사"[1]다.

"그 만성적인 빈곤과 퇴보를 너무나 노골적으로 드러내는"[2] 광범위한 과정을 바라보았고, 그 시선을 글로 가져간 제발트는 비통하리만치 서정적으로 정확하게 그 빈곤과 퇴보를 재현해냈다. 그의 언어는 넓은 시야와 결합하여 서서히 타올랐고, 그렇게 타오른 불빛으로 우리는 우리가 어디서 왔고 어디에 이르렀는지 볼 수 있을 것이다. 그리고 몇몇 어둡고 예언적인 구절에서는 우리가 어디로 가고 있는지도 볼 수 있을 것이다.

"우리는 대형 건물이 드리우는 그림자가 파괴의 전조이며 설계부터 훗날 폐허로 존재할 것을 감안했다는 것을 직관적으로 안다."[3]

그의 마지막 소설 『아우스터리츠』의 구절이다. 나는 이 소설을 2001년 9월 중순에 읽게 되었는데, 앞의 인용을 감안할 때 이 시기는 시간과 공간을 넘나드는 뜻밖의 발견에 대한, 그리고 "우리의 인생행로를 관장하는 헤아릴 수 없

---

1 『토성의 고리』 345쪽.
2 『이민자들』 197쪽.
3 『아우스터리츠』 24쪽.

는 것들"에 대한 제발트의 생각이 그대로 적용된 기묘한 우연의 일치였다.⁴

『아우스터리츠』의 주인공은 서술자에게 자신의 인생사를 "위탁"⁵하며 야릇한 말로 입을 연다. "유년 시절과 청소년기 이후 내가 실제로 누구인지 몰랐어요."⁶ 자크 아우스터리츠와 공통점이 많은 제발트는 어떤 의미에서는 자신이 누구인지 정확히 알고 있었고 그는 이것을 유감으로 여겼다. 『현기증. 감정들』에서는 서술자가 베네치아의 호텔 방 아래에서 독일 여행객들이 떠드는 소리를 듣고 이렇게 생각한다. "그날 밤 불면에 시달리면서, 제발 내가 저들과 다른 민족이기를, 아니 아예 이 세상 그 어느 민족에도 속하지 않기를 얼마나 간절하게 소망했는지 모른다."⁷

제발트는 1944년 스위스 국경 근방의 알프스 산맥에 위치한, 바이에른 남부의 작은 마을인 베르타흐에서 태어났다. 그의 아버지는 독일 국방군 장교로 포로수용소에 수감되었다가 1947년에 석방되었는데, 제발트는 그때서야 아버지를 알게 되었다. 그는 누구보다 외할아버지에게 가장

---

4 9.11테러 사건으로 '쌍둥이 빌딩'이 무너진 것을 염두에 두고 하는 말이다.
5 『아우스터리츠』 12쪽, "그가 내게 맡겼던, 대부분 분류되지 않은 수백 장의 사진들".
6 『아우스터리츠』 51쪽.
7 『현기증. 감정들』 92쪽.

강한 애착을 가졌다. 외할아버지는 엄하고 무관심한 아버지와는 달리 매우 다정다감한 사람이었다. 제발트는 아버지가 참전한 사실, 그리고 훗날 그 사실에 입을 다문 점에 대해 아버지를 용서할 수 없었다. 제발트가 열세 살이 되었을 때 외할아버지가 돌아가셨는데, 이때의 충격을 그는 평생 극복하지 못했다.

제발트는 처음에는 프라이부르크 대학교에서, 그리고 나중에 스위스에서 독일어와 문학을 공부했다. 하지만 제3제국 나치였던 교수들이 가까운 과거를 언급하지 않는 현실에 불만을 품고 스물두 살에 대륙을 떠나지 않을 수 없었다. 제발트는 영국 맨체스터 대학교에서 학업을 이어 갔고 결국 영국에 정착했다. 이스트앵글리아 대학교에서 30년 넘게 강의를 한 그는 사망 당시 브리티시 문학번역원의 초대 원장이었다. 그는 결혼했고 외동딸이 있으며, 그녀는 아버지를 죽인 교통 사고에서 살아남았다.

제발트는 모국어인 독일어로 작품 활동을 했다. 그런데 출판계의 불가사의한 동향 때문인지 독일어 원작들의 출간 순서와 영어 번역서들의 출간 순서가 다르다. 『이민자들』(1992)의 영역본(1996)이 출간되었을 때 당시 무명이었던 제발트는 거의 전 세계적인 평단의 찬사를 받았다.

그 후 『토성의 고리』(1995, 영역 1998), 『현기증. 감정들』(1990, 영역 1999), 『아우스터리츠』(2001, 영역 2001)가 차례대로 영역되어 출간되었다. 제발트가 자신의 첫 비학술적 도전이라고 밝힌 장시 『자연을 따라. 기초시』(1988)의 영어 번역은 사후에 출간(2002)되었다. 제발트는 제2차 세계대전 당시 독일 도시들의 파괴와 이에 관한 전후 독일 작가들의 논의에 대해, 아니 그의 말에 따르면 그런 논의의 부재에 대해 1997년에 행한 일련의 강연을 바탕으로 『공중전과 문학』(2002)을 출간했다. 코르시카 방문기와 함께 여러 문인에 관한 에세이를 정리한 『캄포 산토』(2005)는 사후에 편찬되었다.

『자연을 따라. 기초시』의 독일어 원작은 1988년에 출간되었는데, 이 장시에는 16세기 독일 화가 마티아스 그뤼네발트와 18세기 식물학자 게오르크 빌헬름 슈텔러, 그리고 제발트 자신을 소설화한 이야기들이 세 부분으로 나뉘어 반복 구절처럼 들어가 있다.

제발트의 산문 작품들을 집필 순서대로 살펴보겠다. 『현기증. 감정들』은 스탕달과 카프카, 카사노바의 일대기에서 출발하고, 창의력의 비상을 통해 우회적이고 연상 작용에 호소하는 제발트식 전략을 비교적 작은 규모로 보여

준다. 이와는 다른, 마지막 놀라운 산문 작품에서 서술자는 자신의 출생지인 바이에른을 재방문하는데, 우리는 이 부분에서 전쟁이 끝난 직후 저자가 어렸을 때 살았던 마을의 주민들 생활이 어떠했는지 짐작해 볼 수 있다.

차기작 『이민자들』은 제발트의 주요 주제인 망명과 이동을 훨씬 더 깊이 탐색한다. 이 책을 이루는 네 가지 이야기는 각기 다른 인물을 다루는데 그중 셋은 유대인이라는 이유로, 나머지 한 명은 보다 더 미묘한 개인적 이유로 독일을 등질 수밖에 없었던 사람에 대한 것이다. 그중 세 이야기가 주인공의 자살로 끝난다. 그토록 많은 죽음이 이어지면 그 효과가 감소할 법한데, 그러기는커녕 각각의 죽음은 그다음 죽음의 슬픔에 무게를 더한다.

제발트의 작품 중 내가 최고로 꼽는 『토성의 고리』에서 그의 상상력은 자유로이 펼쳐지고, 도중에 옆길로 잘 새는 성향은 극단적이고 희극적이다시피한 지경으로까지 확장된다. 소용돌이치는 사색의 길은 독자에게 주문을 건다. 독자가 그 주문을 기꺼이 따른다면, 저자의 감수성은 부패와 엔트로피와 파괴로 얼룩진 복잡하고 비참한 이야기로 독자를 안내할 것이다. 이 소설은 영국 동부를 도보로 여행하는 과정으로 이루어져 있다. 토머스 브라운 경(『호장론

서문

(Urn Burial)』을 쓴 17세기 영국의 작가)의 두개골을 찾아 나섰다가 조셉 콘라드에 대한 사색, 벨기에가 콩고에서 저지른 만행, 로저 케이스먼트의 처형, 스윈번과 에드워드 피츠제럴드에 관한 이야기를 구불구불 이어가다 결국 빙 돌아나와서 중국의 양잠 산업과 이것이 계몽운동 시기에 유럽으로 퍼져 나간 이야기로 전개된다.

제3제국의 비단 산업 증진에 관한 이야기는 제발트 작품에서 다른 많은 부분들과 마찬가지로 입에 담기도 싫은 무엇에 대한 은유가 된다. 나치에 따르면 "누에 재배는 생산과 선택, 그리고 인종의 퇴화를 방지하기 위한 몰살의 필수적 수단"을 가르쳐 준다. 제발트는 치솟는 스팀이 누에고치를 최종적으로 어떻게 파괴하는지를 설명한다. "한 가마를 처리하면 그다음 무리로 이어지며 전체에 대한 살생이 완수될 때까지 그 일은 계속된다." 안드레 애시먼이 1998년 에세이에서 지적했듯이 "제발트는 홀로코스트를 언급하지 않는다. 하지만 독자들의 마음속에는 그것밖에 없다." (애시먼의 에세이는『아우스터리츠』가 출간되기 전에 쓴 것이며, 제발트는『아우스터리츠』에서 테레진 수용소의 실상을 여러 페이지에 걸쳐 상세히 다룬다.)

주인공이 잃어버린 과거의 수수께끼를 풀려는 충동에

서문

사로잡힌 『아우스터리츠』는 제발트의 작품 중 '소설'에 가장 가깝다. 프라하에서 태어난 자크 아우스터리츠는 네 살때 전쟁을 피해 다른 유대인 아이들과 함께 기차에 태워져 대피했다. 웨일즈의 한 부부가 그를 맡아 키웠는데 그들은 감정을 억누르고 사는 칼뱅교도였다. 조용하고 엄격하고 숨막히는 집안에서 자라나며 (제발트가 어렸을 때의 독일이 가까운 과거를 "잊었듯이") 아우스터리츠는 최근까지의 과거를 "잊는다". 그리고 "흘러간 시간의 소용돌이"[8]가 너무 거세지면 신경쇠약을 겪는다. "내가 실은 기억력이나 사고력을, 애초에는 존재조차 갖고 있지 않다는 것, 일생 동안 오로지 소멸되어 가는 세상과 나 자신에게 계속적으로 등을 돌려왔다는 것을 알아차렸지요."[9]

『아우스터리츠』는 플롯 비슷한 무언가를 갖추고는 있지만 대체로 관조적이고 옆길로 새기를 잘하며 극적인 면이 없다. 그리고 사실소설 작법을 기피하는데, 제발트는 사실소설 장르를 받아들이지 못할 뿐 아니라 앞으로 인터뷰에서 드러나겠지만 약간 경멸하기까지 한다. 『아우스터리츠』는 『토성의 고리』 다음으로 내가 좋아하는 소설이고,

---

8 『아우스터리츠』144쪽.
9 『아우스터리츠』138쪽.

나 자신이 소설가라서 그가 사실소설 장르를 자기 식대로 바꾸는 것을 보는 게 즐겁기 때문인지 모르겠다. 이 책의 인터뷰에 포함된 아서 루보를 비롯한 일부 평론가들은 『아우스터리츠』에서 "관습에 사로잡히지 않은 저자의 생각이 관습의 벽에 부딪치며 삐걱이는" 것을 감지한다. 게다가 마이클 호프먼은 줄거리가 "필연적으로 진부"하다고 느낀다.

많은 천재적 작가들이 그렇듯이 제발트도 동일하고 광범위한 주제를 늘 곱씹는다. 그중 그가 가장 좋아하는 주제는 인간의 모든 수고가 빠르게 꽃을 피우고는 자연 재해나 인재로 오랜 기간에 걸쳐 서서히 죽어 가면서 막대한 고통과 훗날 파헤쳐질 무수한 잔해에 관한 것이다. 제발트의 시간 관념은 그런 파노라마적 시각을 가능하게 한다. 자신의 소설에 나오는 유령 같은 방랑자들처럼 그는 시간을 유연하고 불규칙적이고 주관적인 것으로 본다. 우리가 행성의 움직임에 따라 고집스럽게 시간을 정리하는 것은 오로지 공포심 때문이다. 과거와 현재는 동시에 작용하는지도 아닌지도 모른다. 마음의 불규칙적인 발작, 기억의 변덕스러운 발작과 함께 과거와 현재가 정지하고 출발하는지도 모른다. 미래와 마찬가지로 "과거에 지킬 약속"을 하지 못할 이유가 어디에 있을까? 하지만 집단 기억상실증에 걸린 우리는 그때그때 대충 시간을 지운다. 그리고 무엇이 우리를 규정하는지 잊는다. 제발트는 잊어버리지 않고 기억의 파편들을 이어 맞춰 우리를 일깨운다. 그리고 상황을 전체적으로 명료하게 구성하는 과정에서 어떤 불가해한 기술을 발휘해 그 파편들에 신비의 광채를 입힌다.

제발트의 서술자는 방랑자다. 기차를 타고 이탈리아의 도시들과 뉴욕 교외를 돌아다니는가 하면, 사람이 살지 않는 영국의 시골 외곽을 도보로 돌아다닌다. 그러면서 자신이 거쳐가는 지역들에 대한 역사를 탐구한다. 그는 쓸쓸한 호텔방에서 불면과 절망의 밤을 보내면서 곧잘 감정이나 신체가 쇠약해짐을 경험한다. 어디를 여행하든 이상하게도 사람이 전혀 없는 텅 빈 거리와 도로에 이른다. 역사 속 인물들이 지나가는 환영을 보기도 한다. 관객이 없는 "기이한 수집품들"을 전시하는 박물관을 방문하고 풍경과 거리, 유적, 사용한 반쪽짜리 입장권의 사진을 찍는다. 제발트의 저작 여기저기에 기억이나 감정을 환기시키는 우울한 흑백 사진이 있는 것은 잘 알려진 사실이다. 그 사진들은 죽은 사람들과 사라진 장소들의 존재를 상기시키고 제

서문

발트가 직접 그곳을 다녀갔다는 증거의 역할도 한다.

제발트와 마찬가지로 독일인인 서술자는 어렸을 때 고향을 떠났다. 고향에 돌아가자 불안감이 되살아나고 이 때문에 그곳을 떠난다. "독일인들의 정신적 빈곤과 기억 상실, 그리고 과거의 흔적을 철저히 지워버린 그들의 교묘함에 내 머리와 신경이 공격받고 있다는 사실을 점점 더 또렷하게 의식할 수 있었다."[10] 그는 옛 친구를 찾아가거나 기억을 떠올리기만 할 때가 있다. 그러면 우리는 서술자와 같은 목소리로, 서술자 자신과 흡사한 그 친구의 이야기를 듣는다. 제발트는 아서 루보와의 인터뷰에서 이렇게 설명한다. "모든 건 이 서술하는 인물을 통해 전달됩니다. 서술자가 기억하고 있는 대로 전달됩니다. 그를 통해 전달되며 변형되는 것이죠."

"만족할 줄 모르는 파괴 충동"의 잔인한 실례 중에서 가장 절박하게 와닿는 것은 나치 독일이 일으킨 전쟁의 물리적, 형이상학적 피해다. 무언가 자신에게 감추어져 왔다는 의심에 휩싸이고 (인터뷰 전체를 통해 자주 언급되듯이) 이 때문에 소외감을 느끼는 제발트가 난민과 망명자, 그릇된 삶을 살고 있다고 생각하는 사람들, 유령 쌍둥이가 곁

---
10 『이민자들』 287쪽.

서문

에 있다고 느끼는 사람들의 삶을 기록하게 된 것은 별로 놀랄 일이 아니다.

제발트는 영어 번역가와 관련하여 매우 운이 좋았다. 그는 번역가 마이클 헐스와 안시아 벨과 긴밀하게 협력 관계를 유지했다. 원고의 분량과 정교함, 바로크적이고 심지어 정도를 벗어났다라고 할 수 있을 제발트의 문체를 감안하면 그들의 작업이 간단했을 리 없다. 마이클 헐스는『이민자들』『토성의 고리』『현기증. 감정들』을 번역했다. 안시아 벨은『아우스터리츠』『공중전과 문학』『캄포 산토』를 번역했다. 제발트의 친구이며『토성의 고리』에 등장하기도 하는 시인 마이클 햄버거는『자연을 따라. 기초시』와『못 다 한 이야기(Unerzält)』(사후 출간됨)를 번역했다. 세 번역가의 번역이 모두 제발트가 영어로 구상하고 쓴 것처럼 읽힌다. 번역가에게 이보다 더 높은 수준의 업적은 있을 수 없다.

제발트는 현대 소설에서 픽션과 논픽션 사이의 경계가 모호해지는 현상을 구체화한 새로운 산문 형식을 만들어냈다. 그러자 평론가들은 그의 작품들을 어떻게 규정해야 할지 머리를 쥐어짰다. 그 안에는 소설화한 회고록, 기행문, 자연 발생적인 또는 인간이 만들어낸 진기한 사물들,

회화와 곤충학, 건축, 요새 외에 여러 요소들이 혼재하기 때문이다. 제발트 자신은 산문설화(prose narratives)라는 용어를 썼다. 당황스러운 분류인데, 이 산문설화는 저자의 의식이라는 형태를 취한다. 그 안의 이야기들을 하나로 묶어 주는 것은 서술자의 정제된 목소리다. 우울하고, 터널 안 목소리처럼 울림이 있고, 재치 있는 이 목소리는 저자의 '정신 생활'이 발산하는 무엇이다. 망명과 쇠퇴에 관한 이 이야기들의 목소리는 그럴 수 없을 것 같은데도 이상한 희열을 끄집어낸다. 이 인터뷰집에서 여러 작가들이 제발트의 책을 끝까지 다 읽고 나면 곧바로 다시 처음부터 읽고자 하는 충동을 언급한다. 그의 책들은 다시 읽게 만드는 매력이 있을 뿐만 아니라 물거품과도 같은데, 이것은 등장인물들의 삶과 배경처럼 책장을 한 장 한 장 넘김에 따라 증발해 버리는 듯하다. 그는 "진주색 안개 속에 녹아드는"[11] 풍경에 대해 "그때 영원을 감지한 듯한 느낌이 들게 한 것은 바로 그 물거품 같은 광경들이었다"[12]고 쓴다.

안개와 연무를 통해 보는 세상은 언제나 장막에 싸여 있

---

11 『아우스터리츠』 108쪽, "회색 진줏빛 같은 증기 속에서 모든 형태와 색채는 해체되었어요."
12 『아우스터리츠』 108쪽, "이 모든 현상들의 순간성이 그 당시의 내게 영원이란 감정을 불러일으키던 것을 나는 똑똑하게 기억하고 있지요."

서문

다. "비의 장막",[13] "재의 장막", "반짝이는 무수한 먼지"[14]. 『이민자들』의 독일인 망명 화가는 자신의 화실에 "물질이 조금씩 분해되어 없어지고 남은, 벨벳처럼 부드러운 회색 침전물"[15]인 먼지가 쌓이는 것을 매우 좋아한다. 모래바람이 지나간 뒤 서술자는 이렇게 논평한다. "다시 세상이 밝아지기는 했지만, 하늘 한가운데 떠 있는 태양은 꽃가루처럼 미세한 가루들이 만들어낸, 오랫동안 공중에 걸려 있는 깃발들 뒤에 숨어 있었다. 서서히 자신을 잘게 부수는 땅이 마지막으로 남겨놓은 것이 바로 그런 가루들이다."[16] 우리는 그런 상상에 마음이 동요되기는커녕 이상하게 기운을 얻는 기분이 든다. 우울하긴 하지만 진리가 주는 자양분이기 때문이다.

이 책에 수록한 여러 인터뷰에서 제발트는 산 사람의 세계와 죽은 사람의 세계 사이의 경계가 완전히 차단되어 있지 않다는 점을 언급한다. 코르시카의 여러 지역에서는 죽은 사람이 빵을 가지러 찬장이 있는 곳으로 돌아온다는 상상을 한다고 그는 말한다. 자크 아우스터리츠는 어렸을 때

---
13 『이민자들』161쪽.
14 『아우스터리츠』150쪽, "일종의 먼지 속의 광택 같은 빛".
15 『이민자들』204쪽, "사물의 얇은 막들이 한꺼풀씩 미세하게 분해되어 갈 때 생기는 회색 벨벳 같은 침전물".
16 『토성의 고리』269-270쪽.

마을 구두 수선공이 "때 이른 운명적 죽음을 맞이하고⋯⋯ 잔잔한 북소리에 맞춰 줄지어 마을 동산을 오르는" 죽은 사람들을 본 이야기에 귀를 기울인다. 구두 수선공은 자신의 할아버지가 보관한 것이라며 죽은 사람의 상여에 놓여 있던 검정색 베일을 소년에게 보여준다. "오로지 그 같은 비단천 하나가 우리를 다음 세계와 갈라 놓는다."[17]

제발트는 아우스터리츠의 이야기를 열성적으로 명료하게 쓴다. 알쏭달쏭한 건 서술자와 아우스터리츠의 관계인데, 이것도 서서히 분명해진다. 아우스터리츠는 "자신의 이야기를 들려줄 누군가를 찾아야 했다⋯⋯ 그러기 위해 그는 나처럼 경청해 주는 사람을 필요로 했다."[18] 제발트는 여러 인터뷰에서 망명자들의 이야기를 흡수하고 결국 그 이야기의 짐을 지게 되는 청자의 모호한 입장에 대해 말한다. 청자는 무한정 주의를 기울임으로써 단순한 증인의 입장을 넘어 화자의 운명까진 아니더라도 최소한 그의 기억을 공유한다. 이야기가 끝나갈 무렵 아우스터리츠는 서술자에게 자신의 아파트 열쇠를 건네준다. 자신의 삶을 보관해달라고 떠맡기는 것이다. 소설은 제발트가 우리에게 건

---

17 『아우스터리츠』 108쪽.
18 『아우스터리츠』 51쪽, "그랬던 것과 비슷하게⋯⋯ 자신의 이야기를 들어 줄 사람을 찾아야 한다⋯⋯"

네주는 열쇠다.

제발트는 페터 바이스의 저작에 관한 에세이에서 이렇게 말한다. "예술가는 본질적으로 직접 재건에 관여한다…… 그는 기념비를 세우겠다고 다짐한다…… 그리고 그 고통스러운 과정의 특징은 기억을 확실하게 지속시키는 일이라 할 수 있다." 이것은 『이민자들』에서 망명자 막스 페르버의 목소리로 더 통절하게 반복된다. 막스 페르버는 서술자에게 기념물과 함께 한마디 말을 남기는데, 그 말은 제발트가 글로 떠맡을 임무의 전조가 된다. 페르버는 자기 어머니의 회고록에 대해 이렇게 말한다. "이 기록이 마치 고약한 독일동화 같다고 느꼈다고 한다. 한번 읽기 시작하면 일단 시작한 작업을, 그러니까 이 경우에는 회상과 쓰기와 읽기를 도무지 멈출 수 없는, 그리고 결국에는 가슴을 옥죄어 지극한 고통을 느끼게 하는 동화 말이다. 페르버는 이렇게 말을 끝냈다. 그래서 이 꾸러미를 자네에게 주는 걸세." [19]

나는 수많은 인터뷰와 서평, 평론에서 고른 글로 이 책을 구성했다. 미국과 영국에서 비중 있는 많은 평론가와

---

19 『이민자들』 244쪽.

서문

소설가가 제발트에 대한 글을 썼다. 독창적인 데다 완성된 소설가로 갑자기 난데없이 나타났으니 그럴 만도 하다. 나는 보통 인터뷰를 마음에 담아 두지 않는다. 작가가 자기 입장과 작법을 설명하는 것은 작품 자체보다 재미없고 덜 다듬어져 있을 뿐 아니라 신뢰할 만하지도 않다고 보기 때문이다. 하지만 제발트의 경우, 나는 인터뷰들을 읽고 제임스 조이스의 스티븐 디덜러스가 말한 "마음이 마법에 걸린 상태"를 더 연장시켜 줄 수 있을, 아직 존재하지도 않는 책들의 비밀을 미리 알고 무언가 앞으로 얻을 즐거움을 빼앗긴 기분이었다. 왜냐하면 그때만 해도 앞으로 몇 년 동안은 새로 나올 책들에 대한 기대감이 있었기 때문이다.

 제발트의 인터뷰들은 실로 더 많은 것을 제공한다. 그가 집착하는 것, 문학적 선조와 취향, 배경, 무거운 세계관의 근원, "부패의 흔적"을 파고드는 그의 고집스러운 면을 보여 준다. 이뿐만 아니라 즉흥적으로 말하는 제발트의 진기한 모습도 볼 수 있다. 그의 소설에 보이는 정교한 구조와는 사뭇 다르다. 한편 그는 우리의 예상보다 더 구어를 잘 쓴다. 게다가 신랄하고 단도직입적이며 협조적이고 융통성도 있다. 그는 상대방이 누구라도 진행자의 어조에 맞춰서 대답한다. 나는 제발트가 접근하기 어려울 정도로 겸

손하고 심지어 과묵하거나 성미가 까다로울 줄 알았는데 의외로 사근사근하다. 녹음한 걸 들으면 목소리가 걸걸하고 저음이다. 진지하고 간혹 답답하지만 대체로 재치가 있고 이따금 쾌활한 모습을 보이기도 한다.

이런 종류의 인터뷰는 매번 어느 정도 반복되는 내용이 있을 수밖에 없다. 그래서 처음엔 그런 부분들을 편집에서 제외했지만 다시 숙고한 끝에 어떤 주제들은 되풀이되는 것이 오히려 유익하리라고 판단했다. 그가 얼마나 자신의 삶과 조국의 역사에서 나온 특정 모티프에 집착하고 심지어 사로잡혔는지 보여 주기 때문이다. 제발트가 젊었을 때 일찍 떠나온 독일은 좋든 싫든 자기의 조국이지만 그곳을 싫어한다고 엘리너 웍텔과의 인터뷰에서 말한다. 인터뷰 어디에선가 전쟁에 대한 부모님의 침묵과 더 나아가 조국의 "집단 기억 상실"을 혐오한다는 말이 나온다. 대학교 재학 시절에 과거를 회피하는 교수들을 보고 무언가 잘못되었다고 느꼈을 때의 좌절에 대한 언급도 필연적이다(어떤 경우에는 노골적으로 그들을 "나치가 아닌 체하는 노인들"이라고 칭한다). 글을 쓰는 일의 어려움, 특히 자신의 작풍에 따르는 도덕적 모호함과 어려움에 대해서도 이야기한다. 또한 자연계의 파괴와 품위 없는 기술의 침입에 대해, 그리고

서문

기억하는 일의 압도적 중요성에 대해서 이야기한다.

엘리너 왁텔과 캐럴 앙지에의 제발트 인터뷰는 모두 1997년에 이루어졌는데 그때는 『이민자들』만 영어로 번역되어 있었다. 《계간 유대인(The Jewish Quarterly)》에 실린 앙지에의 인터뷰는 『이민자들』에 나오는 유대인 등장인물들(모두 제발트가 알던 사람들에 근거한 인물들), 제발트와 그들과의 관계, 그들의 이야기에 집중한다. 왁텔은 『이민자들』의 형식과 출처에 관심을 갖고 실제 인물 모델들의 배경을 파고든다. 아서 루보는 평론을 준비하는 과정에서 2001년 8월 노리치로 제발트를 찾아갔지만 그의 평론은 9.11테러 사건으로 출간이 연기되었다가 제발트가 사망하기 사흘 전에야 불완전한 형태로 출간되었다. 루보는 그들의 만남을 재해석해서 상세히 서술하며 뒤늦게 사정을 알게 된 것을 유감스럽게 생각한다. 2001년 3월 퀸스 칼리지 이브닝 리딩스 시리즈의 하나로 『토성의 고리』 저자 낭독회가 있었고 뒤이어 조지프 쿠오모와 제발트의 폭넓은 대화가 이루어졌다. 이때는 제발트의 작품이 영어로 많이 소개되었고 그가 사망하기 몇 달 전이라 그런지 거의 모든 작품의 주요 주제 및 영향에 관한 이야기가 나온다. 마이클 실버블래트의 라디오 인터뷰는 제발트가 사망하기 한

서문

달 전인 2001년 11월에 진행되었다. 이 인터뷰는 문체와 그 기원에 집중하고 작품의 주제 특히 나치 만행의 희생자들과 제발트의 관계에 대한 중대한 통찰을 제공한다.

나는 제발트의 거의 모든 작품을 적절하게 개괄해 줄 네 편의 평론을 선택했다. 루스 프랭클린은 『자연을 따라. 기초시』와 『공중전과 문학』을 상세히 다룬다. 찰스 시믹은 주로 후기 작품들을 논한다. 팀 파크스는 『현기증. 감정들』에 집중한다. 세 사람 모두 제발트의 주제를 광범위한 맥락에서 고찰하고, 그의 접근 방식과 소재에 암시된 모호함과 위험성을 밝혀낸다. 특히 프랭클린은 집단 참사를 미적으로 표현하는 일에 수반되는 위험성을 지적하고, 독일에 대한 공중전을 다룬 제발트의 방식에 자신이 느낀 불편함을 감탄할 만큼 공평하게 개괄한다.

『공중전과 문학』은 출간 당시 논란을 불러일으켰다. 독일의 고난에 대한 서술을 독일의 침략이라는 더 큰 맥락에 놓지 않았다는 것이 그 이유였다. 나는 제발트가 독자들이 그런 맥락은 알고 있으리라 가정했다고 생각한다. 실제로 그는 나중에 추가한 후기에서 그런 의미의 말을 하고 있다. 평론가들이 주목한 쌀쌀맞거나 냉담한 면은 엄격히 제어된 맹렬한 분노를 나타낸다. 특히 전후 독일 작가들을 비평할 때 그러한데, 그럴 때 제발트는 이를 갈며 글을 쓰는 것만 같다. 『아우스터리츠』에서 나치에게 죽임을 당한 주인공의 아버지가 "독일 국민은 다른 사람에 의해 불행으로 내몰렸다고는 결코 생각하지 않았다"며 한 다리 건너 전해 준 이야기를 들을 때 나는 그것이 제발트 자신의 견해가 아닌가 생각한다. "오히려 그의 생각으로는 그것은 바닥에서부터 저절로, 모든 개별적인 소망으로부터, 가족들 사이에 품고 있던 감정으로부터 매우 변태적인 형태로 새롭게 생겨났으며…… 나치 위인들을 자신의 내적 변화의 상징적인 대변자로 내세웠다"[20]는 것이다.

찰스 시믹은 프랭클린과 정반대의 입장을 취하지만 나는 이 두 사람의 설득력 있는 주장을 나란히 대비시키는 게 유익하다고 보았다. 시믹은 또한 독일 도시들의 파괴를 역사적 맥락에서 짚어 본다. 이라크전을 포함해 민간인은 전쟁통에 끊임없이 희생된다.

끝으로 내가 이들을 선정한 이유는 제발트의 주제를 자신들의 삶에서 일어난 사건에 연결시키기 때문이다. 시믹은 자신이 어렸을 때 겪은 전쟁과 관련해서 이야기하고,

---

20 『아우스터리츠』 185쪽.

서문

프랭클린은 자신의 가족 중 누군가가 죽은 일과 관련지어 이야기하고, 파크스는 제발트가 우연에 강하게 끌리는 점을 들며 자신의 개인적인 기억을 이야기한다. 덧붙이자면 파크스는 제발트의 유머 감각을 언급하는 유일한 작가다. 제발트의 유머는 그의 염세 사상의 틈새를 비집고 언듯언듯 비치는데 사람들은 대개 그것을 놓친다. (조지프 쿠오모의 인터뷰에서는 청중이 제발트의 무표정한 풍자적 발언에 간간히 폭소를 터뜨리긴 하지만.)

마이클 호프먼의 도발적 평론은 다른 사람이 썼더라면 자격 미달인 사람이 의욕을 부렸다고 했을 회의적 시선의 글이지만 균형책으로 포함시켰다. 그가 날카롭게 찌르는 제발트의 취약점은 고딕풍 요소들과 더불어 실재하는 것이며 제발트의 작품을 평가할 때 언제나 참작해야 할 의견일 것이다.

그런 평가를 내릴 수 있기 위하여, 또 그를 잊지 않기 위하여 이 책에 모은 제발트 본인의 말에 최종 발언의 기회를 주는 것이 적절할 듯하다. 어쨌든 역사를 기억하는 일에 가장 중요한 관리인 역할을 하던 그는 역사의 참화와 희생자는 자신이 좋아하던 안개처럼 증발하지 않음을 확인하는 일에 헌신적이었다. 제발트는 진보랄지 개혁이랄지 하는 그 어떤 낙관적 관념 없이, 그 확인 행위 자체를

서문

보전하기 위해, 오래 지속될 언어로 상실된 것을 부활시키는 만족감을 위해 그 일을 했다.

사냥꾼
....
팀 파크스

우연의 일치에는 파괴적인 면이 있다.
그것은 죽음의 냄새를 몰고 다닌다.

팀 파크스 Tim Parks

영국 케임브리지 대학교와 하버드 대학교에서 수학하고 1981년에 이탈리아로 이주했다. 11권의 소설과 3권의 논픽션뿐 아니라 수필집과 역사서를 냈다. 번역가로도 활동하며 밀라노에서 문학 번역을 가르친다.

2000년 6월 15일 《뉴욕 리뷰 오브 북스》에 실린 에세이다.

세르반테스의 걸작이 끝나갈 무렵, 마침내 미몽에서 깨어난 노쇠한 돈 키호테는 어리석음을 벗어난 곳엔 죽음밖에 없음을 깨닫는다. 거인들은 풍차였으며 편력 기사를 싫어하는 둘시네아가 뚱뚱한 시골뜨기 여자일 뿐이라면, 오호, 인생은 살 가치가 없는 것이다. "정말로 그는 죽어 가고 있고, 정말로 그는 정신이 온전하다"고 사제가 말한다. 산초는 울음을 터뜨린다. "아아, 죽지 마세요, 주인님!…… 제 말을 들어 주세요, 오래 사세요. 누구에게 죽임을 당하는 게 아니라, 그저 자신의 우울에 패배하고 가만히 있다가 죽는 것보다 더 미친 짓은 없어요."

　그로부터 몇 세기 후, 자코모 레오파르디는 자신이 생각하기에 근대 세계의 특색인 망상이 상실됐음을 보고 이렇게 썼다. "모든 것은 어리석음이요, 어리석음 그 자체일 뿐이다." 그리고 다시 백여 년 후, 걸출한 염세론자 에밀 초란[1]은 그런 감상을 이렇게 바꿔 말했다. "진정한 현기증은 어리석음의 부재이다." 자신의 묘비가 "그는 운 좋게…… 바보로 살았지만 현자로 죽었다"라고 말해 주듯이 돈 키호테는 아마도 세르반테스는 말할 것도 없고, 레오파르디나

1　Emil Cioran(1911-1995), 루마니아의 철학자. 루마니아어로 시작해서 대부분 프랑스어로 글을 썼지만 그의 이름을 루마니아어 발음인 '초란'으로 표기한다.

초란보다 훨씬 더 운이 좋았다. 그처럼 감상적인 이상주의자가 일이십 년 전에 제정신을 차렸다면 정말이지 어찌됐을까?

『현기증. 감정들』그리고 이후의『이민자들』과『토성의 고리』에서 W. G. 제발트는 육신이 꺾일 준비가 되기 오래전부터 환멸에 이르는 사람들을 이야기한다. 그의 책에 나오는 인물들은 언제나 남자들이며, 그들은 자신들에게서 최소한의 어리석음을 자아내려 영웅적인 몸부림을 친다. "자신의 우울에 패배"하지 않게 막아 주고 또 "그냥 그렇게 가만히" 죽지 않게 막아 주는 그 어리석음을 우리는 삶에 대한 사랑 혹은 참여라고도 부를 수 있으리라.

하지만 내가 잘못 파악했는지도 모른다. 제발트의 인물들은 어리석음이 억누를 수 없는 고개를 쳐드는 순간 그것을 무자비하게 억누르는 사람들이라고도 할 수 있을 테니까. 삶에 대한 참여를 너무 경계하다 보니 병적으로, 자학적으로 우울과 공모하게 되고 결과적으로 너무 쉽게 우울에 압도되고 마는 것이다. 제발트의 작품은 극히 엉뚱한 행동과 극히 암울한 사실주의 사이를 오간다. 전자의 극단이 후자의 극단을 부른다. 과거에 있었던, 열정에 대한 환상, 그리고 너무나 자주 일어나는, 미래의 조용한 자살. 그의 예술에서 나온 이미지와 주인공들이 누릴 수 있을 덧없고 향수 어린 평정의 이미지는 과거와 미래 사이를 중재하면서 제발트의 작품 전반에 흩어져 있는 거친 흑백사진들이다. 의심할 바 없이 그 '무엇' 다시 말해서 실재하는 무엇의 이미지들은, 우리가 본문에서 발견하듯이 서술자 또는 주인공에게 정신적 흥분의 순간, 신비의 순간, 어리석음의 순간, 놀람의 순간을 촉발시킨 경험을 다큐멘터리처럼 보여준다. 그 순간들은 두려움의 대상이기도 하고 갈망의 대상이기도 하면서 무엇보다 생존에 필요한 마법을 거는 수단이다. 이 사진들은 아무리 흐릿한 것이라도 풍차를 거인으로 잘못 보게 하는 일은 없을 것이다.

『현기증. 감정들』에는 네 편의 글이 들어 있다. 네 편 모두 알프스 산맥을 가로질러 북부 유럽과 이탈리아 사이를 넘나든다. 첫 편은 「벨, 또는 사랑에 대한 기묘한 사실」이라는 제목이 붙어 있다. 정열과 참여를 거쳐 환멸과 우울에 이르는 전반적인 삶의 궤적 같은 무언가를 알려 주는 유일한 제목이다.[2] 제발트는 마리 앙리 벨이라는 스탕달의

---

2   영어판 제목은 「Beyle, or Love is a Madness Most Discreet(벨, 또는 사랑은 가장 분별 있는 광기)」이다.

세례명을 씀으로써 신원이란 정해진 것이지만 새로 창조되기도 하는데, 이를 위해선 지속적인 노력이 수반된다는 점에 우리의 주의를 환기시킨다. 벨은 케사다가 돈 키호테를 지어냈듯이 스탕달을 창조했다. 이 신원의 창조는 예의 어리석음과 동일하며 어쩌면 어리석음의 가장 긍정적인 성취였을지 모른다. 그렇다고 벨이, 그가 누구였건 계속 존재하지 않았다는 말은 아니다. 돈 키호테의 케사다가 중병이 들자 제정신으로 돌아온 것처럼 말이다.

   제발트는 첫 문장에 날짜와 장소, 목적 있는 행동의 칵테일을 우리에게 선사하기 좋아한다. 하여 벨에 관한 글은 "1800년 5월의 한가운데, 나폴레옹은 삼만육천 명 병력의 군대를 이끌고 그랑 생베르나르 고개를 통과했다"[3]로 시작한다. 두 번째 글은 "1980년 10월, 나는…… 영국의 한 지방을 떠나 빈으로 갔다. 삶의 장소를 바꿈으로써 인생의 불운한 시기를 극복해보려는 희망 때문이었다"[4]로 시작한다. 그리고 세 번째 글은 이렇게 시작한다. "1913년 9월 6일, 프라하에 있는 노동자 상해보험회사의 부사무관인 K 박사는 응급처치와 위생에 관한 회의에 참석하기 위해 빈

---

3 『현기증. 감정들』 9쪽.
4 『현기증. 감정들』 35쪽.

으로 향하고 있었다."⁵

시작이 매우 구체적이며 상당히 기대가 된다! 그러나 그 구체성은 너무 빨리 오리무중이 되어버리며 이것은 제발트의 작품에서 가장 효과적인 코미디 요소이다. 비옥하지만 꿰뚫을 수 없는 삼각주에 이른 듯 서술의 추진력이 그만 흩어져 버리는 것이다. 요컨대 열일곱의 나이에 그 "잊히지 않는"⁶ 통과를 할 때 나폴레옹과 함께 있었던 벨은 쉰세 살이 되었을 때 과거의 중요한 일들을 만족스럽게 회상할 수 없음을 깨닫는다. "그가 그려내는 과거의 기억이라는 것이 어느 부분에서는 회색빛 들판으로 이루어진 황량함이 전부에다, 또 다른 부분에서는 장면들이 갑자기 그 스스로도 믿기 힘들 만큼 매우 이례적인 선명함을 띠고 떠오르는 것이다."⁷ 벨이 그 형상을 신뢰하지 않은 것은 잘한 일이다. 마르몽은 당시 장군이었고 군복 차림이었을 터이니 산길 옆 마르몽 장군이 하늘색 평의원 예복 차림이라는 선명한 기억은 틀렸음이 확실하기 때문이다. 군부대와 생베르나르 고개를 넘는 일이 그 당시만 해도 거의 불가능한 것으로 여겨졌다면, 그 힘들었던 일을 기억한다는 것은 스

---

5 『현기증. 감정들』135쪽.
6 『현기증. 감정들』225쪽.
7 『현기증. 감정들』10쪽.

탕달처럼 경이로운 두뇌의 소유자에게도 "거의"가 아니라 실로 불가능한 일로 판명된다.

이는 새로울 것이 없는 사실이다. 모든 기억하는 행위의 어려움은 우리 마음대로 안 되는 두뇌로, 그리고 두뇌의 창조력과 부식성이 공모하는 곳으로 주의를 끄는 습성에 있는데, 이 또한 진부한 사실이다. "기억은 최후의 것마저 파괴하지 않는가"[8]는 『이민자들』의 첫 장 제목 아래에 붙어 있는 말이다. 등장인물들의 삶의 궤적에서 이 변덕스러운 기억 행위가 행하는 역할을 제발트가 이해하기 때문에 『현기증. 감정들』의 이야기들이 마음을 끌고 설득력이 있는 것이다.

제발트가 말하는 벨/스탕달의 삶은 다음과 같다. 알프스 산맥을 넘던 청년 기마병은 길가에 죽어 있는 말들을 보고 간담이 서늘했지만 훗날 그 이유를 기억하지 못한다. "눈에 들어온 실제의 인상이 너무나 압도적이어서 추상적 이해력이 무너져내린 것 같다는 것이다."[9] 이탈리아에 도착한 그는 치마로자의 《Il matrimonio segreto》[10]를 관람하

---

8 『이민자들』7쪽.
9 『현기증. 감정들』11쪽.
10 《비밀 결혼》. 1792년에 초연된 오페라 희극. 『현기증. 감정들』의 독일어본과 영어판 및 이 에세이에서도 원어로 쓰여 있다.

고 추녀는 아니더라도 예쁘지 않은 프리마돈나와 미친 듯이 사랑에 빠져 최신 유행 의류에 너무 많은 돈을 쓰다가 결국은 창녀에게 동정을 "버리게" 된다. "그 후" 기마병은 "그 일의 조력자였던 나쁜 여인, 그녀의 얼굴이나 이름을 기억하지 못한다."[11] 『현기증. 감정들』에서 "과제(task)"라는 말이 익살스럽게 자주 등장하는데, 이것은 사회적 의무나 돈벌이가 아니라 단순히 비이성적으로 내몰려 하게 되는 행동을 뜻하는 토마스 베른하르트적인 차원에서 가장 많이 쓰인다.

밀라노의 사창가에서 매독에 걸렸음에도 벨은 한 전우의 정부(情婦)를 향한 "더 관념적인 열정"에 몰두한다. 그녀는 벨을 무시하지만 11년 후, 그는 "정신이 나갔다고밖에 할 수 없는 열변"[12]을 군사 작전처럼 전개하면서 자신의 청을 들어 주면 즉시 밀라노를 떠나겠다는 약속을 걸고 그녀를 굴복시킨다. 그렇게 그녀를 정복하고 신이 났던 벨은 이제 우울에 압도된다. 그는 《Il matrimonio segreto》를 다시 봤지만 프리마돈나가 대단히 아름다운데도 아무런 감흥을 느끼지 못한다. 마렝고 전쟁터를 방문한 벨은 수많은

---

[11] 『현기증. 감정들』 15-16쪽. "나쁜 여인"의 donna cattiva는 이탈리아어로 '행실이 나쁜 여자' 또는 '창녀'를 뜻한다.
[12] 『현기증. 감정들』 17쪽.

시체들의 허연 뼈가 널려 있는 광경과 자신이 자주 상상하던 영웅적 전투의 괴리에 가슴 서늘한 현기증을 느낀다. 그 후 초라한 전사자 위령비는 보잘것없는 인상을 줄 수 있을 뿐이다. 벨은 다시 낭만적 열정을 추구하기 시작한다. 이번엔 폴란드인 장교의 아내가 그 대상이다. 무모하고 무분별한 벨은 퇴짜를 맞지만 그녀의 손을 본뜬 석고 모형(우리는 본문에서 이 사진을 본다)을 간직하는데, 이것은 "메틸데와 거의 동격의 의미를 품은 대상이 된다."[13]

제발트는 이제 게라르디 부인이라고 하는 여자에게 낭만적 애착을 느끼는 벨의 이야기에 집중한다. "정체를 알 수 없는 신비스러운 인물"[14]인 게라르디 부인은 사실은 단지(!) 상상의 산물이었을지 모른다. 벨의 낭만적 사랑의 미래도에 회의적인 이 "유령" 같은 귀부인은 마침내 어느 날 "삶의 어떤 것도 그 행복과 비교할 수" 없는 "신과 함께하는 행복"[15]에 관해 이야기한다. 그러자 벨은 "소름끼치는 충격"[16]에 압도되어 꽁무니를 뺀다. 마지막 긴 단락은 이렇게 시작한다. "1829년부터 1842년 사이 벨은 대표작이 될

---

13 『현기증. 감정들』 24쪽.
14 『현기증. 감정들』 24쪽.
15 『현기증. 감정들』 30쪽.
16 『현기증. 감정들』 30쪽.

소설들을 썼고 또다시 찾아온 매독 증상으로 큰 고생을 하고 있었다."[17]

벨의 삶의 궤적은 뚜렷하다. 격렬한 낭만과 군사적 영광이 끝나는 지점에서 기억과 글쓰기가 시작된 듯하다. 이것은 환멸을 느낀 이들의 "과제"로서, 위안과 동시에 참회의 행위다. 벨은 1829년에 마흔일곱 살이 되었다. 제발트는 1990년에 마흔일곱 살이 되었다. 그해에 첫 '소설'『현기증. 감정들』이 출간되었다. 우연의 일치는 이 작가의 작품에서 중요한 요소이다. 왜일까?

벨에 관한 이야기에 이어 제발트는 자신이 1980년과 1987년 두 차례에 걸쳐 베네치아와 베로나, 가르다 호수를 여행했던 일을 기록한다(모두 스탕달이 갔던 곳이다). 세 번째 이야기는 스탕달이 신비한 게라르디 부인과 그 호수에 갔다고 말한 지 딱 100년이 지난 1913년 가을에 카프카가 간 듯한 비슷한 여행에 대해 서술한다. 스탕달이 자신이 창조한 이름이 아닌 세례명으로만 언급되듯이, 이 책에서 가장 기이하고 "시적인" 이야기에 등장하는 카프카도 『심판』과『성』의 주인공들처럼 K라고만 언급된다. 아니,

---

17 『현기증. 감정들』31쪽.

완전히 그렇지는 않다. 사실 제발트는 그를 "프라하에 있는 노동자 상해보험회사의 부사무관 K 박사"[18]로 칭한다. 이렇게 카프카의 보험 중개인으로서의 '직업적' 존재와 그의 소설 속 가공인물을 결합시키는데, 이는 그 둘 사이에 놓인 사람의 '정체성'이 무엇인지 궁금하게 만든다.

베로나에서 시작하는 마지막 이야기 「귀향」은 "이런저런 글쓰기"[19]를 중단하고 길을 떠나 알프스 산맥 바이에른 지방에서 보냈던 어린 시절 마을로 향한다. 대부분 그곳을 배경으로 한 이야기는 마침내 제발트가 대학교 강사로서 '직업적' 존재를 유지하고 있는 영국에 이른다. 청년 앙리 벨의 연애담과 군대 모험담이 나머지 세 편에서는 우울한 등장인물들에게 가려져 있지만 우리는 그 존재를 계속 의식한다. 그런가 하면 K 박사가 가르다 호수의 요양원에서 식사를 하려고 앉았을 때 옆 테이블에는 늙어 가는 한 장군이 있고 다른 쪽 테이블에는 매력적인 젊은 여성이 있다. K 박사는 스킬라와 카리브디스[20] 사이에 처한 모양새다.

마찬가지로 제발트는 그가 자라난 건물을 다시 찾았을

---

18 『현기증. 감정들』 135쪽.
19 『현기증. 감정들』 163쪽.
20 고대 그리스 신화에서 선원들이 바다의 여자 괴물 스킬라(Scylla)의 동굴 앞을 지나갈 수도 없고 카리브디스(Charybdis)라는 시칠리섬 앞바다의 소용돌이를 택할 수도 없는 진퇴양난에 처함을 말한다.

때 일층 바에서 일하던 예쁜 웨이트리스와 함께 있기를 갈망하던 소년 시절을 기억하며 아마도 유령이었을, 다락방의 불가사의한 "으스스하다고 말할 수밖에 없는 사냥꾼"[21]의 존재 때문에 꼭대기 층에 올라가는 것이 금지되었던 사실을 함께 떠올린다. 서술자는 40년이 지나 호기심을 만족시키려 다락방에 올라가 보지만 그곳에 있는 것은 오스트리아 사냥꾼들의 군복을 입혀 놓은 양복점 마네킹이었음을 깨닫는다. 왠지 공모하는 듯한 한쌍의 어리석은 행동들이 일으키는 거친 파도를 헤치고 나아가기란 어렵다. 돈키호테의 온전한 정신을 압도한 것은 결국 괴로워하는 처녀와 군사적 위용의 조합이 아니었던가? 『현기증. 감정들』에는 조난 사고를 향해 돌진하는 배를 떠올리게 하는 다수의 은유가 담겨 있다.

  하지만 우연의 일치 문제는 계속 고개를 쳐든다. 우리는 「외국에서」라는 제목의 두 번째 이야기에서 대개는 우울형인 제발트의 등장인물들과는 완전히 동떨어진 조반니 카사노바라는 인물을 만난다. 이때까지 우리는 저자가 깊은 우울증에 빠져 영국에서 베네치아까지 여행하고, 정신적으로 마비가 되고, 녹초가 되기 직전 필사적으로 베네치

---

21 『현기증. 감정들』 208쪽.

아로 떠난다는 이야기를 듣는다. 베네치아는 미로와 같아서 우리는 "다음 순간에 무엇을 보게 될지 전혀 짐작할 수 없으며, 누가 자신을 지켜보게 될지도 예상할 수 없게 된다."[22] 저자가 베네치아에서 보는 것 중 하나는 물론 베네치아 "두칼레 궁전"[23]인데, 그는 이곳을 보고 카사노바를 생각한다.

   제발트는 자신의 우울증의 원인에 대해 아무런 연유를 밝히지 않는데 그 과묵함이 감탄할 만하다. 하지만 방금 벨 편을 읽었기 때문에, 그리고 다양하고 미미한 암시들이 여기저기 흩어져 있는지라 그의 문제는 적어도 부분적으로는 로맨스가 아닌가 하고 우리는 생각한다. 그 다음 편에서 K 박사처럼 "각자가 자유로이, 각자가 독립적으로 단 한 번뿐인 유일한 삶을 한 여인과 함께 살면서 보내는 일은 불가능하다"[24]고 생각하는 것은 아닐까. 그렇다면 카사노바라는 이름을 보기만 해도, 저 굉장한 유혹자요 지략이 무한한 음모꾼을 생각하기만 해도 K 박사와는 격렬한 대비를 이루며 마찰을 일으킨다. 하지만 카사노바도 우울증과 정신적 마비를 겪은 시기가 있었다. 언제? 언제냐면 카프

---

22 『현기증. 감정들』 53쪽.
23 『현기증. 감정들』 55쪽.
24 『현기증. 감정들』 136쪽.

카 소설의 어떤 주인공처럼 총독 관저에 감금되어 있었을 때였다. 어떻게 탈출했을까? 우연의 일치가 도와주었다.

카사노바는 탈옥할 날을 정하기 위해『광란의 오를란도』를 가지고 복잡하고 무작위적인 방식으로 점을 쳤는데, 그 점괘가 이 책의 "10월 말일과 11월 초하루 사이에"라는 행에 떨어졌다. 점괘대로 탈출에 성공한 카사노바는 프랑스로 달아났고, 그곳에서 신분을 날조해 생갈의 기사(Chevalier de Seingalt)로 행세한다. 카사노바가『광란의 오를란도』로 길일을 얻은 일이 놀라운 것처럼 제발트가 베네치아에 도착하고 보니 그날이 10월 31일인 것도 놀랍다. 제발트는 놀랍기도 하고 두렵기도 하지만 그 사실에 흥미를 느낀다.

그렇게 거듭되는 우연의 일치나 신비한 재현, 표면에 분명히 드러나는 존재의 신비가 제발트의 심리적 마비 상태에서 우울을 비틀어 빼낸다. 마치 어떤 어리석은 행동도 못할 지경으로 환멸을 느꼈을 때 (유럽의 동시대인들은 제발트가『이민자들』에서 보여 주었듯이 그런 환멸을 느꼈을 법도 하다) 인생의 신비에 매료되어야만 다시 무언가를 할 수 있게 되는 것처럼 말이다. 열정과 영광 사이에, 또는 어쩌면 그 순간들이 다 지나간 곳에는 호기심이라는 불확실한 수단, 그리고 반복되는 경이와 놀라움이라는 감정이 있다. 어떤 기억이든 축제가 될 것이다.

10월에서 11월로 넘어가는 날의 자정이 가까웠을 때 제발트는 지인과 함께 보트를 타고 베네치아 석호로 나간다. 지인은 주데카 운하 서쪽의 이름 없는 섬에 있는 공용 소각로를 가리키며 죽음과 부활에 관해 많은 생각을 했다고 말한다. "[그는] 어떤 해답도 얻지는 못했지만 의문을 품은 것 자체만으로 충분했다"[25]고 제발트는 쓰고 있다. 이것은 "젊은 시인"에게 "뭐든 대답되지 않는 것이 있어도 참고, 질문 자체를 좋아하도록 하라"는 릴케의 조언을, 의식적이든 아니든 되풀이하는 말이다. 또 한 명의 독일 작가인 릴케는 사관학교와 사랑 때문에 골치를 썩은 인물이다.

하지만 제발트가 우연의 일치를 긍정적으로 제시한다고 상상한다면 실수일 것이다. 기이한 유사점들은 일시적으로 마비된 정신을 감옥에서 풀려나게 하여, 옛날 일기장을 뒤적이거나, 도서관을 뒤져 필요한 책을 찾거나, 제발트처럼 버스를 타고 사춘기의 카프카를 꼭 닮은 쌍둥이 소년들의 사진을 얻으려고 우스꽝스러운 시도를 하게 할지 몰라도, 그건 경보기나 사이렌을 울려서 하게 만드는 식이

---

25 『현기증. 감정들』 63쪽.

다. 우연의 일치에는 파괴적인 면이 있다. 그것은 죽음의 냄새를 몰고 다닌다. "10월 말일과 11월 초하루 사이의 밤"은 모든성인대축일 전야 또는 위령의날 전야가 아니고 무엇이겠는가?

왜 그럴까? 'coincidence'(우연의 일치)의 'coincide'는 『체임버스 사전』에 따르면 "동시에 같은 공간이나 시간을 차지하다"라는 뜻이다. 스탕달과 카프카(이 두 사람은 딱 100년의 간격을 두고) 그리고 제발트가 비슷한 시기에 비슷한 여행을 하게 되는 우연의 일치는 호기심에 시동을 걸지 모르지만 개별적 고유성을 제거하기도 한다. 자신이 기억하고 있던 풍경을 회화가 파괴한다고 벨이 말하듯이, 심지어 오래된 사진이 그 사진 속 실물의 무언가를 훔치는지 모른다고 여겨지듯이, 재현은 원형을 축소하고, 대체하고, 위조한다.

여기서 우리는 제발트가 품고 있는 미래상의 핵심에, 그의 비관주의와 희극적 요소와 서정성의 근원에 다가가고 있다. 현재에 관계함은 과거를 집어삼키는 일을 수반한다. 11월 1일 베네치아의 호텔에서 잠을 깬 제발트는 그 고요를 언급하고, 이를 다른 도시들의 호텔방에 끊임없이 밀려오는 교통 소음, 신호등이 바뀔 때마다 대양의 파도처럼 풀려나 포효하며 끝없이 밀려드는 승용차와 화물차의 소

사냥꾼

음과 대비한다. 제발트는 그 묘사를 이렇게 마무리한다.

"세월이 흐른 뒤 나는, 우리 이후에 태어나는 생명들은 바로 이러한 광란에서 태어나며, 우리가 우리 이전의 존재들을 서서히 멸망으로 몰고 갔듯이 그들 또한 우리를 서서히 멸망으로 몰고 갈 것이라는 결론에 도달했다."[26] 카사노바에게 시동이 걸린다는 건 파괴하는 일에 복귀함을 의미한다. 자신의 놀이 대상을 소비해 버리는 사냥꾼(카사노바도 그런 사냥꾼 같지 않은가?), 그는 이 책에서 되풀이되는 인물이다. 제발트는 이따금 그 사냥꾼의 화살이 귓가에 스치는 소리를 듣는다.

그토록 우연의 일치가 많은 글을 읽고 그 배경이 심란하게도 자신의 삶과 같은 곳임을 알면 기분이 묘하다. 자신의 상상을 실어나를 형상과 일화를 찾는 일에 부럽도록 능숙한 제발트는 이제 내가 거의 20년 동안 살아 온 베로나에서 겪은 일을 말해 준다. 어둑한 피자집에 들어간 그는 폭풍우 치는 바다에서 조난의 위험에 처한 배를 묘사한 그림이 벽에 걸려 있는 것을 보고 불안에 휩싸인다. 마음을 딴 데로 돌리며 신문을 폈다가 이른바 루트비히 사건에 관

---

26 『현기증. 감정들』 64쪽.

한 기사를 접한다. 몇 년 동안 그 지방에서 일어난 일련의 살인 사건은 자칭 루트비히라는 조직이 자기들이 저질렀다고 주장했다. 희생자들 중에는 창녀들이 있었는데, 살인자들은 자신들이 죄악의 소굴로 생각하는 디스코텍에 불을 지르는 습격을 가했다. 또다시 성(性)과 군(軍)이 가장 충격적인 방식으로 결합한 듯하다. 섬뜩하게도 독일인[루트비히의 울프강 아벨]이 연관되어 있다는 사실에 제발트가 어찌 소름끼치지 않을 수 있겠는가? 제발트는 웨이터가 가져온 계산서(이것 역시 본문에 복제되어 있다)에 작게 인쇄된 글자를 보고 피자집 주인의 이름이 "카를로 카다베로"임을 알게 된다. 저자는 이를 감당하지 못하고 곧바로 달아나 인스브루크행 야간열차를 타고 떠난다.

  내가 카를로 카다베로라는 이름을 베로나 전화번호부에서 찾을 수 있었다는 사실 말고도 묘한 게 또 있다. 그로부터 7년 후 제발트가 베로나를 다시 방문했을 때, 가공할 정체의 루트비히라는 이름을 지어낸 두 청소년, 돈 키호테를 반대로 재생해 놓은 것 같은 울프강 아벨과 마르코 푸를란의 재판과 수감 경위를 제발트가 알게 되었다는 설명이 바로 그것이다. 제발트는 그들의 범죄를 입증할 "반박할 수 없는" 증거가 있지만, 조사는 "증거가 더 필요하다는 자명한 결론을 내는 것 말고는, 거의 7년에 걸친 이들의 범죄 행각을 시원하게 설명해줄 만한 그 어떤 성과도 거두지 못했다."[27]

반박할 수 없다? 아마도 제발트가 두 번째로 베로나를 방문한 무렵이었을 텐데, 그때 나는 베로나 대학교에서 학생들에게 영어 구술시험을 치르게 하고 있었다. 한 어린 여학생의 신분증을 보니 성이 푸를란이었고, 나는 무의식적으로 그걸 빤히 쳐다보고 있었다. 내 눈썹이 치켜올라가는 걸 봤는지 그 여학생은 "네, 제 오빠예요. 오빠는 결백해요"라고 말했다. 그녀는 그 모든 게 말도 안된다며 세상에서 자기 오빠보다 상냥하고 멀쩡한 사람은 없다고 확신에 차서 설명하고는 훌륭하게 영어 회화 시험을 통과했다. 반박할 수 없는 증거가 있건 없건 간에 그녀는 자신이 한 말을 믿고 있었다. 전쟁 범죄를 저지른 자들의 여자 형제들이 자기들은 지극히 멀쩡한 가정에서 자라났다고 하는 게 뻔하듯이. 사실 그런 가정에서 자라나기는 한다. 제발트의 글이 공연히 툭하면 불가해하게 모든 걸 집어삼키고 세상을 잿더미에서 다시 시작하게 만드는 엄청난 대화재의 비유로 불타오르는 게 아니다. 그의 책 어디에도 언급

---

27 『현기증. 감정들』127쪽.

되지는 않지만 시바[28]가 세상을 관장하고 있다.

　제발트의 훌륭한 산문에 대해 다룰 차례가 되었다. 그런 산문이 아니라면 방만한 플롯과 반추는 그저 기발하고 심란하기만 할 것이다. 우연의 일치와 마찬가지로 그의 문체는 과거를 회복하고 삼키고 대체한다. 제발트는 토마스 베른하르트처럼 깜짝 놀라게 하는 최상급을 좋아한다. 즉 극도로 파괴적인 혼란 상태를 더없이 정확하고 절제된 말로 표현하는 경향이 있다. 하지만 필치는 베른하르트보다 훨씬 더 가볍고 도구는 더 유연하다. 카프카의 흔적도 있고 이따금 로베르트 발저의 흔적도 보인다. 물론 다른 작가들도 있을 것이다. 하지만 이 모든 선배들은 제발트를 통해서, 특히 우연한 사건과 숭고한 생각 사이를 매우 효과적으로 중재하는 그의 격조 높은 묘사를 통해서 완전히 소화되고 파괴되어 다시 만들어진다. 드물게 언어 사용역[29]과 문장 흐름(rhythm)의 내적 일관성을 갖춘 마이클 헐스의 번역도 그 자체가 많은 시간을 들여 원문을 소화하고 고쳐 쓰는 과정의 소산이며, 말하자면 이 또한 놀라운 우

28　힌두교에서 파괴와 어둠의 신.
29　이야기 상대와 상황, 목적 등에 따라 다르게 사용되는 어휘와 표현 형태.

연의 일치가 아닌가 생각된다. 헐스의 어떤 영어 표현들은 눈부실 정도다. 그렇더라도 가장 인상적인 순간들은 문체론적으로 평범한 경우가 많다. 아래는 기차를 탄 저자가 아름다운 두 여자와 같은 칸에 앉아 있는 장면이다. 우리가 아는 한 그가 이들에게 접근한다는 건 있을 수 없지만, 신비에 싸인 그녀들은 얼마나 매력적인가!

기울어지는 오후의 태양 아래 포플러나무가 늘어선 롬바르디아의 평야가 차창 밖을 스치고 지나갔다. 내 맞은편 자리에는 서른 살에서 서른다섯 살 정도로 보이는 프란체스코회 소속 수녀 한 명과 요란한 색의 천조각들로 만든 재킷을 걸친 소녀가 한 명 앉아 있었다. 소녀는 브레시아에서 올라탔고 프란체스코회 수녀는 내가 데센차노에서 탔을 때 이미 앉아 있었다. 수녀는 기도서를 읽고 있었으며, 수녀 못지않게 독서에 푹 빠져 있는 소녀가 읽는 책은 삽화가 들어간 소설이었다. 두 여인은 누가 더라고 할 것 없이 동등하게 완벽한 아름다움의 광채에 싸여 있었다. 몰아와 자의식이 동시에 느껴지는 아름다움. 이들이 무아지경에 빠진 채 책장을 넘기는 진지한 모습은 깊은 감명을 주었다. 프란체스코회 수녀가 책장을 한 장 넘기면 그다음에 알록달록한 재킷을 입은 소녀가 책장을 넘겼다. 그리고 다시 소녀가 책장을 넘기고, 프란체스코회 수녀가 그뒤를 잇는다. 기차를 타고 가는 내내 이들은 이런 식으로 주거니 받거니 하며 책장을 넘기는 행위에 빠져 있었으므로, 나는 둘 중 누구와도 눈을 마주치지 못했다. 나도 이들처럼 극단적인 절제와 집중력을 훈련해보려는 생각으로 『유창한 이탈리아어』를 꺼냈다. 1878년 베른에서 출간된 이 책은 일상 이탈리아어를 빠른 시일 내에 효과적으로 배우고자 하는 일반인을 위한 교본이었다.[30]

매력적인 두 여자와 이야기 나눌 기회를 놓치면서 시대에 뒤진 일상 회화를 공부하는 사람은 제발트뿐이지 않을까 싶다. 그의 모든 산문에 따라다니는 확고히 고풍스런 분위기는 단연 현대식 비참여(거리두기)의 핵심이다. 낭만적인 벨의 "제정신이 아닌 듯한 수다"로 시작해서 담임 선생님에게 반해 "라우흐 선생님을 영원히 얽히게 하고 싶

---

30 『현기증. 감정들』102쪽.

은 심정으로 연습장을 거미줄 같은 선과 숫자로 채우는"³¹ 어린 제발트의 귀여운 모습을 묘사하는 마지막 장에 이르기까지, 제발트처럼 언어의 유혹적 힘을 의식하게 만드는 작가는 거의 없다. 제발트 문학이 지닌 유혹의 요소들은 어리석은 행동들이 부르는 친밀함과 달리 파괴적이지 않은 친밀함을 성취하고자 한다. 사냥꾼의 칼처럼 파괴적이고 직접적이고 우연한 만남과는 다른 무엇. 이것이야말로 진정 "가장 분별 있는 광기"다.

  이상은 이 걸출한 작가를 향해 제기될 수 있는 유일한 반대 의견으로 우리를 이끈다. 제발트의 유혹에 굴복하고 그의 책을 읽는 행위는 파괴된 삶, 우연의 일치, 불행한 남자들이나 불가사의한 여자들에게 스스로를 맡기는 과정을 반복하는 것이나 마찬가지다. 이게 무슨 문제냐고? 『현기증. 감정들』의 마지막 장 한 부분에서 제발트 자신이 이 문제와 씨름한다. 어린 시절을 보낸 바이에른의 한 마을에 있는 호텔에 앉아 있을 때 그는 일하는 벌목꾼을 묘사한 우울한 그림을 보면서 그것을 그린 화가인 헹게가 벌목꾼 그림으로 유명했다는 사실을 떠올린다. "W에서는 물론이고 인근 지방 어디서도 갈색으로 채색된 그의 벽화를 마주

---

31 『현기증. 감정들』234쪽.

치는 일이 흔했다. 그의 그림의 주된 모티프는 벌목꾼 이외에도……"[32] 저자는 주위의 숲과 마을을 돌아다니면서 재발견하게 되는 그런 그림들을 보면 "불안"[33]하다. 다시 말해서 그것은 제발트에게 좋다는 말이다. 왜냐하면 마음을 불안하게 만드는 것만이 그의 주목을 끌고, 감수성을 고조시키고, 삶에 따르는 위험 요소들을 경고하고, 삶의 공포를 파토스로 회복시키기 때문이다. 그런 다음 그는 헹게가 항상 같은 주제만 그리는 경향에 대해 논평을 하는데, 이 논평은 그가 생각을 집중했을 때 그 핵심에서 발견하는 아찔한 빈 공간에 대한 묘사 즉 불안하게 만들기도 하고 웃기기도 한 현기증 나는 순간을 묘사하는 것으로 끝난다.

> 화가 헹게는 다양한 소재에서 역량을 발휘했다고 할 수 있다. 하지만 자신만의 예술관에 따라 작업할 수 있을 때면, 그는 반드시 벌목꾼을 그렸다. 심지어 전후에 여러 가지 이유로 그 특유의 장엄한 기념비적 화풍 유행이 지나갔을 때조차 벌목꾼 그리

---

32 『현기증. 감정들』193쪽.
33 『현기증. 감정들』193쪽.

기를 멈추지 않았다. 끝내 그의 집 전체가 벌목꾼 그림으로 뒤덮여 버리는 바람에 그 자신이 움직일 공간도 부족했다고 한다. 그의 사망기사 내용에 따르면 헹게는 그림을 그리다가 죽음을 맞았고, 아찔하게 가파른 계곡 비탈에서 나무썰매를 타고 내려오는 벌목꾼을 묘사하던 중이었다고 한다."[34]

나는 제발트가 이런 기지를 보여주는 한 계속 같은 형식의 글을 썼으면 한다. 만일 이런 글이 무색한 다른 형식의 글이 보이기 시작하면 나는 좀 유감스러울 것 같다.

---

34 『현기증. 감정들』194쪽.

유령 사냥꾼
....
엘리너 웍텔

마치 망자가 회귀하고 있는 듯이
마치 우리와 그들이 합류하기 직전인 듯이

엘리너 웍텔 Eleanor Wachtel

캐나다 토론토 CBC라디오의 유명한 작가 인터뷰 프로그램 《라이터스 앤드 컴퍼니》의 진행자다. 그녀는 인터뷰를 모은 책만 세 권을 출간했다.

이 인터뷰는 1998년 4월 18일 CBC라디오 《라이터스 앤드 컴퍼니》에서 방송되었다. 제작은 1997년 10월 16일 산드라 라비노비치가 담당했다.

웍텔 기억과 망명, 죽음에 관한 놀라운 책 『이민자들』은 한 세대에 바치는 애가(哀歌)입니다. W. G. 제발트의 글은 서정적이고 그 분위기는 애수를 자아냅니다. 부재와 강제 이동, 상실과 자살, 독일인과 유대인에 관한 이야기들이 뇌리에 남고, 그것들은 절제된 방식으로 전개되며 주의를 환기시킵니다.

『이민자들』은 소설이라고도 하고 서술의 사중주라고도 하고, 어느 하나로 분류할 수 없는 책이라고도 합니다. 제발트 씨의 의견은 어떤지 궁금합니다.

제발트 산문픽션[1]의 한 형식입니다. 앵글로색슨권보다는 유럽 본토에서 흔히 볼 수 있는 형식인데요, 대화의 역할이 거의 없죠. 잠망경을 들여다보면 어느 방향으로든 각도를 조금만 돌려도 가장자리의 무언가가 그 방향으로 계속 연결되듯이 그렇게 꼬리를 물고 이야기가 전개됩니다. 그런 점에서 일반적인 소설이 확립한 유형과는 일치하지 않습니다. 전지적 서술자가 없는 것이죠. 이런 종류의 여러 제한 요소가 이 책을 특수한 범주로 밀어넣는 것 같습니다. 하지만 그 범주를 딱히 뭐라고 해야 할지는 저도 모르

---
1 「옮긴이의 말」 참조.

겠습니다.

웍텔 네 사람의 인생을 네 편의 이야기로 모으셨는데요, 그들은 서로 연결되어 공명하지만 네 편 모두 별개의 이야기인 것 같습니다. 어떻게 그들에 관한 이야기를 『이민자들』에서 하나로 모을 생각을 하셨는지 궁금합니다.

제발트 그들의 삶의 유형이 놀랍도록 비슷하기 때문입니다. 모두 자살에 관한 이야기죠. 더 정확히 말하자면 노년의 자살에 관한 이야기입니다. 이것은 상대적으로 드물긴 하지만 생존자 증후군으로 알려져 있으며 꽤 흔한 증상입니다.

저는 바로 그 증상을 추상적으로나마 익히 알고 있었습니다. 장 아메리, 프리모 레비, 파울 첼란, 타데우시 보로프스키가 있고, 이 외에 홀로코스트가 드리운 어둠을 벗어나지 못하고 결국은 기억의 무게에 꺾이고 만 다양한 사람들을 통해서 알게 되었죠. 그런 일은 은퇴 후 늦게 발생하는 경향이 있습니다. 느닷없이 공허감 같은 게 엄습하는 거죠. 직장 생활의 일상이 뒷전으로 물러나자 그 빈 자리에 갑자기 생각할 시간이 들어서는 겁니다. 장 아메리는 제가 자라난 곳에서 멀지 않은 곳 출신입니다. 그런데 1989년인가 1990년에 장 아메리에 관한 글을 쓸 때 제 지인들 중에도 그와 거의 똑같은 범주에 속하는 사람이 네 명이나 있다는 것을 깨달았습니다. 바로 그때부터 그들의 삶에 사로잡혀 이야기를 파고들기 시작한 겁니다. 이와 관련해서 여행을 하며 제가 찾을 수 있는 흔적은 모두 찾아봤고, 결국 이 책을 쓰지 않을 수 없었습니다.

이 책에 나오는 이야기들은 실제 그 네 사람의 도정 또는 궤적을 추적하는 셈입니다. 특정 방향의 어떤 행로는 늘이고 어떤 부분은 줄이고, 여기저기 더할 것은 더하고 뺄 것은 뺐죠. 이렇게 바꾼 부분은 중요하지 않습니다. 내용보다는 문체를 바꾸는 식이었으니까요. 처음부터 차례대로 세 편의 이야기에 나오는 세 사람의 삶과 제가 알던 사람들의 삶이 거의 일대일 관계를 이룹니다. 네 번째 이야기에는 두 가지 다른 '포장'을 썼습니다. 하나는 지금도 영국에서 활동하는 화가라는 포장이고, 다른 하나는 제가 맨체스터에서 처음 이사해 들어간 집의 주인입니다. 맨체스터의 집주인은 아직 살아 있기 때문에 저는 그의 신분을 책에 그대로 드러내고 싶지 않았습니다. 이 책은 본질적으로 다큐멘터리 소설이니까요. 그래서 신분이 분명히 드러나지 않게 또 하나의 포장을 도입한 겁니다. 하지만 이들이 거쳐간 인생의 정거장은 거의 똑같고 그건 제가 잘 알고 있습니다.

웍텔 어디선가 이렇게 말하셨죠. "마치 망자가 회귀하고 있는 듯이, 마치 우리와 그들이 합류하기 직전인 듯이"라고요. 제발트 씨는 그 생각에 사로잡혀 있는 것 같아요.

제발트 글쎄요, 왜 그런지 잘 모르겠어요. 다만 죽음이 아주 일찍 제 삶에 들어왔다는 것 말고는. 저는 해발 900미터쯤 되는 알프스 고산 지대의 작은 마을에서 자라났습니다. 전쟁이 끝난 직후 제가 자라나던 시절 그곳은 여러 가지 면에서 아주 원시적인 마을이었습니다. 예를 들면, 겨울에는 꽁꽁 언 땅을 팔 방도가 없어서 사람이 죽어도 묻을 수가 없었어요. 그래서 해동이 될 때까지 한두 달 동안 시신을 장작 헛간에 모셔 놔야 했죠. 자라면서 죽음은 바로 곁에 있다는 걸 자연스럽게 알게 되는 겁니다. 누군가 죽으면, 말하자면 그 일이 집 한가운데서 일어나는 거죠. 거실에서 죽음의 고통을 겪고, 죽은 다음에는 장례를 치를 때까지 사나흘 동안 시신은 계속 가족의 일원으로 집 안에 머뭅니다. 그래서 저는 어린 나이에 요즘 사람들보다 훨씬 더 죽은 사람과 죽어 가는 사람에 익숙해졌습니다. 이 사람들은 정말로 세상을 떠난 게 아니라 우리 인생의 둘레 어딘가에서 떠돌고 있을 뿐이라는 관념이 제 마음속 깊이 늘 자리잡고 있습니다. 그리고 저에게 사진은, 말하자면 망자의 방출물 중 하나입니다. 더이상 이승에 없는 사람들의 오래된 사진들은 특히 그래요. 제게는 그런 사진들이 일종의 유령 같은 존재로 보입니다. 저는 늘 그 점에 흥미를 느꼈습니다. 신비나 불가사의한 것과는 아무런 상관이 없어요. 그저 더 원시적인 세계관의 흔적일 뿐입니다.

예를 들어 코르시카 같은 곳에 가면…… 물론 요즘엔 예전 같지 않지만 최근에는, 그러니까 20년 전만 해도 코르시카의 문화에서 죽은 사람은 산 사람의 삶 속에 존재한다는 데 의문의 여지가 없었습니다. 죽은 사람은 언제나 무시할 수 없는 존재로 여겨졌죠. 늘 그들은 아주 가까운 곳에 있다고 생각되었어요. 어느 때고 저녁이면 빵 한 조각을 먹기 위해 집에 들어온다든가, 고적대를 이루어 대로를 행진한다든가 말이죠. 더 원시적 문화가 지배하는 사회에는 늘 망자의 존재가 함께합니다. 제 생각엔 1960년대까지만 해도 유럽에 그런 고립된 사회들이 있었습니다. 전후 알프스 산간 지방에도 분명히 그런 사회가 있었습니다. 물론 지금은 그 흔적이 싹 없어졌죠. 하지만 왠지 제 마음속엔 그 흔적이 그대로 박혀 있습니다. 아마도 제 집착은 그런 방면에서 나온 것 같아요.

웍텔 사진을 본문에 많이 쓰시는데요. 인물이나 장소, 도시 경관, 자연 풍경을 담은 사진들이 상당히 뭔가를 불러일으키고 뇌리에 남습니다. 서술을 보면 사진이 탐색의 계기가 되는 것 같습니다. 사진이나 앨범, 또는 누가 보여 주는 무언가가 서술자를 어디론가 가게 만들죠.

제발트 사진의 출처는 제각각이고 용도도 제각각입니다. 물론 그 사진들 대부분의 출처는 1930년대와 1940년대에 중산층이 간직하던 앨범입니다. 그 출처는 허위가 아닙니다. 본문에 들어간 사진의 90퍼센트는 진본이라고 할 수 있습니다. 다시 말해서 이야기를 위해 다른 데서 끌어다 쓴 것이 아니라는 겁니다.

　사진은 본문과 관련해서 두 가지 용도로 쓰입니다. 첫 번째 명백한 용도는 입증입니다. 우리는 모두 글보다는 사진을 더 믿는 경향이 있죠. 무언가에 대한 증거로 사진을 제시하면 사람들은 일반적으로 그걸 받아들이는 편입니다. 아, 그렇구나, 하고요. 『이민자들』에서 가장 진짜 같지 않은 사진조차 그렇게 작용하는 것 같아요. 더 진짜 같지 않을수록 말이죠. 예를 들어, 서술자의 외종조부가 1913년 예루살렘에서 아랍식 옷차림을 하고 찍은 사진은 진짜입니다. 지어낸 것도 아니고 우연도 아닙니다. 우연히 발견해서 나중에 끼워 넣은 게 아니에요. 그렇게 서술자는 사진으로 이야기에 정당성을 부여할 수 있습니다. 이것은 사실주의 소설에서 늘 관심을 끌어온 부분이죠. 19세기에 들어 작가들은 (적어도 독일에서는 전통적으로) 자기가 이러이러한 걸 어디에서 취했다느니, 어떤 원고를 어느 도시의 어느 집 벽장에서 발견했다느니 하는 걸 밝히느라 애를 씁니다. 자신의 작법에 정당성이라는 외형을 부여하자는 거죠.

다른 한 용도는 가급적 시간을 구속하는 일과 관련이 있습니다. 소설은 시간에 따라 진행하는 예술 형식입니다. 종결을 향해 흐르며 아래로 경사진 길 또는 부정적인 길로 치닫는 시간의 진행을 서술이라는 그 특유의 형식으로 구속한다는 건 정말 매우 어렵습니다. 우리 모두 알고 있듯이, 이 점은 우리가 어떤 시각예술 분야에서 좋아하는 요소입니다. 미술관에 가서 16세기나 18세기에 누군가가 그린 훌륭한 그림들을 보고 있을 때 우리는 시간을 이탈합니다. 그렇게 시간의 진행에서 이탈할 수 있다면 어떤 의미에서 그건 구원의 일종입니다. 사진도 그런 역할을 할 수 있어요. 흐름을 막는 장벽 내지는 둑의 역할을 하는 것이죠. 그건 긍정적인 무엇이라고 저는 생각합니다. 이를테면 독서의 속도를 늦추는 것이죠.

웍텔 어떤 평론가는 제발트 씨를 가리켜 유령 사냥꾼이라고 했습니다. 스스로 그렇게 보세요?

제발트 네. 그건 제법 정확한 지적 같군요. 엽기적인 뭔가가 있는 건 결코 아닙니다. 아마도 더 이상 이 세상에 없는 사람들이 어쩐지 제게는 우리와 함께 살고 있다는 묘한 느낌이 드는 건데요, 그건 단지 제가 그들에게 관심을 가지니까 그런 거죠. 우리는 누군가에게 관심을 가질 때 상당히 많은 정서적 에너지를 들입니다. 그리고 어느 정도 상대의 영역을 점유하기 시작하죠. 정서적 공감을 통해 다른 사람의 삶 속에 존재감을 확립하는 겁니다. 시간상 얼마나 먼 과거의 사람인가 하는 건 중요하지 않아요. 왠지 그런 건 비물질적인 것 같아요. 이를테면 16세기 어떤 화가에 대해 약간의 단편적인 정보밖에 없더라도 충분한 관심을 가지게 되면 그 시기에 들어가 볼 수 있거나 그 시기를 현재에 부활시킬 수 있습니다.

제가 처음엔 16세기 초 화가 마티아스 그뤼네발트에 대한 긴 산문시『자연을 따라. 기초시』를 썼는데요, 그가 남긴 그림 외에는 우리가 그에 관해 아는 게 거의 없습니다. 무지라는 공간이 있었지만 얼마 안 되는 몇 가지 사실만으로 충분히 그 영역에 들어가 그곳을 둘러볼 수 있었고, 얼마쯤 지나고 나니 그곳이 편해졌습니다. 그 시기는 현재보다 훨씬 더 제 관심을 끌죠⋯⋯ 다시 말해서 리우데자네이루나 시드니에 가는 게 제게는 외려 더 이질적으로 느껴집니다. 그런 곳들은 저를 가게 할 만큼 관심을 끌지 못합니다. 지금 여기 미국에 있다는 것도 제게는 굉장히 이질적으로 느껴집니다.

웍텔『이민자들』의 이야기 중 하나는 제발트 씨의 선생님이었던 파울 베라이터에 관한 것입니다. 제발트 씨의 묘사에 따르면 그 선생님에 대한 좋은 기억을 가지고 있었는데 왜 그 기억을 넘어 예전에 몰랐던 이야기를 발굴하고 싶었는지 궁금합니다.

제발트 제가 일곱 살인가 여덟 살에 우리 가족은 원래 살던 마을에서 가까운 읍으로 이사를 갔습니다. 저는 그곳에서 초등학교를 다녔는데 그때 저를 가르친 선생님이 바로 그분이었습니다. 전쟁이 끝나고 제가 여덟 살에서 열여덟 살이 될 때까지 이 읍에서 아무도 그 선생님이 수년간 박해를 당했다는 말을 하지 않았습니다. 1935년에 교직에서 쫓겨났다가 1945년에 돌아와 다시 일을 시작했죠. 주민 모두가 그 사실을 알고 있었습니다. 주민이 8천 명이던가, 서로 모르는 게 없는 작은 읍이었죠. 선생님 자신도 아무런 언급을 하지 않았습니다. 이 점이 사실은 이야기 전체에서 가장 알 수 없는 측면입니다. 그래서 당연히 진실을 알고 싶었죠. 저는 어렸을 때 선생님을 무척 따르고 퍽 존경했으니까요. 그저 진실을 알고 싶은 수준에서 우선 거의 탐사 취재라고 할 만한 작업을 했죠. 그런데 어떤 실마리가 잡히면 그걸 뽑아내고 싶은 겁니다. 전체 문양을 이루는 각각의 날실과 씨실의 색깔을 보고 싶은 것이죠. 어떤 일이 어려우면 어려울수록 더 흥미가 당기는데요, 그 일이 그랬습니다. 마을에선 그런 부분에 대해서 제게 선뜻 말해 주는 주민이 한 사람도 없었으니까요. 조금씩 더 알아 갈수록 그들이 감추고 있는 무언가가 있다는 걸 알게 되었습니다. 그러면 더 포기하고 싶지 않은 거죠.

웍텔 왜 제발트 씨에게 말해 주지 않으려 했을까요? 그때는 이미 사오십 년이 지났을 시점인데요.

제발트 그렇죠. 그런데 말이죠, 모의된 침묵이 여전히 계속되고 있는 겁니다. 다른 나라에서는 상상도 할 수 없는 일이죠. 제가 그곳에서 자라날 때, 심지어 합리적 사고를 할 수 있기 시작했을 때, 그러니까 열여섯인가 열일곱 살이었을 때는 전후 15년도 채 안 되었을 때여서 저는 그 침묵을 이해할 수가 없었어요. 1997년 지금으로부터 16, 17년 전인 1980년을 생각하면 엊그제 같은데요. 우리 부모님이나 1960년경의 제 선생님들에게 1941년에서 1946, 1947년경에 이르는 그 비참했던 시기는 바로 엊그제 일어난 일 같았을 겁니다. 역사의 그런 끔찍한 국면을 가장 끔찍한 방식으로 연루되어 지나오면 누군가에게 말하고 싶은 충동이 들 것 같잖아요. 그런데 그 모의된 침묵은…… 말하자면 그냥 생겨났어요. 제 생각엔 부부 사이에도 지켜졌죠.

이를테면 제 부모님이 그런 문제에 대해 서로 이야기하는 걸 저는 상상도 할 수 없습니다. 그건 들어가서는 안 되는 금기 영역이었죠. 저절로 생성된 금기보다 더 강력한 금기 영역은 없는 것 같아요.

웍텔 사분의 일은 유대인이라는 이유로 베라이터는 교직을 잃고, 마을 사람들에게 배척을 당하자 외국으로 나갔습니다. 하지만 1939년에 독일로 돌아갔는데요, 왜죠?

제발트 실제 시나리오를 상상해 보면 충분히 그럴 만한 이유가 있습니다. 당시 그의 나이가 스물둘인가 스물셋이었을 겁니다. 어느 일요일 오후 프랑스 브장송 인근에서 한 가족과 함께 찍은 사진이 본문에 실려 있습니다. 교직에서 쫓겨난 뒤에 그곳의 중산층 가정에서 교사로 일했죠. 사진에서 그는 굉장히 여위고 수척해 보입니다. 이것만 봐도 그에게 굉장히 끔찍한 변화였으리라고 추측할 수 있습니다. 자, 1930년대 말 프랑스를 상상해 보죠. 젊고 어느 모로 보나 부분적으로 유대인인 젊은 독일인 교사가 오전에는 아이들을 가르치고, 자신의 고용주들과 함께 매일 저녁 식탁에 앉아 오가는 대화를 듣습니다. 그런 자리에서 프랑스인들의 대화는 길게 이어지는 경향이 있죠…… 점심 식사는 3시간쯤 걸리죠. 가장들이 정견을 떠벌릴 수 있는 시간이 많은 겁니다. 제 생각에 당시 프랑스의 중산층은 일반적으로 상당히 우경화되어 있었어요. 보도 기관들이 독일에서 내보내는 메시지들을 홍보하는 일이 빈번했으니까요. "이렇게 하는 겁니다, 우리는 이렇게 해야 합니다"라면서요. 그러니까 베라이터는 프랑스에 갔어도 어떤 의미에서는 시대 상황을 피하지 못한 겁니다. 얄궂게도 이 모든 것들이 지난 몇 주 몇 달에 걸쳐 전면에 많이 드러났습니다. 오늘자 《뉴욕타임스》를 보니까 보르도에서 열린 모리스 파퐁[2] 재판에 대한 기사가 났더군요. 그 모든 게 이 책의 이야기와 관련이 있습니다.

그래서 나는 프랑스에서 베라이터가 마음이 몹시 불편했을 거라고 생각합니다. 1939년 여름이 끝나 갈 무렵 사람들은 국제 정세가 곧 위기로 치달을 것이라고 생각하기 시작했죠. 그래서 그는 아마 독일에 돌아가기로 했을 겁니다. 단순히 독일은 자기가 가장 잘 아는 곳이기 때문이었겠죠. 본문 한두 군데서 분명히 나타나지만 이 젊은 교사

---

2 프랑스의 전직 경찰 모리스 파퐁(Maurice Papon)은 1942-1944년에 걸쳐 1,560명의 유대인을 체포해 추방한 혐의로 기소되어 14년 동안의 법률 다툼 끝에 1997년 10월 8일 드디어 재판을 받고 징역형을 선고받았다.

는 기질이 다분히 독일인이었습니다. 반더포겔[3] 운동을 거친 이상주의자였죠. 이를테면 이상주의와 교육열에 충만한 젊은 비트겐슈타인이 시골 어린이들을 가르치기 위해 북부 오스트리아에 간 것과 조금 비슷하다고 할 수 있어요. 그러니까 그런 의미에서 베라이터가 독일에 돌아간 건 전혀 놀랄 일이 아닙니다.

물론 흥미로운 건 독일로 돌아가서 군에 징집된 사실입니다. 사분의 삼만 아리아인이라도 징집이 가능했습니다. 그래서 그도 입대할 수 있었고 전쟁에서 살아남아 교사 생활을 시작한 마을로 돌아갔어요. 그의 인생에서 더 이해가 안 되는 건 바로 그 점입니다. 1945년에 독일로 돌아간 일도, 그곳에 머문 것도, 그 모든 참혹한 경험을, 말하자면 억누르거나 침묵했다는 사실이 저는 더욱 이해가 안 되는 겁니다.

웍텔 그리고 훗날 파울 베라이터는 은퇴해서 스위스로 갔죠. 하지만 자기가 그렇게 싫어하게 된 주민들이 사는 그 독일 마을의 아파트는 비운 채 그대로 놔두었습니다.

---

3 반더포겔(Wandervogel)은 20세기 초 독일에서 조직된 청년 단체 도보 운동 또는 그 조직을 가리킨다.

제발트 네, 그랬죠.

웍텔 왜 그랬는지 이해하실 수 있어요?

제발트 글쎄요, 이중구속의 본질이 그런 거 아닌가요? 심리학자들은 그런 걸 잘 알고 있죠. 자식이 부모에게서 떠나고 싶지만 그러면 부모가 자기를 경멸할까 봐 도저히 그러지 못한다는 것과 비슷한 상황인 겁니다. 다시 말해서 뭘 하든지 자기 잘못이 되는 상황이에요. 이중구속은 정도의 차이가 있을 뿐 거의 모든 사람의 삶을 주관한다고 생각합니다. 자기에게 해를 입힌 나라에 속박되어 있다면 베라이터의 경우 이중구속은 특별히 파괴적인 형태죠. 하지만 유대계 독일인들 가운데 그런 종류의 사연을 갖고 있는 사람이 많습니다.

웍텔 베라이터의 친구가 "우리가 갈망하는 것들의 모순점들"[4]에 대한 이야기를 하는데요.

---

4 "우리 인간의 갈등이 얼마나 모순적인지" 『이민자들』 60쪽.

제발트 네. 18세기 말부터 유대계 독일인들이 동화한 역사에 그런 종류의 양면 가치가 가득합니다. 예를 들어 유대인들은 쉴러와 레싱과 같은 이름을 썼습니다. 쉴러나 레싱 같은 작가들을 계몽주의와 관용의 옹호자로 보고 그들을 존경했기 때문이죠. 독일의 유대인 인구와 비유대인 인구 사이에는 아주 긴밀한 일체감이 있었습니다. 유대인 인구와 독일이라는 나라의 지형은 그들의 성(姓)을 통해 특별한 관계를 맺었습니다. 프랑크푸르트나 함부르거(함부르크 사람), 또는 비너(빈 사람)라는 이름을 쓴 것이죠. 말하자면 그들은 특정 장소와 일체가 된 겁니다. 그런데 그 모든 걸 뒤로하고 잊어버린다는 건 필시 매우 힘든 일이었을 테죠.

저는 근본적으로 문화사와 사회사에 관심이 있는데요, 유대인 소수 민족과 독일인의 관계는 18세기에서 현재까지 독일 문화사에서 어떤 형태로나 가장 핵심적이고 중요한 부분입니다. 온갖 결함과 추악한 면이 있더라도 그 점을 못 본 체하고 지나친다면 자신의 성장기를 이루는 문화 환경을 이해하고 싶어도, 저는 어렸을 때부터 그랬습니다만, 한 발자국도 나아갈 수 없습니다. 앞서 모의된 침묵에 대해 제 고향을 예로 들었죠. 열아홉 살에 대학교를 갔을 때 저는 물론 상황이 다를 거라고 생각했어요. 하지만 전혀 그렇지 않았죠. 모의된 침묵은 1960년대 독일의 대학교들을 확실히 지배하고 있었어요.

제가 스스로 생각할 줄 알게 되었을 때 프랑크푸르트에서는 중대한 전범 재판, 즉 아우슈비츠 재판이 몇 달 동안 계속되었습니다. 뒤셀도르프에서는 트레블링카 재판[5]이 열리고 여러 다른 재판들도 진행되고 있었죠. 저희 세대에서 처음으로 그 문제가 공개적으로 다뤄지게 된 것입니다. 전범 재판에 관한 뉴스가 연일 신문지상을 장식하고 공판 기록들이 길게 보도되었죠. 그러니까 이런 정보와 씨름하지 않을 수 없었습니다. 무슨 일이 있었는지에 대해 명확한 증언이 나왔죠. 하지만 당시 학교에서 우리는 낭만주의 소설, E.T.A. 호프만 소설 같은 거나 읽으면서 세미나에 참석하고 있었어요. 그럴 경우에도 역사적 배경이나 사회적 상황, 또는 그것으로 인한 심리적 영향 같은 것은 전혀 언급되지 않았습니다. 무슨 말이냐 하면, 우리가 대학교에 다니며 하던 공부는 다른 문제가 고려되지 않은 순수한 문헌학이었어요. 그래서는 우리가 알고 싶어 하는 것에 좀체 다가갈 수가

---

5 1964-1965년에 걸쳐 열린 트레블링카 재판(Treblinka Trial)에서 트레블링카 절멸수용소의 나치 범죄자들이 전원 징역형을 선고받았다.

없었죠. 적어도 저는 늘 그랬습니다. 어린이들은 그게 무슨 말인지 알 겁니다. 누군가 무언가 감추면 더 알고 싶죠. 저는 열여덟인가 열아홉 살부터는 줄곧 그런 문제들에 대해 더 많은 걸 알아내려고 했어요.

웍텔 제발트 씨 일가 친척 중에 많은 분들이 미국으로 이민을 갔는데 제발트 씨는 영국을 택했습니다. 왜죠?

제발트 역사적 우연 때문입니다. 제가 어렸을 때는 미국이 이상적인 유형의 나라여서 미국에 가고 싶었죠. 하지만 훗날 반미 시기를 거치게 되었어요. 1960년대 유럽에는 전반적으로 반미 정서가 팽배했습니다. 미국에 가고 싶은 마음이 없어진 건 그런 분위기가 작용해서일 겁니다. 스물한 살 때쯤, 그러니까 유럽 본토를 떠날 때쯤엔 저 자신이 어디로 가고 싶은지도 뚜렷하지 않았습니다. 그러다 결국은 맨체스터에 오게 되었는데요, 우연히 그렇게 된 것입니다. 생활비를 벌면서 공부를 계속할 수 있는 일자리를 찾고 있었어요. 영국의 대학교에서 외국어 강사로 일하면서 공부할 수 있다는 걸 알고 몇몇 대학교에 편지를 보냈는데 맨체스터 대학교에서 긍정적인 답을 보내왔습니다. 그렇게 해서 짐을 싸서 갔습니다. 박사학위를 딸 때까지 한 일 년 가 있자 하는 생각이었죠. 하지만 애초 생각과는 달리 결국 영국에 말뚝을 박게 되었습니다. 지금도 그렇지만 지 내면서 보니 영국은 살기에 상당히 괜찮은 나라이기 때문 입니다.

웍텔 하지만 맨체스터에서 학업을 마친 뒤 스위스에 가서 살아 보려고 했던 적이 있다고 하셨잖아요? 잘 안 됐나요? 왜죠?

제발트 스위스 얘기는 독일어권 지역인 상트갈렌이라는 소 도시와 관련된 겁니다. 그곳의 한 사립학교에서 학생들을 가르쳤거든요. 그 학교는 마피아처럼 운영되었어요. 한 학 생당 월수업료를 교사 월급보다 더 많이 받던 학교였죠. 전체적으로 기괴한 조직이었어요. 수업 첫 날 바로 깨달았 습니다. 아홉 달 이상은 못 있겠다, 라고요. 그렇게 된 겁 니다. 스위스의 독일어권 지역은 여전히 아름답긴 하지만, 압도적으로 많은 주민들이 참견하기를 끔찍이 좋아합니 다. 일요일에 텃밭을 갈면 이웃의 누군가 경찰에 고발해 요. 일요일에 밭을 간다고. 저는 그런 데서는 못 삽니다.

뮌헨 부근에서 살던 해에는 독일문화원에서 일했던 적이 있습니다. 잘 알려진 괴테 인스티튜트였죠. 영국에서 박사학위를 받은 후 직장을 찾고 있었고, 그곳에서 일할 수도 있겠다는 생각을 했습니다. 그런데 나중에 보니 아무리 간접적이더라도 독일문화원은 해외에서 보면 일종의 공무원처럼 독일을 대표하는 단체인데 사람들이 너무 거만하더군요. 가까이서 그런 모습을 보니 그 일은 저와 안 맞겠다 싶었습니다. 차라리 영국으로 돌아가서, 말하자면 숨어서 살겠다고 생각했죠.

웍텔 숨어서요?

제발트 네, 제가 지금 사는 곳은 아주 시골이죠. 영국 동부 노리치 인근의 작은 마을입니다. 무언가의 중심지에 있는 것보다는 그곳에 있는 게 마음이 편해요. 가급적 주변부에 있는 게 좋아요.

웍텔 현재 독일에 애착을 갖고 계시다면 어떤 것일까요?

제발트 독일이 내 조국이란 건 알고 있어요. 오랜 세월이 흘렀지만요. 제가 독일을 떠난 지가…… 30년도 훌쩍 넘은 것 같군요. 독일에서 산 날보다 더 많아요. 저는 독일 남쪽 국경 지역 출신이긴 하지만 독일을 잘 몰랐습니다. 제 할아버지 댁은 오스트리아와 거의 맞붙은 지역에 있었거든요. 독일을 떠날 때 제가 알고 있었던 지역은 제가 자라난 곳과 프라이부르크 정도였습니다. 뮌헨에는 한두 번 다녀온 정도고요. 1960년대 초중반은 사람들이 여행을 별로 안 하던 시기였죠. 어쨌든 저는 독일을 알고 있었다고 할 수 없습니다. 프랑크푸르트도 모르고 함부르크도 몰랐죠. 북부든 중부든 다른 지방에 대해선 아는 게 없었어요. 하노버와 베를린은 제겐 완전히 생경했어요. 어떤 의미에서 독일은 제 조국이 아니라고 할 수 있죠. 하지만 독일 특유의 역사 때문에, 금세기 아니 더 정확히 말해서 1870년경 이후로 그 역사가 바닥으로 곤두박질쳤으니 나는 아무런 상관이 없다며 손을 털고 말 수는 없습니다. 저도 그 역사의 짐을 물려받았어요. 좋든 싫든 지고 가야 하는 것입니다.

워텔 여전히 독일어로 글을 쓰시잖아요.

제발트 네, 여전히 독일어로 글을 쓰죠. 두 가지 언어로 글을 쓰는 작가는 별로 없습니다. 나보코프처럼 여러 언어에 통달한 사람들마저 그렇죠. 나보코프는 러시아어에서 영어로 넘어오고부턴 영어로만 썼습니다. 번역을 위해서 여전히 러시아어를 쓰기는 했죠. 하지만 제가 아는 한 일단 영어로 넘어온 후로는 영어로만 글을 썼습니다. 나보코프와 같은 그런 이동은 정말이지 위험하고도 끔찍한 일입니다. 저는 지금까지 애써 그런 결정을 피해 왔습니다. 제 생각에 그 특수한 문제와 씨름해야 했던 작가는 많지 않습니다. 엘리아스 카네티의 경우, 그는 취리히로 돌아가기 전 런던에서 몇 십 년 살았고 영어를 완벽하게 잘했지만, 제가 아는 한 영어로는 단 한 줄도 쓰지 않았습니다. 저는 한 언어에 정교하고 능숙한 수준에 이른다는 건 매우 어렵다고 생각합니다. 한 언어로 많은 말을 늘어놓을 수 있다고 해서 그 언어로 글을 잘 쓸 수 있는 건 아닙니다. 그건 완전히 별개의 문제죠.

웍텔 블라디미르 나보코프를 언급하셨으니 말인데요, 『이민자들』에서 나비채를 가지고 있는 사람, 나비채를 가지고 있는 소년, 바로 그 나보코프에 대한 언급이 나옵니다. 나보코프는 왜 이 책에서 맴돌죠?

제발트 그건 그 화가 이야기를 쓰면서 생각에 잠겼을 때 문득 떠오른 겁니다. 아시다시피 무엇보다도 문제의 이 이야기에는 그 화가의 어머니가 남긴 어린 시절 비망록이 종속적인 이야기로 들어가 있습니다. 이런 이야기들은 상당히 믿을 만한 것들입니다. 믿을 만한 자료에 근거한 이야기란 거죠. 그 여자분이 자신의 아들이 영국으로 이주한 때부터 자신이 추방되기까지 몇 년에 걸쳐 써 놓은, 일관성 없는 기록을 제가 가지고 있었어요. 18개월쯤에 걸친 기록이죠. 책을 읽어서 아시겠지만, 이분의 가족은 원래 바이에른 북부 즉 오버프랑켄의 슈타이나흐라는 작은 마을에 살다가 1900년경 인근의 바트키싱엔이라는 온천 도시로 이사를 갔어요. 나보코프의 자서전 『말하라, 기억이여 (Speak, Memory)』에 보면 바로 그 시기에 나보코프가 가족과 함께 바트키싱엔에 여러 번 갔었다고 말하는 일화가 나옵니다. 저는 그걸 알고 이야기 속에서 그 두 망명자들이 서로 몰라도 마주치게 하고 싶었고 그 유혹이 매우 컸습니다. 또한 저는 제 외종조부 암브로스 아델바르트가 뉴욕 이서커의 어느 정신병원에 자신을 유폐했다는 것을 알고 있었죠. 사실입니다. 나중에 억지로 짜맞춘 게 아니에요. 아무튼 나보코프는 몇 년 동안 이서커에 있는 코넬 대학교에서 학생들을 가르쳤습니다. 나보코프의 글들을 보면 알 수 있듯이 그는 여가 시간이 나면 항상 나비채를 가지고 밖으로 돌아다녔죠. 그러니까 제 이야기 속에 써야겠다고 생각한 두 장소에 나보코프도 있었다는 사실은 정말 아주 이상한 우연의 일치인 것 같았어요. 물론 저는 제네바나 몽트뢰, 브베, 바젤슈타트, 로잔과 같은 스위스의 프랑스어권 지역에서 살았었기 때문에 그 주변을 아주 잘 알고 있기도 했죠. 그 도시들을 속속들이 잘 알고 있었어요. 하지만 제가 그곳에서 학교를 다니고 있었을 때는 물론 나보코프에 대해서는 알지 못했죠. 그 정도까지는 몰랐어요. 나보코프가 그 지역에 살고 있었다는 것도 몰랐죠. 설령 알았더라도, 짐작하시겠지만, 그를 만나러 찾아갈 엄두는 나지 않았을 겁니다. 하지만 저는 그 지역 전체를 잘 알고 있었어요. 나보코프가 언급하는 산악 리프트들도 잘 알고 있었고요. 그래서 확실히 그건, 잘 잊혀지지 않는, 유령이 나타난 것 같은 무언가를 쓸 수 있는 기회라는 생각이 들었습니다. 무언가 계속 사라지긴 하지만 어느 정도 농도를 가지고 나타나는 것, 실제로 존재하는 환영들이 형태를 가지고 나타나는 현상, 이런 건 다른 방식으로는 쉽게 쓸 수 없습니다.

뢰텔 그걸 환희의 표시로 보는 평론가도 있고 죽음을 예고한다고 보는 평론가도 있는 것 같은데요.

제발트 물론 둘 다입니다. 사람들은 항상 자신들이 보는 상징의 의미는 단 하나뿐이길 바라죠. 당연한 말이지만 상징이란 그렇게 작용하지 않아요. 좋은 상징이 있다면 그건 대개 다의적입니다. 상징은 독자에게 그것이 쓰인 바로 그 위치에 중요한 무언가가 있을 거라는 느낌을 주려고 쓰이는 거죠. 하지만 그게 무엇이며 어떤 의미가 담겨 있는가 하는 건 완전히 다른 문제입니다.

  이런 종류의 글을 쓸 때 고조된 감각을 표현할 방법을 찾다 보니, 그 뜻이 자명하지 않을지도 모를 상징이라는 형식을 생각하게 되는 것 같아요. 자명한 예로는 철도 상징이 있습니다. 아시다시피 강제 이송 과정에서 철도는 매우 두드러지게 중요한 역할을 했습니다. 제가 보기에 이 강제 이송을 종합적으로 다룬 기록 영화들 가운데 가장 인상적인 클로드 란즈만의 《쇼아(Shoah)》(1985)를 보면 에피소드들 사이사이에 줄곧 기차가 나옵니다. 기차가 달리고, 화물차가 나오고, 신호등이 보이고, 폴란드와 체코 공화국, 오스트리아, 이탈리아, 벨기에의 철도가 나옵니다. 강제 추방의 세부 계획은 전반적으로 철도망 운용 방식에 기반한 것입니다. 그래서 저는 초등학교 선생님의 철도에 대한 집착과 관련해서 그런 점을 끄집어냅니다. 그렇게 하는 게 당연해 보였죠. 물론 언제나 문제는 이런 걸 실제로 어떻게 처리하는가에 달려 있습니다. 이를테면 글 속의 상징이 자명하면 자명할수록 억지로 꾸민 것처럼 돼 버립니다. 그러니까 아주 간접적이어야 합니다. 독자가 그걸 알아채지 못한 채 읽고 지나갈 수 있도록 말이죠. 저자는 단지 글 속에 어떤 여운을 줄 수 있는 장치를 해 놓는 겁니다. 그러면 그 글은 전체적으로 다른 방식으로는 갖출 수 없는 의미를 갖추게 됩니다. 철도는 물론이고 연기나 먼지 같은 비유도 마찬가지입니다.

웍텔 제발트 씨의 글에서 등장인물들은 나이를 많이 먹을수록 기억에서 벗어나기 힘든 듯합니다. 대부분은 자기 안으로 침잠하거나 자살을 하는 식으로 기억에 굴복한다고 할 수 있겠는데요. 기억은 어째서 그토록 피하기 어렵고 파괴적이죠?

제발트 그건 특정한 무게의 문제라고 생각합니다. 늙어 갈수록 더 많은 걸 잊는다고 할 수 있죠. 그건 분명한 사실입니다. 인생에서 방대한 부분들이 망각으로 사라진다고 할까요. 하지만 기억에서 사라지지 않고 남는 부분의 밀도는 상당히 높아집니다. 이로 말미암은 무게가 한번 짓누르기 시작하면 우리를 침몰시킵니다. 그런 종류의 기억은 정서적으로 짐이 되는 경향이 있죠.

웍텔 제발트 씨의 외종조부 암브로스를 생각해 봅시다. 기억이 주는 고통이 얼마나 컸던지 스스로 충격 치료에 몸을 맡겼죠. 담당 정신과 의사는 암브로스가 "자신의 사고능력과 기억능력을 가능한 한 근본적이고 철저하게 말살하고자"[6] 했다고 말합니다. 왜 그렇게 극단적이죠?

제발트 그 이야기는 여러 면에서 매우 극단적이죠. 여기서 암시되는 건, 암브로스 아델바르트와 고용주의 아들인 코스모 솔로몬 사이에는 엄격히 직업적인 것을 넘어선 관계가 있었다는 겁니다. 그들은 서로에게 최소한 형제와도 같

---

6 『이민자들』143쪽.

앉죠. 더 나아가 그들은 연인이었을 수도 있습니다. 바로 그 이야기 자체, 그리고 제1차 세계대전 이전의 찬란했던 시절에 그 이야기가 전개된 방식은 역사를 거슬러 역사의 균열을 가로지르는 것이었습니다. 그 이야기에는 적어도 구원 비슷한 무언가가 있었습니다. 그리고 독자에게는 그 두 젊은이가 이스탄불과 사해에서 함께 있었을 때 기쁨에 찬 시간을 보냈으리라고 상상할 자유가 주어집니다. 본문에는 그런 말이 없고 사실 뚜렷한 증거도 전혀 제시되지 않아요. 그런데 결국 그를 파멸시키는 건, 제 생각에, 그 기억의 무게입니다. 단테는 지옥에 처했을 때 과거의 행복했던 시절을 상상하는 것만큼 무서운 건 없다고 생각하잖습니까.

웍텔 제발트 씨 작품의 등장인물 대다수가 기억에 맞서 그런 극단적인 행동을 취합니다. 다른 선택을 할 수는 없나요? 기억과 더불어 살아갈 수는 없을까요? 등장인물 중 막스 페르버는 신체적 고통에는 한계가 있다, 결국 의식을 잃을 것이기 때문이다, 하지만 정신적 고통에는 끝이 없다는 식으로 말하더군요.[7]

---

[7] 『이민자들』 215쪽.

제발트 네, 끝이 없죠. 이 세상에는 정신적으로 겪는 고통의 양이 엄청납니다. 일부는 겉으로 드러나고 일부는 우리가 속으로 다루려고 하죠. 그런데도 그 고통은 증가하고 있습니다. 어떤 의미에선 신체적 고통도 정신적 고통처럼 증가하고 있다고 봅니다. 가령 뉴욕시에서 매년 증가하는 진통제의 양을 상상하면, 스키를 탈 수 있는 하얀 아스피린 눈이 쌓인 산이 연상돼요. 물론 고통이 겉으로 드러난 모습도 목격되곤 하죠. 하지만 사람들은 대개 침묵 속에, 마음속으로 그 고통을 감내합니다. 물론 정신적 고통은 전부가 아니라 아주 적은 부분만 겉으로 드러납니다. 사실 우리는 그 사실을 의식하지 못하고 살아가죠. 그 정신적 고통을 면한 사람들은 이 세상에는 가는 곳마다 얼마나 큰 정신병원들이 있는지, 또 그런 곳들을 거쳐가는 인구는 그 수가 오르내리면서 끊이지 않는다는 걸 모릅니다. 인간이라는 종의 특징은, 진화론적 용어로 말하자면 절망에 빠진 종이라는 겁니다. 원인은 여러 가지가 있어요. 우리 스스로가 그래서는 안 될 환경을 만들어 놓았기 때문입니다. 그래서 우리는 항상 힘에 겨워합니다. 우리는 우리가 쫓겨나고 있는 자연계, 아니 우리가 스스로를 쫓아내고 있는 자연계와 우리의 뇌세포가 만들어 낸 다른 세상의 경계선 위에서 살고 있습니다. 바로 그 단층선이 우리 각자의 신체 구조와 정서 구조를 관통하고 있습니다. 아마도 이 지각판들이 서로 마찰을 일으키는 곳에 고통의 근원이 있을 겁니다. 기억은 그런 현상의 하나입니다. 그래서 인간을 정서적 동물이라든가 사이코주티카(psychozootica)라는 말로 부르는 거죠. 우리가 기억을 벗어날 길은 아예 없는 것 같습니다. 우리가 시도할 수 있는 유일한 길은 기억을 억누르는 건데요, 대부분의 사람들이 그런 시도에 성공하는 것 같습니다. 글쎄요, 사람들이 야구를 하든가 티브이로 축구 중계를 보든가 해서 그럴 수 있다면 아마도 좋은 일이겠죠. 모르겠습니다.

워텔 제발트 씨는 어떻게 대처하세요?

제발트 개를 데리고 산책을 합니다. 하지만 그래서는 실제로 벗어나지 못하죠. 그런데 사실 저는 별로 벗어나고 싶은 마음이 없습니다. 우리는 똑바로 그 모든 상황을 헤쳐 나가려 노력해야 한다고 생각합니다, 그게 조금이라도 가능하다면 말이죠.

윅텔 제발트 씨의 외종조부 암브로스는 자신에게 기억은 "말을 못하는 상태 같은 것"으로 여겨지며, 기억은 "머리를 무겁고 어지럽게" 하고 "시간의 고랑을 따라가며 과거를 뒤돌아보는 것이 아니라, 끝 간 데 없이 하늘로 치솟은 탑 위에서 까마득한 아래쪽을 내려다보는 것 같은 기분"이 들게 한다고 합니다. 어떻게 그렇죠?

제발트 오페라글라스를 거꾸로 들여다볼 때의 감각인데요…… 어린이들은 처음 망원경을 가지게 되면 그 실험을 하죠. 망원경을 바로 들고 보면, 보고자 하는 물체가 확대되어 보이죠. 그런 다음엔 그걸 반대로 돌려서 들여다봅니다. 그러면 물체들이 멀리 쑥 물러나지만 훨씬 더 명확하게 보입니다. 우물 속을 내려다보는 것처럼요. 저는 과거를 들여다보면 항상 그런 어지러운 느낌이 들어요. 과거 속으로 스스로를 던질 것 같은, 옥상 난간 너머로 몸을 던질지 모를 욕구 또는 유혹이 드는 겁니다. 과거에는 지독히 저를 유혹하는 무언가가 있습니다. 저는 미래에는 관심이 없어요. 별로 좋은 일이 기다리고 있을 것 같지 않거든요. 하지만 적어도 과거에 관해서는 어떤 환상을 가질 수 있죠.

웍텔 제발트 씨의 환상은 뭐죠?

제발트 우리는 18세기 말 뉴잉글랜드에 살던 사람들의 삶이 지금보다 더 좋았을 거라고 생각하는 경향이 있습니다. 하지만 당시 여자들은 자식을 여덟 명이나 낳았으며, 장작불을 때는 부엌에서 통에 물을 받아 빨래를 해야 했다는 사실을 떠올리면 지금 우리가 상상하는 것처럼 그렇게 목가적인 생활은 아니었을 겁니다. 이처럼 과거를 생각할 때는 어느 정도 자기기만적인 요소가 끼어들게 마련이죠. 비극으로 다시 꾸며도 마찬가지입니다. 왜냐하면 비극은 어쨌거나 질서의 한 양식이고 무엇엔가, 삶 또는 일련의 삶에 의미를 부여하려는 시도이기 때문입니다. 그래도 비극은 말하자면 사물을 바라보는 긍정적인 방식입니다. 그러나 비극은 한편으론 사실상 아무런 의미도 없는 사건의 연속인지도 모릅니다.

웍텔 『이민자들』에서 맨체스터의 막스 페르버라는 화가는 공장 굴뚝들과 그을음 투성이인 도시 맨체스터를 보고 자신의 운명을 찾았다고 생각합니다. "굴뚝 아래에서 일하려고" 이곳에 오게 되었다고 깨닫습니다. 막스는 왜 그렇게 먼지에 이끌리는 거죠? 먼지는 그에게 무슨 의미가 있을까요?

제발트 성경에도 있잖습니까. 먼지는 먼지로, 재는 재로 돌아가리라는 말에서 볼 수 있듯이 먼지의 비유적 의미는 명백하죠. 먼지의 다른 속성으로 침묵의 표시가 있습니다. 이 책의 다른 이야기에 먼지 털기와 청결에 대한 언급이 여럿 있습니다. 유대인은 율법에 따라 사물을 정결하게 유지하려고 집착하는데 그건 독일인도 마찬가지입니다. 여러 방면에서 긴밀한 동맹 관계에 있는 이 두 민족의 공통된 요소죠. 아델바르트의 이야기 중에 서술자가 도빌시(市)에 들렀을 때 한 여자가 덧창을 약간 열고 그 틈으로 손을 내밀더니 먼지떨이를 터는 일화가 나옵니다.

어떤 사람들은 정리정돈과 관리가 잘된 깔끔한 집에 가면 불편함을 느낍니다. 저도 그렇습니다. 저는 정리정돈이 언제나 잘되어 있어서 차가운 느낌이 드는 집에 있기가 어렵습니다. 외부인에게 크리스마스나 다른 기념일에 한두 번 공개되는 중산층 응접실 특유의 차가운 느낌을 주는 정리정돈 상태를 생각해 볼 수 있죠. 그런 집에는 연중 무거운 침묵을 지키는 그랜드 피아노가 있곤 합니다. 그리고 가구에는 먼지막이 커버가 씌워 있을 수도 있죠. 이와는 대조적으로 먼지가 앉아 있는 집이 저는 왠지 편안합니다. 방금 언급하신 구절을 썼을 때쯤 런던에 있는 한 출판사 발행인의 집을 방문한 일이 뚜렷하게 기억나는군요. 그의 집은 켄싱턴에 있었습니다. 제가 도착했을 때 그는 아직 처리할 일이 있어서 그의 아내가 저를 서재 같은 곳으로 안내했어요. 테라스가 있는 굉장히 크고 높은 집의 꼭대기에 있는 방이었어요. 그 방에 책이 가득하고 의자가 하나 있더군요. 그리고 사방에 먼지가 쌓여 있었어요. 책이고 카펫이고 창턱이고 오랜 세월에 걸쳐 쌓인 먼지투성이였죠. 방문에서 독서용 의자에 이르는 곳까지만 길게 눈을 치워 놓은 길 같았어요. 그 부분만, 말하자면 바닥이 닳아 있었고 먼지가 없었어요. 누군가 이따금 그 방에 들러 곧장 의자에 가서 앉아 책을 읽었다는 흔적이죠. 그 의자에 15분쯤 앉아 있었는데, 그때처럼 평온한 시간을 보낸 적이 없습니다. 먼지에는 매우 평온한 무언가가 있다는 것을 깨닫게 해 준 경험이었습니다.

웍텔 화가 막스 페르버가 그림에 먼지 효과를 내려고 쓰는 기법 중 하나는 물감을 몇 겹 바른 뒤 그걸 긁어내고 문지른 다음 그걸 다시 칠하고 또 긁어내는 건데요. 제발트 씨는 이 책을 쓰는 과정을 설명하면서 그와 비슷한 방식을 채택한다고 할까요. 아니면 하다 보니 그렇게 된 건지 모르겠는데, 썼다가 지우는 일을 반복하고 심지어 글쓰기는 미심쩍은 일이라면서 그 일 전반에 의문을 품게 되더라고 하셨죠.

제발트 네, 침입적이기 때문에 의심스러운 일이라는 겁니다. 남의 사생활에 침입한다는 거죠. 저도 이야기에 필요한 자료를 찾는 과정에서 그러지 않을 수 없었는데, 그게 좋은 일인지 나쁜 일인지 모르겠습니다. 트라우마는 털어놓아야 좋다는 게 통념이지만 반드시 그렇지만은 않은 것 같습니다. 특히 상대방에게 기억을 불러내라고, 과거를 말해 달라고 부추기는 입장에 있는 사람은 그렇게 상대방의 삶에 침입함으로써 그러지 않았더라면 피해 갈 수 있었을지도 모를 어떤 부차적인 해를 그 사람에게 입힐지 모르거든요. 따라서 거기엔 윤리적 문제가 있는 겁니다. 게다가 저술 작업 자체도 생각해야 합니다. 이야기를 만들어 내고, 그 과정에서 발생하는 모순들을 해결해야 하는 것이죠. 그 전 과정은 허영심과 작가 자신도 진짜 이해하지 못하는 동기들로 가득 차 있습니다.

    이런 창작 형식은 저로서는 그리 오래되지 않은 것입니다. 하지만 저는 언제나 어떤 형식으로든 글을 끄적여 왔어요. 그건 습관입니다. 제가 보는 한 그건 신경증과 밀접한 관련이 있습니다. 어떤 정해진 기간에는 글을 써야만 하죠. 그러고 나서 다른 일정 기간엔 글을 쓰지 않다가 또다시 써야만 하는데, 그러면 강박적으로 그 일에 임하게 됩니다. 어떤 의미에서 행동 장애죠. 물론 다른 긍정적인 측면이 더 많다는 것은 잘 알려져 있죠. 하지만 어두운 측면은 잘 알려져 있지 않습니다.

웍텔 언젠가 누군가 제발트 씨의 다른 책을 가리키면서 이런 말을 했습니다. 이 책은 애달프지만 필요한 이야기를 전한다고요.

제발트 그렇게 생각하는 독자들이 있다는 말을 들으니 반갑군요. 어느 정도는 고무적이지만 그렇다고 제 모든 불안감을 누그러뜨리지는 못할 겁니다. 그리고 물론 시간이 어느 정도 흐른 뒤의 일이겠지만, 가장 민감하고 어려운 문제 중 하나는 어김없이 자신을 포위하는 문화와 관련된 상황과 씨름하는 것이고, 이 문제는 해결해야만 합니다. 왜냐하면 본격적으로 글을 쓰기 시작한다는 건 퇴로를 마련하는 것과 매우 흡사하기 때문입니다. 문득 자신이 일종의 포로수용소 같은 곳에 있다는 걸, 직장 생활을 하고 있다는 걸 깨닫고는 아무도 모르는 무슨 일을 하기 시작하는 것이죠. 말하자면 어떤 종자를 배양하는 헛간에 들어가는 건데요. 제 경우, 첫 책을 썼을 때 그 일은 지극히 은밀했습니다. 아무에게도 보여 주지 않았죠. 친구 중에 소설가가 없기도 했고요. 제가 확보한 은둔의 시간은 굉장히 소중한 무엇이었는데, 지금은 그렇지 않아요. 그래서 요즘 본능적으로 이런 생각까지 듭니다. 제 책이 잊힐 때까지 모든 관련 활동을 중단하고 떠나자고요. 그럴 경우 어쩌면 다시 그 헛간에 들어가 누구의 방해도 받지 않고 일할 수 있는 자리를 되찾을 수 있겠죠.

제발트는 누구인가

캐럴 앙지에

양심이 있는 사람들은 오래 살지 못하죠.
양심의 가책으로 고통을 받거든요.
파시스트 지지자들은 아주 오래 삽니다.

캐럴 앙지에 Carole Angier

옥스퍼드 대학교와 케임브리지 대학교에서 공부했다. 대표적 저서로는 W. G. 제발트와 프리모 레비의 전기가 있다. 워릭 대학교와 런던 대학교에서 전기(傳記) 문학을 가르쳤다.

이 인터뷰는 《계간 유대인》 1996-1997 겨울호에 처음 실렸다.

제발트는 누구인가

　W. G. 제발트가 누구지?『이민자들』이라는 책을 읽고 나는 그것만이 궁금했다.『이민자들』은 독일을 떠나 망명객으로 살다 간 네 사람의 이야기다. 각 이야기는 앞선 이야기보다 더 길어지고 더 완전해지며 심장이 멎을 듯하고 차가운 느낌이 들 만큼 명료하다. 점점 더 깊어지고 어두워지지만 여전히 바닥이 보이는 호수와도 같다. 첫 번째와 마지막 이민자는 유대인이다. 서술자는 이 사실을 오랜 세월에 걸쳐 서서히 고통스럽게 알게 된다. 두 번째 이민자는 반의반 유대인이다. 세 번째는 유대인 같지 않지만 그의 이력은 유대인 이민자들과 깊이 얽혀 있다. 사실 유대인 관련 주제는 그의 이야기에서 가장 강력하다.『이민자들』은 많은 보편적 문제들 즉 시간, 기억, 예술, 상실에 관한 책이다. 하지만 주요 주제는 유대인과 독일의 비극이다.

　이 책은 지금까지 내가 본 예술 작품 가운데 가장 기밀하게 밀봉되었으면서도 가장 개방적이다. 네 편의 이야기는 거울의 방처럼 서로를 비춘다. 1913년 여름처럼 특정한 시일이 강박적으로 되풀이되어 나온다. 참수 이야기가 두 편에 나오고 은둔자 이야기는 세 편에 나온다. 무엇보다 인상적인 것은 블라디미르 나보코프가 네 편 모두에 등장한다는 점이다. 성인 남자로 나오는가 하면 소년으로도 나온다. 죽음의 전조인가 하면 기쁨의 전조일 때도 있다. 하지만 항상 나비채를 들고 다니는 그는 자서전 『말하라, 기억이여』에서 보이는 비상한 취미를 떠올리게 한다. 동시에 『이민자들』은 현실에 온전히 굳게 발을 디디고 있다. 네 편 모두 주인공의 앨범에서 취한 사진들을 삽화로 사용한다. 그리고 세 번째와 네 번째 이야기는 많은 부분이 사람들의 일기장에서 발췌한 글로 채워져 있으면서도 이 책에서 가장 아름다운 부분을 포함하고 한 곳에서는 나보코프가 등장한다.

대체 무슨 일이지? 이 책은 자의식이 강하고 교묘한 포스트모던 소설과는 정반대다. 절묘하게 씌어졌지만 겸손하고 조용해서 전혀 이목을 끌지 않는다. 그럼에도 이 책은 그 자체의 중요도에 대한 의문을 여느 들뜬 문학적 유희보다 더 명확하고 더 직접적으로 제기한다. 역사적으로는 상관이 없다. 미친 사람들만이 홀로코스트를 의심하며, 생존자 두세 사람의 당황스러운 이야기만으로는 그 사건이 실제로 발생했었다는 사실이 달라지지 않는다. 나는 『이민자들』에 대한 역사적 의문은 없더라도 문학적인 의문과 개인적인 의문은 가지고 있다. 이 책의 이야기들은 사실인가 지어낸 이야기인가? 어떻게 모든 이야기에 블라디미르 나보코프가 들어가 있지? 심지어 막스 페르버의 어머니가 쓴 일기장에까지? 그리고 W. G. 제발트는 도대체 어떤 사람일까?

제발트의 연구실 문을 보면 이스트앵글리아 대학교에서 유럽 문학을 가르치는 교수임을 알 수 있다. 문을 연 그는 독일인이 아니라 영국인으로 보인다. 그는 이름도 바꿨다. 빈프리트 게오르크 막시밀리안은 이제 맥스다. 하지만 일단 대화를 시작하자 진보적이고 교권 개입을 반대하며 과거에 적대적인 입장에서 자신을 규정하던 1960년대 독일 지식인의 모습이 나온다. 독일 남부 지방의 부드러운 억양도 그대로 지니고 있다. 나는 그의 반파시즘적 입장과 특히 유대인의 비극에 일체감을 느끼는 것에 대한 질문으로 인터뷰를 시작했다. 그런 생각을 언제부터 하게 되었을까? 가정교육도 학교도 아니었다고 그는 풍자적인 미소를 지으며 말한다. 그가 속한 세대의 모든 독일인과 마찬가지로 학교에서 강제수용소에 관한 영화를 보았지만 그것은 아무런 설명도 없이 주마등처럼 스쳐갔다. "저는 그 영화를 어떻게 생각해야 할지 전혀 알지 못했습니다."

제발트 어린 나이에도 그 나라가 불편했다고 지금은 쉽게 말할 수 있습니다만, 학교에 다닐 때는 그런 생각을 하지 않았습니다. 친구들이 있고, 여름엔 수영이나 승마를 하러 다니고…… 처음으로 집에서 떨어져 생활하고 나서야 비로소 무언가 변화를 줄 수 있었죠. 독일문학을 공부하려고 프라이부르크 대학교에 진학했지만 교수들한테서 아무것도 얻어 낼 수가 없었어요. 전적으로 불가능했어요. 교수들은 모두 그 세대의 사람들이었기 때문이죠. 전부 1930년대나 1940년대에 박사학위를 받은 사람들이었어요. 그리고 물론 모두 민주주의자들이었죠. 다만 나중에 드러났지만 모두 어떤 형태로든 당시 나치 정권의 열렬한 지지자들이었습니다…… 독일 대학교들의 인문학부는 구조적으로 정직하지 못한 면이 있었고, 저는 그게 싫었습니다. 대학교를 졸업했을 때 해외의 언어학과에 외국어 강사 자리라는 게 있다는 생각이 났어요. 그래서 영국의 학교 여기저기에 무턱대고 지원서를 냈고 맨체스터 대학교에서 일자리를 얻게 되었습니다.

맨체스터에서 제발트는 뮌헨 출신의 유대인 망명자인 D씨로부터 방 한 칸을 세 들어 생활했다. 완전히 우연으로 그리 되었다. "마트에서 그분의 아내를 알게 되었죠." 그녀가 "D는 사실 뮌헨 출신이에요"라고 했지만 그 망명자 부부는 어떻게 해서 자신들이 제각기 독일을 떠나게 되었는지는 전혀 말하지 않았다.

제발트 당시는 페터 바이스와 볼프강 힐더샤이머가 글을 쓰기 시작한 때였고, 저는 제가 지금 다루고 있는 문제들에 대해 생각하기 시작했어요. 하지만 현실에서 그 문제들을 마주했을 때는 사정이 달랐습니다. 제 편에서나 다른 사람들 편에서나 무언가 거리낌 같은 게 있었어요. 마비 상태라고나 할까요. 그 마비가 풀리는 데 족히 20년에서 30년이 걸렸습니다. 저는 당시 그런 상태에 갇혀 있던 것을 유감스럽게 생각합니다. 왜냐하면 위딩턴이나 디즈버리에는 독일이나 오스트리아 국적의 유대인들이 바글바글해서 그들의 이야기를 들을 수 있었을 테니까요. 하지만 또 한편으론 유감스럽지 않은 면도 있어요. 그때만 해도 저는 누구를 만나도 해서는 안 될 말만 골라서 했을 테니까요.

그는 씩 웃는다. 풍자적 미소가 아닌, 개방적이고 호감이 가는 미소다. 그러다 얼굴이 갑자기 싹 변한다. D씨에게 보인 거리낌과 삼가는 마음을 아직도 가지고 있는가 보다고, 혹시 나타내서는 안 될 무언가를 드러낼까봐 대체로 표정이 없는 얼굴을 유지하나 보다고 나는 생각했다.

제발트는 카를 슈테른하임으로 석사학위를 받고 알프레드 되블린으로 박사학위를 받았다. 두 작가 모두 유대인이라는 정체성과 힘든 씨름을 했다. 그는 나중에 호프만슈탈, 슈니츨러, 카를 크라우스 같은 작가들을 위주로 동화(同化)의 역사나 다름없는 오스트리아 문학을 가르쳤다. 수줍음을 잘 타고 똑똑한 이 사람이 책을 통해 이토록 어려운 편력의 길을 떠나야만 했다는 사실이 내게는 별로 놀랍지 않다.

하지만 그 지점에서 그냥 손을 뗄 수는 없다. 내게도 그 같은 거리낌과 마비 상태에 있는 듯한 느낌이 들기는 했지만 나는 목청을 가다듬고 물었다. "제발트 씨 가족은요? 가족은 그런 모든 일을 극구 말리지 않았어요?"

제발트 아뇨, 말리지 않았어요. 저희는 원래 인습적이고 가톨릭교를 믿는 반공산주의 집안이에요. 파시스트 정권을 지지한 사람들이 일반적으로 그랬듯이 반은 노동자 계층에 속하는 프티부르주아였죠. 그런 계층은 단순히 맹목적으로가 아니라 어느 정도 열의를 가지고 전쟁에 참여했습니다. 그들은, 말하자면 사다리를 타고 올라가다 삽시간에 전부 떨어졌어요. 1941년까지만 해도 자기들이 세상의 지배자가 될 것만 같았던 거죠. 지금은 아무도 그런 말을 하지 않지만, 그랬던 게 틀림없습니다. 제 아버지는 폴란드전에 참전했으니 많은 걸 목격했을 텐데…… 아버지의 부대는 전쟁이 시작되기 전 8주 동안인가 폴란드 국경 후방에 주둔해 있었어요. 그 모든 게 우리집 사진첩들에 있습니다. 맨 처음 사진들은 마치 보이스카우트들이 캠핑을 간 분위기죠. 모두 텐트 밖에 앉아 셔츠를 깁고 있고 그런 사진 밑에는 "여자는 필요 없다"와 같은 우스갯말이 캡션으로 달려 있었어요. 그런 그들에게 명령이 떨어졌고 폴란드로 진군해 들어갔습니다. 그리고 사진첩을 넘기면 굴뚝만 그대로 서 있고 다른 건 완전히 파괴된 폴란드의 마을을 담은 사진들이 나옵니다. 제가 어렸을 때는 그 사진들이 아무렇지 않게 보였어요. 나중에 커서야…… 저는 매년 한 번만 고향집에 가서 이틀쯤 있다가 오는데요, 요즘 그 사진들을 보면 "맙소사, 도대체 이게 다 뭐야?"라는 생각이 듭니다.

제발트는 누구인가

앙지에 그에 대해 부모님과 대화할 수 있으세요?

제발트 아뇨. 제 아버지는 아직 살아 계시지만 연세가 여든다섯이고…… 양심이 있는 사람들은 오래 살지 못하죠. 양심의 가책으로 고통을 받거든요. 파시스트 지지자들은 아주 오래 삽니다. 소극적으로 저항하는 사람들이라고도 할 수 있죠. 오늘날 파시스트 지지자들도 속으로는 다들 그렇습니다. 저는 항상 제 부모님에게 소극적 저항과 소극적 부역은 서로 아무런 차이가 없다고 애써 설명합니다. 그 둘은 같은 거라고요. 하지만 그분들은 그걸 이해하지 못해요.

앙지에 오늘날 독일에 대해서는 어떻게 느끼세요?

제발트 물론 아직도 향수병을 앓습니다. 뮌헨에서 기차를 타고 켐프텐 가까이서 남쪽으로 꺾어 들어가면 기분이…… 그런데 기차역에 내려서 밖으로 나가자마자 도로 돌아가고 싶어져요. 그곳이 꼴도 보기 싫은 거죠. 옛날과 별로 달라진 게 없거든요. 사람들의 아주 이상한 태도는 여전해요. 예를 들어 밤에 뮌헨-파징역에 서 있는데, 부랑자가 쓰레기통을 뒤지고 있는 거예요. 그런데 퇴근하는 길인 걸로 보이는 어떤 남자가 그 부랑자에게 가서 "여기서 이러면 안 돼. 제대로 된 일자리를 찾아야지"라고 하는 겁니다. 거기엔 그런 경우가 많아요. 그런 거 말고도 온갖 걸 보게 되죠.

얼마 전에는 프라이부르크 근처 작은 도시에 있는 유대인 공동묘지에 간 적이 있습니다. 그림 형제의 동화에 나올 법한 물방앗간이 있는 도시죠. 그 유대인 공동묘지는 숲에 둘러싸여 있어요. 그날은 아무도 없더군요. 평소에도 그곳을 찾는 사람이 거의 없긴 하죠. 하지만 그 숲의 기슭에는 사람들이 여름에 놀러가 소시지도 구워 먹고 맥주도 마실 수 있는 캠핑장이 있습니다. 그런데 이 캠핑장에 공동묘지 방문객은 캠핑장 출입을 금한다는 공고문이 붙어 있어요. 그 반대가 아니고 말이죠.

우리는 웃었다. 웃을 수밖에 달리 어쩌겠는가. 그런 다음 제발트는 전작 『현기증. 감정들』에 대한 이야기를 해 주었다. 이 책의 마지막 부분에서 서술자는 자신이 자라났고 "많을 것을 기억하고 있는" 마을로 돌아간다.

제발트 저는 최대한 신중했다고 생각했어요. 제 어머니는 우리 마을 사람들에 대한 자세한 이야기들을 읽고 얼마나 당황하셨는지 모릅니다. 그 후로 다시는 그곳에 가지 않으셨어요. 베르타흐(그는 테이블 위에 담뱃갑을 놓았다)가 여기 있다면 존트호펜(성냥을 놓았다)은 여기 있습니다. 자전거를 타면 45분이 걸리죠.

 이따금 존트호펜에 물건을 사러 오는 베르타흐 사람과 마주치는데, 그 사람이 아무런 말이 없으면 어머니는 안심하십니다. 제 어머니도 독일의 대다수 사람들과 마찬가지인 거죠. 자신에 대한 이웃들의 평판이 나쁘지 않은 게 제일 중요합니다. 시민으로서의 용기라고 할 그런 게 전혀 없어요. 그냥 아예 없습니다. 저희 어머니는 "이 사람은 내 아들이다, 지금 쉰두 살이다, 뭐든 자기가 알아서 하고 싶은 걸 할 수 있다"라는 말을 못하실 겁니다. 어머니에겐 전적으로 불가능한 일일 거에요.

 제발트가 내게 그런 말을 할 수 있는 건, 그의 어머니가 《계간 유대인》을 읽을 일은 없을 테니까 라고 나는 생각했다. 공동묘지와 캠핑장은 그의 삶에서도 서로 다른 세상들이다. 그는 혼자 두 세상 사이를 오간다.

앙지에 그런데도 제발트 씨는 영국에서 30년을 사셨는데 여전히 독일어로 집필하시네요.

제발트 영국에 왔을 때 처음엔 영어를 전혀 몰랐습니다. 게다가 저는 어학적 재능이 별로 뛰어나지 않습니다. 지금도 어떤 날은 제가 느끼기에도 야만인처럼 더듬거리며 말을 생각하느라 아주 애를 먹거든요. 하지만 이게 주된 이유는 아닙니다. 저는 독일어에 애착이 있어요. 그리고 이 애착에는 그 이상의 차원이 있는 듯해요. 제가 자라난 곳과 같은 환경에서 자라면 이 언어를 간단히 젖혀 버릴 수가 없어요. 이론상 저는 오래전에 영국 여권을 취득할 수 있었을 겁니다. 하지만 특별한 역사적 배경 속에서 태어났기 때문에 저한텐 사실 선택지가 없습니다.

베르타흐와 존트호펜 사이의 산처럼 가로놓인 커피잔이 비었다. 밖을 보니 노포크의 우중충했던 구름이 옅어져 있었다. 우리는 나무 아래서 『이민자들』에 관해 이야기하기로 했다. 이 책에는 풀과 나무에 대한 이야기가 많다. 유대인 다음으로 자연은 이 책이 기리는 두 번째 희생물이다.

제발트 『이민자들』은 제 어머니로부터 받은 전화에서 시작되었습니다. 제가 나온 존트호펜의 학교 선생님이 자살했다는 전화였어요. 장 아메리가 자살한 지 그리 오래되지 않았을 때였고, 마침 저는 아메리에 대한 글을 쓰고 있었죠. 이 생존이라는 문제 주위에, 그리고 그 불공평한 시련과 마침내 그 시련에 압도되기까지 지연된 긴 시간의 주위에 성운 같은 것이 드러나기 시작했어요. 저는 제 학교 선생님과 관련해서 그게 뭔지 막연히 깨닫기 시작한 겁니다. 그리고 그걸 기점으로 다른 모든 기억이 줄줄이 떠올랐습니다.

앙지에 그럼 두 번째 이야기에 나오는 교사 파울 베라이터도 그렇고 나머지 등장인물들도 모두 실제 인물들인가요? 그들의 이야기도 사실이고요?

제발트 본질적으로는 그렇습니다, 약간 다른 점이 있긴 하지만…… 이를테면 헨리 셀윈 박사는 그 집에서 살긴 했지만 그 집은 힝엄이 아니라 노포크의 다른 마을에 있었어요. 그의 아내는 책에 있는 그대로입니다, 스위스인이고 매우 영리하죠. 제 생각에 아직 살아 계실 걸요. 그 집의 아주 독특한 가정부인 일레인도 그럴 거고요. 쎌윈 박사와 그의 아내는 오랜 세월 상류층의 전원생활을 했죠. 쎌윈 박사는 말솜씨가 대단히 좋은 분이었습니다, 정말 대단했어요…… 그분이 흐로드나[1] 이야기를 해 주었는데, 이것은 책 속의 시간대보다 실제로는 더 이전에 아주 대강만 들은 겁니다. 쎌윈 박사가 좋은 집안 출신의 순수한 영국인은 아니라는 생각이 처음으로 든 건 그들 부부의 크리스마스 파티에서였어요. 굉장히 큰 거실에서 벽난로가 활활 타고 있었죠. 그런데 그곳에 있는 게 아주 어색해 보이는 여자가 있었어요. 쎌윈 박사는 그 여자를 자기 여동생이라며 제게 소개를 시켜 주었어요. 물론 저는 그때서야 사실을 알게 된 거죠.

앙지에 쎌윈 박사의 친구인 요하네스 네겔리라는 등산 안내인은 어떻게 된 거죠? 72년 만에 빙하에서 발굴된 시체에 관한 신문 기사를 기차에서 우연히 발견한 그 놀라운

---
1 『이민자들』 29쪽.

우연은요? "망자들은 이렇게 되돌아온다"라는 구절은 이 책의 은유로 아주 완벽하더군요.

제발트 셸윈 박사가 제1차 세계대전 발발 전 스위스에서 살았을 때 스위스인 등산 안내인과 맺은 우정에 관해, 또 그게 얼마나 중요했는지에 관해 이야기를 해 주었어요. 하지만 저는 그 안내인의 이름이 기억나지 않았어요. 셸윈 박사가 그의 이름을 밝혔는지조차 기억나지 않았죠. 그는 그 사람이 행방불명됐다는 말도 하지 않았죠. 그런데 기차를 타고 가다 그 신문 기사를 발견했고, 마침 그 즈음 저는 이 책을 쓰기 시작했던 겁니다. 기사의 그는 등산 안내인이고, 연도도 같고, 장소도 같고…… 약간의 차이점만 잘 어울리게 조정하면 전체적으로 딱 들어맞는 이야기였어요.

앙지에 세 번째 이야기에서 암브로스 아델바르트는 정말 제발트 씨의 외종조부예요?

제발트 네, 그럼요. 물론 이름은 다릅니다.

앙지에 아델바르트를 절망에 이르게 한 건 뭐죠? 동성애인가요?

제발트 그에 관한 이야기는 한 장의 사진에서 시작됐습니다. 1981년 미국에 있었을 때 종조모를 뵈러 간 적이 있어요. 우리는 함께 앉아 사진첩을 봤죠. 가족 사진첩이란 게 대개는 전에 본 적이 있는 사진들이지만, 그렇지 않은 사진이 꼭 한 장쯤은 있기 마련이죠. 아델바르트 외종조부가 아랍인처럼 옷을 입은 건 저도 처음 본 사진이었습니다. 저는 어렸을 때 봐서 외종조부를 알고 있었지만, 도통 갈피를 잡을 수 없는 분이었죠. 하지만 그 사진을 보자마자 전말을 알겠더군요…… 모든 게 억제되는 카톨릭 집안. 그런데 그의 그런 면이 무시되지도 않아요. 보이지도 않고 존재하지도 않는데도 말이죠. 그건 어디에서도 조화될 수 없습니다.

앙지에 "암브로스 아델바르트" 편에는 일기도 있는데요, 그 자체도 사진이죠. 외종조부님은 정말 일기를 쓰셨어요?

제발트 네, 여러 언어로 쓰셨어요.

앙지에 그건 책을 봐서 압니다. 그러니까 그냥 일기 중 하나를 선택했는데 그게 영어로 쓴 거였군요.

제발트 아, 그 말씀이군요. 그런데 그건 위조한 겁니다. 제가 썼죠. 하지만 중요한 부분은 전부 사실입니다. 이를테면 머리를 철로에 놓은 교사와 같은 큰 사건들은 극적 효과를 노려 지어낸 이야기라고 생각하실지 모르지만 모두 실제 일어난 일입니다. 지어낸 이야기는 대부분 중요하지 않은 곳에 쓰입니다. 현실 효과를 제공하기 위해서죠.

앙지에 텍스트와 결부된 이미지를 제공하기 위해서는 어떤가요? 가령 나보코프 사진 같은.

제발트 암브로스가 실제로 이타카에서 나보코프를 봤는지 어쨌는지는 저도 모릅니다. 하지만 그랬을 가능성도 전혀 배제할 수는 없죠. 나보코프는 이타카에서 10년인가 15년을 살았어요. 이타카 주민이라면 누구나 나비채를 들고 돌아다니는 나보코프를 한 번쯤은 봤을 테니까요.

앙지에 하지만 막스 페르버의 어머니가 1910년 바트키싱엔에서 나보코프를 본 거는요? 실제로 그게 페르버의 어머니 일기에 있던가요?

제발트 그건 『말하라, 기억이여』에 나오는 일화입니다. 제가 그걸 발견했을 때는 이미 그 일기의 바탕이 되는 비망록을 읽은 뒤입니다. 어느 일요일 오후에 야외로 소풍을 간 기록이 그 비망록에 있었어요. 아주 약간만 손을 보면 전체와 조화를 이루게 할 수 있습니다. 어디선가 뜻하지 않게 날아드는 요소들이 늘 있기 마련입니다. 저는 그런 걸 좋은 신호로 받아들여요. 길을 가고 있는데 난데없이 옆에서 모습을 드러내는 경치처럼 말이죠. 그러면 올바른 길로 가고 있는 것입니다. 그런 게 아무것도 없으면 엉뚱한 길을 걷고 있는 거고요.

예를 들어 파울 베라이터 이야기는 비트겐슈타인이 오스트리아에서 교사 생활을 했던 때를 상기시키는 측면이 있습니다. 가령 휘파람을 분다든가 농촌 아동들을 위해 자신을 희생하는 한편, 그 아이들을 혐오한다든가 하는 모습들 말입니다. 그 시절 베라이터 선생님을 생각하면 비트겐슈타인을 떠올리게 됩니다. 그분도 비트겐슈타인 같은 도덕적 급진주의 성향을 보였거든요. 하지만 이야기 속 세부

적인 것들은 비트겐슈타인에게서 취한 겁니다.

앙지에 페르버는 어떤가요?

제발트 페르버는 사실 두 사람을 합친 인물입니다. 한 사람은 제가 맨체스터에서 세 들어 살았을 때 집주인 D씨죠. 페르버가 1939년 열다섯 살에 뮌헨에서 도피해 나온 이야기와 이후에 그의 부모에게 발생한 일들은 D씨의 이야기입니다. 다른 한 사람은 잘 알려진 화가를 모델로 삼았어요.

제발트는 변함없이 조근조근 말했지만 나는 갑자기 좀 바보가 된 기분이 들어 물었다. "그럼, 소년 페르버의 사진은 그 두 모델 중 누구죠?" 그러자 그는 풍자적이고 숨김이 없는 표정으로 미소 지으며 대답했다. "둘 다 아닙니다."

"책에 들어간 사진들의 90퍼센트쯤은 진짜입니다." 그가 물에 빠진 사람에게 구명 튜브를 던지듯 재빨리 덧붙였다. 하지만 10퍼센트는 아니라는 문제가 남는데…… 그리고 다른 "기록들은?" 예를 들어 아델바르트의 명함에 적힌 "이타카로 간다"[2]의 진위는? 암브로스의 여행 일지는? 절반 정도는 제발트가 쓴 것이다.

그렇다면 내 질문에 대한 답은 『이민자들』이 픽션이라는 것이다. 이 책의 사진과 기록물은 픽션의 일부다. 대단히 정교한 작업이며, 그 주제를 감안하면 어쩌면 위험한 일일지 모른다. 홀로코스트를 소설화("아우슈비츠에 대해 대충 한 장(章)을 쓴 다음 연인 이야기로 돌아가는" 식)하는 건 위험하다는 점에서 나는 제발트와 같은 의견을 가지고 있다. 이 주제로 하나의 문학이 생성될 수 있다면 그건 이 책처럼 실세계에 단단히 발을 디딘 것이라야 한다. 게다가 제발트는 이 작업에 대해 누구보다 더 깊은 의심을 품고 있었으며, 이는 막스 페르버의 말을 통해 나타난다. ("내가 소심해져간 것은 어떤 방법을 동원하더라도 묘사하는 대상을 적절하게 재현하지 못할 것 같은 무력감 때문이기도 했지만, 글 쓰는 행위 자체에 회의를 느꼈기 때문이기도 했다."[3])

따라서 독자는 변론을 필요로 하지 않는다. 나처럼 다소 바보 같은 기분이 들지는 몰라도 그건 비범한 책을 읽

---

2 『이민자들』 130쪽.
3 『이민자들』 294쪽.

는 기쁨에 치르는 작은 대가다. 하지만 한 가지 의문은 여전히 풀리지 않았다.

제발트 글을 쓸 때 타인의 삶을 침해하는 면은 저도 신경이 쓰입니다. 물론 제가 눈치 없이 또는 판단이나 표현 양식 면이나 기타 등등 실수를 저지르지 않았다는 확신은 없습니다. 그러나 당사자들이 세상을 떠나지 않은 경우 저는 그들에게 물어 봅니다. 제가 쓴 것을 출판하기 전에 그들에게 보여 주죠. 누구든 반대하면 해당 내용은 뺍니다. 이런 과정을 거쳐 D씨는 제가 그의 이야기뿐 아니라 숙모의 자서전을 사용하는 것도 허용했습니다. 저는 바로 그걸 막스 페르버의 어머니에 대한 이야기에 사용했어요. 이베르동에 살고 있던 그 부인(그녀는 서술자에게 파울 베라이터의 말년에 대해 말해 준다)의 경우는 더 복잡하죠. 제가 하는 작업이 아무런 문제를 일으키지 않을 거라고 부인을 설득시키는 데는 오랜 시간이 걸렸습니다.

앙지에 반대하는 사람은 없었어요?

제발트 있었죠, 막스 페르버의 모델로 삼은 두 사람 중 화가는 반대했습니다.

앙지에 그런데 그냥 쓰신 건가요?

제발트 그 화가의 본명과 상당히 흡사한 독일식 이름을 완전히 다르게 바꿔서 썼습니다. 그는 어떤 식으로든 자신이 세상에 알려지는 걸 원치 않았고, 저는 그걸 존중합니다. 한편, 그는 유명 인사입니다. 그래서 공적인 기록을 통해 그에 관한 모든 정보를 얻을 수 있었죠. 대부분은 미국 사람이 그에 관해 쓴 방대한 책을 통해서였어요. 창조적 과정을 묘사할 때 그런 종류의 자료는 쓸 수 있어야 합니다.

앙지에 저는 두 가지 이야기를 결합시키는 게 문제가 아닐까 해요. 사람들이 그 이야기에서 그 화가를 알아보고 그 결합된 이야기를 영원히 화가 혼자만의 이야기로 믿을 사람들이 분명히 있을 테니까요.

제발트 그렇죠. 그러니까 조심해야죠.

나는 이 점에 대해 제발트를 압박해 본다. 하지만 그는 이 말만 했다. "저는 사실적이고 개인적인 세부 사항들 대부분이 꽤 박진감이 있다고 생각합니다." 나는 처음엔 그가 "박진감"이라는 말로 대답을 (어쩌면 무의식적으로) 회피하고 그냥 얼버무리는 게 아닌가 생각했다. 하지만 곧 그것이 정확히 의도한 말임을 깨달았다. 나는 그의 책이 등장인물들의 모델이 된 사람들에게 끼치는 영향에 대해 더 묻고 싶었지만 그의 생각은 이미 그 문제를 떠나 자신의 책에 가 있었다.

    우리는 잔디밭을 가로질러 왔던 길을 다시 걸었다. 그렇게 걷는 가운데 나는 내가 무슨 말을 해도 상황은 달라지지 않았으리라는 생각이 들었다. 그가 자신의 저작을 무엇보다 우선시하지 않았더라면 『이민자들』은 훌륭한 예술 작품이 안 되었을 것이다. 묘하게도 이에 대한 결정적인 증거가 나에게는 사진이 아니라 사진의 부재다. 이 책은 우쯔(Łódź)의 게토에 있는 어느 생산 현장에서 젊은 여자 세 명이 말 그대로 목숨을 부지하기 위해 (하지만 그게 헛되었음을 우리는 안다) 카펫 베틀을 짜는 모습을 묘사하는 것으로 끝을 맺는다. 나는 마지막 페이지에서 분명히 그들의 사진을 봤다고 생각했는데, 베틀과 그들의 손, 그들의 얼굴이 머릿속에 떠올랐는데, 그런데,

제발트는 누구인가

실제 그 페이지에는 그 사진이 없다.

발터 게네바인 〈베틀과 우쯔 게토의 직공들〉 1940-1944년경 © Jüedisches Museum, Frankfurt am Main

보이지 않는 대상에 대한 시

마이클 실버블래트

비참을 최대한 나타내려면
행복이 넘치던 순간들을
상기시켜 줄 필요가 있습니다.

마이클 실버블래트 Michael Silverblatt
1989년부터 캘리포니아 산타모니카의 작가 인터뷰 프로그램 〈북웜〉의 제작자 겸 사회자이다. 그가 인터뷰한 유명 작가의 수는 거의 1천 명에 달한다.

2001년 12월 6일자 〈북웜〉 인터뷰를 옮긴 것이다.

실버블래트 『현기증. 감정들』『이민자들』『토성의 고리』『아우스터리츠』 등 금세기 가장 중요한 산문 작품의 저자인 W. G. 제발트 씨를 모시게 되어 영광입니다. 제발트 씨의 산문에는 시와 같은 호흡과 운율이 있습니다. 그래서 이에 관한 질문으로 시작하겠습니다. 독일시에 영향을 받으신 겁니까?

제발트 아뇨, 전혀 그렇지 않습니다. 어떤 영향을 받았다면 그건 19세기 독일의 산문 저작들일 겁니다. 그런 글에는 아주 뚜렷한 운율 형식이 있죠. 그리고 그런 글을 이루는 산문 문장은, 말하자면 그 글의 사회적 배경이나 플롯보다 어떤 의미에서 확실히 더 중요합니다. 19세기 독일의 산문 문학은 당시에도 매우 제한적이었습니다. 독일 바깥에서도 수용되긴 했지만 특별히 언급할 정도는 아니었죠. 하지만 독일 산문 문학은 저와 아주 밀접한 관계를 맺어 왔습니다. 산문 작가들이 모두 독일어를 쓰는 나라들의 주변부 출신이기 때문에 특히 그랬습니다. 저도 마찬가지죠. 오스트리아의 아델베르트 슈티프터, 스위스의 고트프리트 켈러 등 이들은 모두 정말 고도로 집중된 산문의 경지에 이른 대단히 뛰어난 작가들입니다. 이들에게 플롯의 다음 단

계로 넘어가는 건 중요하지 않습니다. 거의 시인처럼 이들은 페이지 하나하나에 상당히 많은 공을 들였다는 걸 알 수 있습니다.

이들 모두의 공통점은 특히 프랑스나 영국에서 당시 지배적이었던 소설의 메커니즘보다는 한 장 한 장 공들여 쓴 산문을 우선시했다는 점입니다.

실버블래트 저는 『현기증. 감정들』을 읽기 시작했을 때 사람들이 이젠 더 이상 쓸 수 없는 종류의 글을 접하게 되어 감격했습니다. 그리고 글의 무게와 우울뿐 아니라 농담기와 관대함에도 무척 안도했습니다. 어떻게 그런 글을 재창조하시게 되었습니까? 이 시대의 것이 아닌데요.

제발트 이 시대의 것이 아니죠. 그런 문장들을 이루는 종속구문 형식들은 거의 모든 작가들에게 버림을 받았습니다. 편리성 때문이겠지만, 그보다는 그냥 그런 글에 익숙하지 않은 거죠. 18세기나 19세기의 만연체 산문 형식을 조금만 들여다보면 되는데 말입니다. 예를 들면 영국의 수필가들의 글이 있죠. 이전 시대의 문학에는 그런 형식들이 있었는데 지금은 그냥 폐허 상태죠.

실버블래트 구문상으로나 주제 면에서나 글이 옆길로 새는 걸 보면 제가 좋아하는 영국 에세이스트 드 퀸시가 생각납니다. 몽유병자가 잠결에 걸어다니듯이 한 곳에 집중하다가 다른 곳으로 이동하고픈 욕구, 부분과 부분의 연관성을 환각으로 본 듯한 기분을 독자에게 남기죠. 제 생각엔 이 점이, 특히 새로 나온 『아우스터리츠』의 매력 포인트 중 하나가 아닌가 합니다.

제발트 네, 그렇습니다. 한 화제에서 다른 화제로, 한 주제에서 다른 주제로, 한 관심사에서 다른 관심사로 옮겨가는 형식은 모종의 기술을 요합니다.

실버블래트 『아우스터리츠』 도입부에서 서술자가 동물원에서 이동하는 방식이 인상 깊었습니다. 뭐더라, 그 동물원이……

제발트 녹투라마입니다.

실버블래트 녹투라마. 그건 밤에만 깨어 있는 동물들을 모아 놓은 건축물이죠. 그가 곧 기차역으로 돌아가고 그곳은 동물원에 대응하는 장소가 됩니다. 특정 사상가들의 눈은

야행성 동물들의 강렬한 눈에 대응합니다. 기차역은 요새를 떠올리게 하고, 그런 다음 점차 건축물들에 대한 서술과 삽화들이 나옵니다. 논리적으로 서술자는 말을 듣는 사람일 겁니다. 그리고 이 서술은 제 생각에, 보이지 않는 지시 대상을 따라 연장됩니다. 동물원에서 기차역으로, 기차역에서 요새로, 요새에서 감옥으로, 정신병원으로 말입니다. 그런 가운데 빠진 말이 있는데요, 바로 강제수용소라는……

제발트 네.

실버블래트 본문에서 늘 주위를 빙빙 도는 건 바로 그 침묵하는 존재인데요, 본문은 그걸 직접적으로 언급하지 않지만 항상 그쪽을 가리킵니다. 그렇죠?

제발트 네. 그 말씀은 제 의도에 상당히 가까운 해석입니다. 저는 늘 다른 무엇보다 박해의 역사, 소수 집단에 대한 비방, 한 민족에 대한 멸살(滅殺)을 시도했던 사건, 거의 성공했던 그 시도에 대한 글을 쓸 필요가 있다는 생각을 합니다. 이런 생각을 추구하다 보니 그런 글을 쓴다는 건 사실상 불가능하다는 자각이 들더군요. 제 생각에 강제수용소에 관한 글을 쓴다는 건 사실 불가능합니다. 그래서 독자에게 그걸 뻔질나게 드러내 보여 주지 않으면서 바로 그게 저자의 심중에 있는 생각임을 깨닫게 할 방법을 강구할 필요가 있어요. 서술자에게는 양심이 있고, 따라서 오랫동안 본문에 제시되는 문제들과 씨름했을지도 모른다는 암시를 독자에게 줄 필요가 있는 겁니다. 그래서 참상의 주요 광경들은 절대로, 직접적으로 언급되지 않습니다. 저는 사람들에게 무언가를 상기시켜 주는 것으로 충분하다고 봅니다. 왜냐하면 우리는 모두 그 참상의 시각적 형상들을 봐 왔는데, 그런 형상들은 우리가 광범위한 사고와 철학적 반성을 하는 데 방해가 되기 때문입니다. 또 그런 형상들은 우리의 도덕적 판단을 마비시키기도 하거든요. 따라서 그런 문제에 접근할 수 있는 유일한 길은 제 생각에 정면 돌파보다는 간접적으로, 옆으로 벗어나서 지시 대상을 가리키는 겁니다.

실버블래트 그런데 덧붙이자면, 이 책에서 죽어 가는 나방이나 다른 많은 이미지들을 접할 때 보이지 않는 지시 대상이 있는 것 같습니다. 마치 이 책이 어떤 보이지 않는 대상에 대한 시가 되었다고나 할까요. 모든 이미지들이 우리의 주의를 그 대상으로 돌립니다. 전달 수단만 있고 그것이 디딜 땅이 없는 은유라는 말이 있듯이 말입니다.

제발트 네, 바로 그렇습니다. 버지니아 울프의 글 중에 훌륭한 예가 있습니다. 아마 저보다 더 잘 알고 계실 것 같은데요, 서섹스 어딘가에 있는 집의 유리창에서 최후를 맞는 나방을 묘사한 글이죠. 분량이 약 두 페이지밖에 안 되는 걸로 기억하는데요, 이 글은 연대순으로 볼 때 솜강 전쟁터와 독일이 세운 강제수용소 사이의 어느 시기에 쓰여졌습니다. 이 글은 솜강 전쟁터를 언급하지 않지만 버지니아 울프의 독자라면 제1차 세계대전과 그 여파에, 죽은 사람들은 물론이고 이를 면한 사람들에 이르기까지 이들의 영혼에 가해진 손상에 울프의 마음이 크게 동요했다는 걸 압니다. 따라서 책이 어떤 주제에 관심을 둘 때 그걸 노골적으로 드러내지 않더라도 전혀 관련이 없어 보이는 소재로 그 관심사를 요약해 줄 수 있다고 저는 생각합니다.

실버블래트 제발트 씨의 저작, 특히 『토성의 고리』와 『아우스터리츠』에서 산책자의 전통을 봅니다. 루소의 『고독한 산책자의 몽상』을 생각할 수 있는데요. 한때는 작가가 산책길에서 본 것을 쓰는 일이 지극히 일반적이었죠. 박물학자 루이 아가시(Louis Agassiz)는 자신의 하버드 대학교 연구실에 소로가 무언가를 가져다주곤 했는데, 소로가 우연히 발견한 것들은 언제나 독특했다고 했습니다. 작가는 보는 눈을 개발할 필요가 있는 것이죠. 이런 관점에서 볼 때 제발트 씨의 글에서 보이는 운율은 곤충학자나 박물학자의 글과 연관성이 큰 듯합니다.

제발트 네, 어떤 형태의 자연이든 제 글은 자연을 연구하는 일이니까요. 산책자가 자연을 바라보는 접근법은 현상론적이고 과학자의 접근법은 훨씬 더 날카롭지만, 이 둘의 본질은 같죠. 제 생각에 과학자가 소설가보다 글을 더 잘 쓰는 경우가 상당히 많다는 사실은 오늘날에도 적용됩니다. 그래서 저는 과학자들의 글을 읽는 걸 더 좋아하는 편입니다. 항상 영감의 원천이 되더군요. 훔볼트 같은 18세기 과학자든 루퍼트 셸드레이크 같은 현대 과학자든 딱히 구분을 두지 않습니다. 저는 이런 과학자들을 늘 염두에 두고 있고, 그들이 없다면 제 일을 추구할 수 없을 겁니다.

보이지 않는 대상에 대한 시

실버블래트 『아우스터리츠』의 산문은 다른 어떤 작품보다 더 유령 같다는 느낌이 듭니다. 먼지가 많고 안개가 짙게 낀 분위기, 이상하고 잘못 가리키는 불빛…… 마치 실제로 안개 속에서 일부러 길을 잃으려는 듯이 말이죠.

제발트 아, 네. 환경을 조성하면서도 그걸 거의 볼 수 없게 만들기도 하는 안개 같은 자연 현상이 늘 아주 흥미로웠습니다. 저는 19세기 소설 전반에서 발견할 수 있는 최고의 천재적 솜씨 중 하나가 『블리크 하우스(Bleak House)』의 안개라고 생각합니다. 하나의 자연 현상을 소설 전체를 꿰는 요소로 삼고, 이 확장된 은유를 유지해 나가는 솜씨는 작가가 가질 수 있는 대단히 매력적인 자질이라고 생각합니다.

실버블래트 『아우스터리츠』는 제발트 씨가 멘토이자 모범으로 삼았다고 전해지는 토마스 베른하르트의 문체에 경의를 표한 첫 작품인 듯합니다. 혹시 세 권의 책을 내고 난 후 비로소 이제는 그의 글에 비견될 만한 작품을 쓸 수 있겠다는 생각을 하신 건가요?

제발트 네, 저는 일찍이 토마스 베른하르트에게 큰 빚을 졌다고, 말하자면 공개 선언하고 싶었습니다. 하지만 너무 공개적으로 그래서는 안 된다는 점도 의식하고 있었어요. 왜냐하면 그럴 경우 토마스 베른하르트 부류 또는 토마스 베른하르트 아류 등으로 분류되어 꼬리표가 붙어 떨어지지 않아요. 꼬리표는 일단 붙으면 절대로 떨어지지 않습니다. 그래도 결국은 그를 항상 의식한다는 것을 인정할 필요가 있었습니다. 토마스 베른하르트가 전후의 독일어 소설 창작에 기여한 바는 그전에는 존재하지 않았고 어떤 의미에서건 타협이 없는 새로운 급진성을 부여한 것이었습니다. 1950년대는 물론이고 1960년대와 1970년대에도 독일 산문픽션의 대부분은 심각한 타협, 즉 도덕적 타협을 했고, 그렇기 때문에 미학적으로 부족한 경우가 많았습니다. 그런데 토마스 베른하르트는 작가로서 확고한 위치를 점유했기 때문에 그런 경우와는 전혀 다른 레벨에 속했죠. 이는 그가 청년기 후반부터 치명적인 병을 앓으면서 죽음이 언제든 문을 두드리라는 걸 의식하고 있었다는 사실과도 관련됩니다. 결국 그는 다른 작가들이 꺼려했던, 자기 마음대로 하는 길을 택했죠. 그렇게 해서 성취한 것은 표준 소설의 표준 유형과 결별하는 것이기도 했습니다. 또 그는 다른 사람에게서 들은 것만으로 이루어진 책을 썼습니다. 결과적으로 그는, 말하자면 일종의 잠망경 서술 형식을 고안했죠. 그래서 우리는 그의 글이 한 다리 건너, 두 다리 건너, 두세 다리 건너 모두 반드시 연결되어 있다고 믿는 겁니다. 소설의 무대에서 전지적 서술자가 꼭두각시들을 이리저리 배치하고, 세 번째나 네 번째 페이지에 이르러서는 여러 문학적 장치들을 작동시킨 다음, 그때부터는 그 꼭두각시들을 계속 움직이게 하지만, 우리는 작가가 무대 뒤에서 조종하고 있을 뿐임을 압니다. 이제는 이런 식의 서술을 쓰기가 쉽지 않은 것 같아요. 베른하르트는 처음부터 제 관심을 끈 새로운 서술 형식을 혼자서 만들어냈습니다.

실버블래트 새로운 서술 형식일 뿐 아니라 무언가를 허공에서 멈추게 만드는 새로운 형식이기도 하죠. 제 기억이 맞다면 베른하르트의 저작들은 긴 단락 하나로 된 경우가 흔하고, 간혹 긴 문장 하나로 된 경우도 있더군요. 꿈을 꾸는 듯한, 꿈에서 누군가 우리에게 말을 하는 듯한 효과가 있습니다. 그럴 때는 우리의 주의력이 팽팽해졌다가 느슨해지기를 반복합니다. 이야기를 읽다가 한두 페이지 뒤로 돌아가면 면밀한 사슬의 연결 고리를 발견하기도 합니다. 그러는 중에도 글의 강렬함은 멎지 않아서 그걸 일단 붙들어

두려고 해도 붙들 수가 없습니다.

제발트 네, 그렇습니다. 베른하르트의 서사 형식은 모든 예술 양식, 특히 독백극과 관련이 있습니다. 독일어 원제는 『Die Verstöung(혼란)』이지만 『Gargoyles(가고일)』라는 제목으로 영역된 그의 초기 소설의 2부는 전체가 살라 군주의 독백이죠. 무대에 올리면 훌륭한 독백극이 될 겁니다. 그의 글에는 그렇게 연극에서 경험할 수 있는 강렬함과 존재감이 있습니다. 베른하르트는 그런 것들을 소설에 불러들입니다.

실버블래트 미국의 비평가들이 제발트 씨의 작품에서 느껴지는 분위기에 당황하는 현상을 저는 재미있게 봤습니다. 저는 그 분위기가 당황스럽지 않았거든요. 일반적으로 의분과 조롱을 자아내는 주제들에 영향을 미치는 온유함 때문에 그 분위기가 생소하게 여겨지는 건 아닌가 합니다. 베케트나 베른하르트의 경우에 그 경멸이나 조롱은 엄청나고 눈부시죠. 실로 이 소설에서는 이야기하는 사람을 비방하지 않고 엄청나게 조심해서 그 사람의 말에 귀를 기울인다는 특성이 있습니다. 제 생각이 맞나요?

제발트 네. 이런 성향이 어디서 온 건지는 모르겠지만 저는 어떤 이유로든 열외로 취급받는 사람들의 말을 듣는 걸 좋아합니다. 제 경험으로는 사람들이 일단 입을 열면 다른 데서 들을 수 없는 이야기를 해 줍니다. 저는 아주 어렸을 때부터 사람들이 제게 해 주는 이야기를 경청할 필요를 느꼈어요. 특히 제가 자라난 전후의 독일에서는 모의된 침묵 같은 게 있었어요. 제가 자주 언급하는 사항인데요, 부모들은 자식들에게 자신들의 경험에 관해 아무런 말도 하지 않았습니다. 적어도 상당한 수치심이 수반되는 경험이었기 때문이죠. 그러니까 봉인을 해서 단단히 잠가 둔 겁니다. 저만 해도 제 어머니와 아버지가 두 분끼리로라도 그런 화제를 한 번이라도 꺼냈으리라고는 생각하지 않습니다. 이런 문제와 관련해서 어떤 성문화된 또는 구두로 맺은 약속 같은 게 있었던 건 아니죠. 그냥 암묵적 합의였던 겁니다. 누구도 절대로 입을 열지 않은 무엇이었죠. 그래서 저는 항상…… 어딘지 모르게 모종의 공허감을 안고 살았고, 신뢰할 수 있는 목격자의 증언으로 그걸 채워야 했습니다. 그리고 일단 그 작업을 시작했고…… 스무 살에 독일을 떠나지 않았다면 이 증인들을 만나지 못했을 겁니다. 진실을, 적어도 진실에 근접한 이야기를 해줄 수 있을 사람들이 독일에는 더 이상 살고 있지 않았기 때문이죠. 하지만 맨체스터나 리즈, 북부 런던, 또는 파리, 그밖에 벨기에나 다른 다양한 곳에서 그런 분들을 찾을 수 있었습니다.

실버블래트 온유함과 혼란, 공포와 무한한 연민, 그리고 거의 자발적이라고 할 고행 등이 이 책의 특징이라는 점을 비평가들이 보지 못하는 것을 보면 섬뜩하기까지 합니다. 아마도 전후 산문 문학에서 준엄함과 엄격함을 기대했기 때문이겠죠. 저는 어떤 계시가 제시되리라는 가능성과 희망을 염두에 두고 모든 이야기에 기꺼이 주의를 기울여야 한다는 입장이거든요.

제발트 만일 계시라는 게 있다면, 만일 글을 통해서 명료함이나 진리 또는 어떤 직관적 진실 파악으로 평가할 수 있는 무언가에 둘러싸이는 순간이 있다면, 작가는 실제로 특정한 곳, 아무도 가지 않는 곳에 직접 가서 많은 시간을 들여야만 그런 글을 얻을 수 있다고 생각합니다. 그곳은 도심의 어느 뒤뜰일 수도 있고, 『아우스터리츠』에 나오는 브렌동크 요새와 같은 곳일 수도 있습니다. 브렌동크에 대해서는 그전에도 장 아메리와 관련해서 읽은 적이 있었습니다. 하지만 그냥 그렇게 읽기만 한 것과 실제로 그곳에 가서 며칠 지내면서 그곳의 강제수용소가 어떤지 보는 것과는 엄청난 차이가 있습니다.

실버블래트 독일의 산문 문학에 "das Glük im Winkel", 즉 "작은 것의 행복"이 있었다는 말을 언젠가 들은 적이 있습니다. 제발트 씨가 산문에 급진적 기여를 한 부분은 작은 것에 대한 감수성이랄까 소형화에 대한 감수성이랄까, 전엔 없던 감수성을 강제수용소와 같은 세상의 극악무도함에 불러들인 것이라고 저는 생각합니다. 그렇게 해서 포스트모던의 시대에 완전히 또는 다시 잊혀진 산문의 품격이 불러들여지자 놀라운 메아리가 울림과 동시에 산문과 주제 사이에 심연이 열립니다. 그리고 그곳에서 유령과 메아리가 솟아나오고 무아경이 펼쳐집니다. 마치 세상에게 이 산문체라는 소라고둥을 주고 힘껏 불어 보라고 하는 것 같기도 합니다.

제발트 벤야민이 어디선가 그랬죠 아마, 안 그래도 비참한 걸 과장하는 건 의미가 없다고. 그렇다면 그의 말을 토대로 이렇게 추론할 수 있겠죠. 비참을 최대한 나타내려면 행복이 넘치던 순간들을 상기시켜 줄 필요가 있다, 라고 말입니다. 왜냐하면 상상의 공간이 오직 '강제수용소의 세상'만으로 가득 찬다면 왠지 그 비참을 잘 느끼지 못할 겁니다. 그래서 그런 대비가 필요해요. 지나간 시대의 표현법이나 서술의 분위기는 이미 지나간 호시절을 향한 노스탤지어와는 아무런 상관이 없습니다. 그런 글쓰기는 단지 금세기에 인간이 어떤 일들을 획책해 왔는지에 대한 의식을 고취시키는 수단일 뿐입니다.

서늘한 사치

마이클 호프먼

**제발트는 자신의 소설을 통해
카프카가 사실주의 작가였다고
선언하는 걸까?**

마이클 호프먼 Michael Hofmann
영국의 시인이자 비평가, 번역가. 네 권의 시집을 냈으며 IMPAC더블린문학상과
PEN번역상을 수상했다. 다양한 매체에 서평과 비평을 기고한다.

이 에세이는 2001년 9월 20일 《프로스펙스》에 실린 것을 옮겼다.

서늘한 사치

지난 5년 동안 영어권 출판계에서 가장 두드러진 사건 중 하나는 W. G. 제발트의 작품들이 거둔 엄청난 성공이다. 『이민자들』『토성의 고리』『현기증. 감정들』은 내가 아는 한, 거의 이의가 없는 경의와 최고의 찬사를 받았다. 이 책들이나 저자에 대해 누구도 그런 성공을 예측할 수 있었을 것 같지 않기에 그만큼 더 믿기 어렵다. 오랫동안 이스트앵글리아 대학교 교수로 재직한 제발트는 1970년부터 영국에 정착해 살고 있음에도 한사코 모국어인 독일어로 글을 쓴다. 그런가 하면 다소 구식인 영어로 께느른하게 자신의 작품을 소개하는 행사에 참여하기도 한다. 짐작컨대 저자 자신의 것들인 듯한 사진들이 쓰인 이 책들은 논픽션의 언저리에서 교태를 부리며 맴돌았다. 물론 역사적 서사와 상황으로 보이는 것을 힘들여 조사하고 공들여 썼다는 점에서 이 책들은 큰 매력을 지니고 있다. 자칭 소설이라지만 내향적 강의, 여담 모음집 같다. 학식에 의해 형식이 부여되었기 때문일까. 똑똑 떨어지든 고이든, 어디에 처하더라도 수평이 되려는 물과 같다. 그곳에 비단이나 청어, 건축, 전투처럼 옆길로 새는 이야기의 물방울들이 모인다.

우월 의식, 소문, 멜랑콜리, 기밀 정보, 기행(奇行), 질퍽

한 키츠풍의 우울, 대낮의 유령, 수명을 다한 기계, 거대한 건물, 에드워드 토머스 같은, 펩스너 같은, 라킨 같은, 모션 같은 인물 등 영국에서 길을 가다 말고 구경할 거리가 그렇게 많이 숨어 있다니. 그런 것들을 영어가 창작 언어가 아닌 누군가가 그렇게 능숙히 다루는 걸 보고 기분이 묘했다. 더 묘한 것은 제발트의 작품은 시시하거나 장황하지 않지만 그렇다고 일반 소설의 즐거움을 주지도 않는다는 사실이다. 유머와 매력, 세련미, 공감을 전혀 찾아볼 수 없다는 것도 놀랍다. 그런 요소들이 없는 책들이 영국에서 조금이라도 성공을 거둘 수 있다는 사실만큼이나 놀랍다. 또 다른 잣대를 들이대자면, 등장인물이나 사건으로 이야기를 꾸미지 않고 사색이나 독서에 관한 것만으로, 더 분명히 말하자면, 사색의 기억이나 독서의 기억만으로 쓴 책들이 인기를 끈다는 사실이 놀랍다. '좋은 읽을 거리' 또는 '자기 전에 읽는 책'을 추구하는 문화에서 책 속에 있어야 할 사건은 언제나 다른 곳에 있고 서술자와 주인공 또는 플롯 간의 관계가 언급도 탐색도 되지 않으며, 어쩌면 그런 게 존재하지 않는지도 모르는데 왜 그런 책을 사람들이 일부러 읽으려 드는지 정말 알다가도 모를 일이다. 독서에 최고의 윤활유이자 설득자인 그 반추하는 호기심으로 자신들이 끔찍이 사랑하는 플롯의 톱니바퀴와 태엽으로 돌아가는 전통적 소설을 읽지 않고 왜.

『아우스터리츠』에서 이름 없는 일인칭 저자는 소설 제목과 이름이 같은 아우스터리츠를 우연히 만난 기억들을 이야기한다. 아우스터리츠는 그의 관심을 단단히 사로잡은 인물임이 분명하다. 그들은 처음엔 벨기에의 기차 정거장에서, 그다음엔 런던과 파리, 그밖의 다른 곳에서 만난다. 그 우연한 만남들과 비범한 개성, 그들의 관계 등은 분명히 드러나지 않는다. 옆길로 잘 새는 아우스터리츠의 이야기를 서술자가 듣고 전달하는 내용이 이 책의 대부분을 이룬다(이야기가 길어지면 영어에서는 일반 서술과 구별하기 어려운 형식이다.) 토마스 베른하르트의 모놀로그식 소설 속에 유출 대신 억제를, 광란의 효과 대신 공허한 학식을 넣었다고 생각하면 된다. 아우스터리츠의 이야기는 유럽의 한 유대인의 이야기다(이 가물거리는 사실들을 이야기의 유리 진열장에 넣어 그대로 보여 주는 것만으로는 충분하지 않았는지 제발트는 그 내용물을 중요해 보이게 만들고자 하는 압박을 느낀 듯하다). 그는 1934년 프라하에서 태어나 1939년 어린이 수송열차(Kindertransporte)

에 태워졌고 영국 웨일스의 비국교도 목사 부부에게 양육되었다. 그리고 훗날 자신의 태생과 "정체성"[1]을 알게 되고, 이 사실들과 더불어 결국 그의 부모가 최후를 맞은 곳으로 여겨지는 테레진 수용소와 드랑시 수용소에 대한 생각에 사로잡힌다. 이런 이야기는 목격자의 정돈된 인터뷰들을 엮어서 따라가기 쉽게 전개하면 필연적으로 진부해진다.

제발트의 저작은 정확히 설명되기보다는 찬사를 더 많이 받아 왔다. 그렇게 많은 사람들이 서로 반사하듯이 중언하는 '아름다움'을 나는 솔직히 보지 못한다. 이 책의 지배적인 분위기는 특이하면서도 경직된 무엇에 있다, 아니 특이함에 반응해서 경직된 무엇이라고나 할까. (제발트의 작품에서 극적인 사건에 가장 근접하는 경우는 기묘함을 과시하는 순간들, 그의 책들이 존재하는 엑토플라즘[2]의 바다로 돌출해 언덕[3]들이다.) 문장들은 문법적으로 복잡하며 빈틈없이 정확하다. 무언가 마비된 또는 고정된 느낌이 있다. 작풍은 무심한 듯하면서 도발적으로 거창하며 예리하지도 무디지도 않다. 아니나 다를까 현대적인 또는 최신

---

1 『아우스터리츠』 84쪽.
2 『아우스터리츠』 72쪽, "심령체(心靈體)".
3 『아우스터리츠』 102쪽.

기술은 무엇이든 그 작풍을 위협한다. 카나리워프 지구(地區)는 "번쩍거리는 유리로 된 탑"[4]이라는 익명으로 나온다. 서술자와 아우스터리츠는 한번은 맥도널드에서 만났다고 하는데, 독자로서 도저히 믿기지 않는다. 문체는 정확하지만 경직되고 진부한 표현("분필처럼 창백한 얼굴"[5])과 은어("세력 기반을 넓히려고 통빡을 굴리는"[6]) 사이를 넘나든다. 환자의 방에 있는 난로는 "빛을 발하는 석탄 부스러기에서 나와 제대로 빠지지 않는 누런 연기"[7]를 낸다. 그건 있을 수 없는 일이야, 라고 나는 생각했을 것이다. 한편 밤에 밝힌 램프에 날아드는 나방들은 "수천 가지 [다른] 궁형과 나선형과 줄무늬"[8]를 그린다고 하는데, 내가 편집한다면 "다른(different)"을 빈말로 보고 이에 의문을 표할 것 같다.

내가 보기에 제발트의 작품들은 냉정하면서 화려하고, 멍하게 강박적이라는 점에서 고딕소설적인 데가 있다. 차분함과 모호함마저 고딕소설적이다. 박식하면서 부자연스럽고, 무섭다시피한 점에서 거의 모든 책장마다 에드거 앨

---

4 『아우스터리츠』 115쪽.
5 『아우스터리츠』 55쪽.
6 『아우스터리츠』 68쪽, "자신의 권력적 위치를 확보하기 위해 음모를 꾸미거나".
7 『아우스터리츠』 72쪽.
8 『아우스터리츠』 103쪽. "thousands of different arcs and spirals and loops".

런 포나 빌리에 드 릴라당, 또는 호프만스탈의 샹도스 편지를 읽는 느낌이었다. "가장 간단한 활동을 할 때, 신발끈을 묶을 때, 찻잔을 씻거나 주전자의 물이 끓기를 기다릴 때, 이 같은 끔찍한 불안이 나를 엄습했지요."[9] 이와 동시에 제발트의 학문적 조사 활동과 그의 산문 목록을 이루는 현학적 이름들은 안일하며 절박감이 없는데, 이 때문에 나는 이 작품을 진지하게, 이를테면 호프만스탈처럼, 받아들일 수 없는 것이다.

이 외에, 카프카의 작품에서 그냥 가져온 것 같은 수사 어구들을 보면 당황스럽다. 이를테면 "롤 셔터가 달린 장들과 연단, 책상들, 사무실 의자들, 그밖의 물품들이" 있는 "어두운 막다른 곳"[10]에서 끝나는 브뤼셀 법원의 미로 같은 건축물 부분이 그렇다. 또 두 명의 연락병에 대한 묘사는 어떤가. "눈에 띌 정도로 비슷했고, 어쩐지 분명하지 않은 꺼져 가는 얼굴을 한 이 심부름꾼들은 여러 개의 주름과 주머니, 단추 다는 단과 벨트가 부착된 재킷을 입고 있었단다."[11] 제발트는 자신의 소설을 통해 카프카가 사실주의 작가였다고 선언하는 걸까? 아니면 소설의 진행을 잠시 중

---

9 『아우스터리츠』 252쪽.
10 『아우스터리츠』 36쪽.
11 『아우스터리츠』 195쪽.

단하고 카프카에게 오마주를 바치는 걸까? 포스트모더니즘적 모방자가 되는 것에 만족하고, 그의 독창성에 대한 《옵서버》의 찬사를 빌자면, 그렇게 계속 나아가기로 한 걸까? 아니면 영어권 독자가 카프카의 『심판』이 어떻게 시작되는지 잘—아마 정확히—모를 것이라고 가정하고 도박을 한 걸까? 이드리스 페리의 새 영어 번역은 이렇다. "a close-fitting black suit which was provided, in the manner of travelling outfits, with various pleats, pockets, buckles, buttons and a belt, and which consequently seemed eminently practical, though one could not be quite sure what its purpose was."[12] 제발트가 카프카를 재단해 넣은 그 부분을 중요한 무언가로 전개했더라면 결과는 달라졌을지 모른다. 하지만 얼굴들은 그냥 "왠지 또렷하지 않았다," 아니 실은 "왠지 또렷하지 않아 보였다." 이러자니 마치 손수 만든 안개에, 아니 어쩌면 19세기에 이미 만들어져 있는 안개에 문학을 못질해 고정시키려는 것만 같다.

---

12 "다양한 주름과 호주머니, 장식 죔쇠, 단추, 벨트 등 여행용으로 제공되어 당연히 매우 실용적으로 보이지만 그 용도가 무엇인지는 확실하지 않은, 몸에 꼭 맞게 재단된 검은색 복장." 이에 대한 『아우스터리츠』 영어판: "who were strikingly alike and had faces that seemed somehow indistinct, with flickering outlines, wore jackets furnished with assorted pleats, pockets, button facings, and a belt, garments which looked especially versatile although it was not clear what purpose they served."

제발트와의 대화

조지프 쿠오모

저는 늘 개를 키웠습니다만,
제 방식은 개를 보고 배운 겁니다.

조지프 쿠오모 Joseph Cuomo
뉴욕 퀸스 칼리지에 문학 독서 프로그램인 '이브닝 리딩스'를 신설하고 학생들을 가르쳤다.

2001년 3월 13일 뉴욕 퀸스 칼리지 '이브닝 리딩스'에서 주최한 인터뷰 전체를 옮겼다. 이 인터뷰는 뉴욕 메트로TV에 방송되었고 《뉴요커 온라인》에도 실렸다.

쿠오모 『토성의 고리』는 표면적으로는 영국 동부 해안을 도보로 여행하는 것에 대한 글입니다. 그런데 서술자가 걷고 있든 절벽 너머를 바라보든 호텔방의 침대에 앉아 있든 그의 의식에는 온갖 암시와 관찰과 논평이 들락날락합니다. 그런 가운데 우리는 서술자와 함께 토머스 브라운 경의 저작에서 조지프 콘래드, 보르헤스, 스윈번, 서태후의 삶에 이르는 여러 가지 사실과 수시로 마주칩니다. 지금 제가 한 말은 이 책에 대한 설명으로는 정확하지만 어떤 소설인지, 무엇을 성취하려는 것인지에 대한 설명이 되지는 않습니다. 그리고 이 책을 설명하려 할 때 우리가 마주치는 한 가지 어려움은 제발트 씨가 서술 형식을 재창조한 것 같다는 점입니다. 사실 서술상의 기교는 거의 보이지 않는 것 같은데요. 그래서 이 책을 읽는 중에는 그걸 알아채지 못합니다. 부자연스러운 장치도 없고, 독자와 독서 체험 사이를 중재하는 어떤 구조도 없습니다. 제 친구 중에 훌륭한 작가가 있는데 그는 『토성의 고리』를 다 읽자마자 곧바로 처음부터 다시 읽었다고 합니다. 이 책을 처음 다 읽었을 때 자신에게 방금 무슨 일이, 어떻게 일어났는지 알 수 없었기 때문이었습니다. 이 책을 쓰는 과정에서 어떤 방식으로 그런 점을 처리하셨는지 궁금합니다. 집필 과정에서 무의식적 연상이 작용해서 그런 구성이 나온 건가요? 아니면 사전에 면밀히 좌표를 세워 구성하신 건가요?

제발트 어떻게 된 건지는 기억나지 않습니다. 당시 2주 동안 도보 여행을 하려고 했는데, 그런 사치를 누리려면 돈이 필요했죠. 그래서 짧은 글을 몇 편 써서 독일 신문의 문예란에 기고하자는 생각을 했습니다. 계획이라면 그게 전부였죠. 하지만 걷다 보면 무언가를 발견하게 됩니다. 도보 여행의 이득은 바로 그런 거라고 생각합니다. 길을 가다 보면 옆에서 뭔가를 발견하거나 어느 작은 기념관에서 지역 역사가가 쓴, 런던에서는 볼 수 없는 안내 책자를 사게 되기도 하는데, 그런 책자를 보면 뜻밖의 사항들을 발견할 수 있어요. 이 발견은 발길을 또 다른 어디론가 돌리게 만들 수 있습니다. 그러니까 체계적이지 않은 탐색 방식이죠. 물론 대학교수들의 통상적인 연구 방식과는 거리가 멉니다. 우리는 체계적이어야 하니까요.

하지만 저는 원래 체계적 방식을 좋아하지 않아요. 박사학위 논문을 위해 연구 조사를 할 때도 체계적이지 않았습니다. 언제나 무작위로, 되는 대로 해 나가는 식이었죠. 작업이 착착 진행되어 가면서 저는 중요한 뭔가를 찾을 길은 그 방법밖에 없다는 생각이 들었어요. 말하자면 개가 들판을 이리저리 뛰어다니는 꼴과 같은 방식입니다. 코가 이끄는 대로 다니는 개를 보면 좌표를 설정할 수 없는 방식으로 들판을 이리저리 돌아다닙니다. 그러다 보면 개는 찾던 걸 반드시 찾아요. 저는 늘 개를 키웠습니다만, 제 방식은 개를 보고 배운 겁니다. [청중의 웃음소리] 그렇게 해서 조금씩 자료를 쌓아 가면 자료가 불어납니다. 어떤 한 자료가 다른 자료에 가지를 치게 되죠. 이렇게 되는 대로 모은 자료들을 가지고 가치 있는 무언가를 만들어 내는 겁니다. 무작위로 모은 자료들이니만큼 그것들을 연결시키려면 상상력을 짜내야 하고요. 전에 찾던 것과 같은 걸 찾는다면, 그것들은 물론 서로 연결이 잘되겠죠. 하지만 그런 연결은 새롭지 않고 빤할 겁니다. 새로운 무언가를 쓴다는 관점에서 보면 사실상 별로 생산적이지 않죠. 따라서 선례가 없는 무언가를 쓰는 방향으로 머리를 움직이려면 자료들의 종류가 각기 달라야 합니다. 저는 글쓰기를 그런 식으로 생각했습니다. 그러면 물론 호기심에 굴복하게 됩니다. 예를 들어 19세기 잔학했던 태평천국의 난은 서양에는 잘 알려지지 않은 사건이고 저도 아는 게 전혀 없었습니다. 그런데 1948년엔가 쓰였고 그 지역에서 여전히 판

매되던 작은 소책자에서 그 사건과 관련된 사항이 언급된 걸 찾은 겁니다. [영국의 블라이드강을 건너] 그곳을 운행하는 작은 지역 기차가, 정말 기이하고 엉뚱한 사실이지만, 원래는 중국 황궁에 보내지기로 되어 있었다는 이야기를 발견했습니다. 그걸 보고 황제가 누구였는지 궁금해서 브리태니커 백과사전을 찾아 봤습니다. 1911년경부터 뒤져 보는 거죠. 탐색은 이렇게 계속 꼬리에 꼬리를 뭅니다. 전 과정에서 가장 즐거운 부분이죠. 그런 사실들을 알게 되고, 또 한 가지 놀라운 사실도 알게 되면, 이를 통해 다른 걸 또 알게 되는 일 말입니다. 물론 막상 글을 쓰기 시작하면 그건 또 별개의 문제입니다만. 즐거운 일과는 거리가 멀죠. [청중의 웃음소리]

쿠오모 집필을 시작한 후에도 강아지가 들판을 뛰어다니는 것과 같은 그 발견의 과정을 거치시나요? 탐색과 독서를 별개로 구분하시는데……

제발트 때론 그렇죠. 책을 쓰거나 그와 비슷한 일을 할 때, 내가 길을 제대로 찾아가고 있구나 하는 확신 같은 게 들 때가 있습니다. 그 길에 대한 믿음은 아직 없지만 다른 어느 때보다 더 확신이 드는 것이죠. 그리고 언제 이 확신이 굳어지냐 하면, 어떤 구절을 반듯하게 만들려고 끙끙대며 앉아 있을 때 그걸 해결해 줄 무언가가 어디선가 나타나 옆구리를 쿡 찌를 때입니다. 가령 십여 년 동안 까맣게 잊고 있던 인용구나 인물이나 사물이 갑자기 생각나면서 글이 잘 풀리는 겁니다. 저는 늘 그런 것들의 비중이 크다고 느껴 왔습니다. 일단 신뢰할 수 있는 길에 들어서 나아가다 보면 한창 글을 쓰는 중에도 불쑥 나타나는 것들이 있습니다. 예를 들어, 이 책[『토성의 고리』]의 마지막 장은 비단에 관한 건데요, 이 부분은 결과적으로 몇 페이지에 걸친 애도 문화에 관한 글로 끝을 맺습니다. 이 부분을 다 쓴 바로 그날, 《타임스》였던 걸로 기억하는데요, 그 안에 제게 필요했던 모든 사건들이 실려 있었습니다. 130년 전이라든가 220년 전 그날 있었던 일들의 목록이었어요. 저는 그것들을 전부 본문에 끼워 넣었죠. 마치 모든 집필 작업이 그 시점을 향하고 있었던 것처럼 말이죠. 아주 놀라웠어요. 하지만 글을 쓰다 보면 그런 일이 이따금 일어납니다. 그러면 정말 흐뭇하죠.

쿠오모 그 과정 자체는 제발트 씨가 소설에서 설명하는 것 같습니다. 납득할 수 없는 무슨 일이 일어나는데, 그럴 경우 우리는 그 일을 어떻게 해석해야 할지 모르지만, 그런 일이 발생한다는 사실은 큰 의미를 띠는 듯하다는 내용 말입니다.

제발트 네, 전체적인 우연을 말하는 것 같군요. 우연은 제 글쓰기에서 매우 중요합니다. 독자들이 책을 읽을 때 그게 거슬리지 않기를 바랍니다. 아무튼 『현기증. 감정들』에서도 우연이 많이 나오잖아요. 저는 이런저런 초심리학적 설명이나 이 주제에 관한 융의 이론을 별로 인정하지 않습니다. 그런 건 전부 좀 따분합니다. 제게는 그게 인간이 자신이 무의미한 존재라는 걸 이해할 필요가 있음을 예시해 주는 사례일 뿐이라고 생각됩니다. 생일이 같은 사람을 만났다고 가정합시다. 그럴 확률은 365분의 1입니다. 사실 별로 대단한 확률은 아니죠. 하지만 그 사람을 좋아하게 될 경우 그건 즉각 중요한 의미를 띠게 됩니다. [청중의 웃음소리] 그렇게 우리는 무언가를 쌓아 나가죠. 우리는 모든 철학 체계, 모든 신념 체계, 모든 구조물, 모든 기술적인 구조물을 쌓는 것도 그런 식의 의미를 띠게 하려고 그러는 거라고 저는 생각합니다. 아시다시피 그런 의미란 없지만요. [청중의 웃음소리]

쿠오모 제발트 씨의 책들에서 주목할 만한 사실 중 하나는 이 우연들이 어떤 결말을 이끌기 위해 쓰이지 않는다는 점입니다. 제 생각엔 그게 핵심인 것 같기도 합니다만. 즉 세상을 바라보는 시선을 조종당하고 있다는 느낌이 들지 않거든요. 대중 심리학적 소설들은 많은 경우 "오, 우리는 생일이 같으니까 결혼 생활을 유지해야 해"라는 깨달음이나 그와 유사한 내용을 다룹니다. 뭔가를 제시하고 이게 그 증거다 라며 어떤 주제로 세상을 축소시키는 경향이 있습니다. 제발트 씨가 소설마다 그런 종류의 충동에 저항하신 게 저로선 놀랍습니다.

제발트 그러면 소설이 사소해 보이겠죠. 하지만 제 소설에도 의미는 있습니다. 『현기증. 감정들』의 첫 장은 스탕달에 관한 건데요, 길이가 짧은 이 장은 스탕달이 파리의 어떤 길에서 쓰러진 뒤 오늘날 다니엘 카사노바라고 불리는 길에 있는 집으로 옮겨져 사망하는 것으로 끝납니다. 저는 다니엘 카사노바가 누구인지 몰랐어요. 이 책의 맥락에서 카사노바가 무엇을 의미하는지는 알았지만 '다니엘' 카사노바는 몰랐던 겁니다. 그 이듬해 여름 코르시카에 갔습니다. 코르시카의 산간 지방을 돌아다니다가 피아나라는 해

안 마을에 도달했는데, 그곳의 어떤 작은 집에 기념 명판이 붙어 있길래 뭔가 보니까 다니엘 카사노바라고 씌어져 있었어요. 그녀는 아우슈비츠에서 독일인에게 살해당했습니다. 치과 의사였던 그녀는 공산주의자가 되었고 프랑스 레지스탕스에 들어갔어요. 그 집 앞을 서너 차례 지나갔지만 항상 문이 닫혀 있더군요. 그래서 한번은 집 뒤로 돌아가 봤고 거기서 사람을 만났는데, 바로 그녀의 여동생이었습니다. 그리고 저는 일주일 동안 그녀와 이야기를 나누었습니다. [청중의 웃음소리] 이런 일들이 정말로 일어납니다. 저는 그녀의 기록물을 전부 갖고 있습니다. 그걸 가지고 뭘 할지 모르겠지만…… 어쨌든 그런 연관이 있습니다. 그런 일이 생기면 모든 게 헛되지는 않구나 라고 생각하게 되죠. 생각이 여기에 이르면, 이따금 일시적으로나마 일종의 위안을 받습니다.

쿠오모 제발트 씨의 첫 책 『자연을 따라. 기초시』를 어떻게 쓰게 되었는지 아까 무대 뒤에서 이야기를 나누었습니다. 이 책의 영어 번역은 아직 원고 상태에 있다고 하셨죠. 어디선가 누가 쓴 걸 봤는데, 이 책을 쓰게 된 건 [16세기 화가 마티아스] 그뤼네발트 때문이었다고 하더군요. 그런데 제게는 [게오르크 빌헬름] 슈텔러 때문이었다고, 그는 두 번째 장에 소개되는데, 어떤 책의 각주를 보고 알게 됐다고 하셨어요.

제발트 네. 제가 어떻게 이런 종류의 책을 쓰는 이상한 일을 하게 되었는지 모르시니까 그런 점이 흥미로울지도 모르겠습니다. 저는 작가가 되겠다는 또는 작가 신분에 대한 포부가 전혀 없었습니다. 그러나 중년에 접어들면서 제가 학교 업무에, 그리고 삶에 따르기 마련인 여러 많은 일에 점점 더 바싹 포위되고 있다는 생각이 들자, 거기서 벗어날 출구가 필요해졌어요. 그러던 중 우연히, 런던에 가는 길에 콘라드 바이에르라는 무명의 독일 작가가 쓴 책을 읽었어요. 그는 젊은 초현실주의자로, 말하자면 그 유명한 '47그룹'[1]에 억눌리고 결국 스스로 목숨을 끊은 전후 초현실파 작가였습니다. 그는 아주 짧은 책을 몇 권 썼습니다. 그중에 『비투스 베링의 머리(The Head of Vitus Bering)』라는 책의 한 각주에 게오르크 빌헬름 슈텔러라는 18세기 독일의 식물학자이자 동물학자에 대한 언급이 나옵니다.

---

1 'Gruppe 47'은 전쟁 포로였던 작가들을 중심으로 1947년에 결성된 독일어권 문학 연맹이다.

그의 이름의 머리글자가 저와 같죠. [청중의 웃음소리] 그런데 공교롭게도 그는 1943년 제 어머니가 임신했을 때 방문했던 곳에서 태어났습니다. 공습이 심해지고 있어서 어머니는 바이에른 북부의 밤베르크를 거쳐 외가가 있는 알프스로 가고 있었죠. 보통은 뉘른베르크를 거쳐 가는데 마침 그날 밤 그곳이 폭격을 당해 불바다가 되어 있었거든요. 그래서 우회를 해야 했고, 어머니의 친구분 집이 있는 빈트샤임이라는 곳에 머물렀습니다.

쿠오모 책에 그 부분이 나오죠.

제발트 그런 언급이 있죠. 그 사실 때문에 무에서 유를 만들어내는 일에 집착하게 되었습니다. 저술이란 결국 그런 집착이죠. 그런 종류의 글쓰기가 좋은 점은, 이를테면 학술 논문을 쓰다가 정의 내리기 어려운 무언가를 쓰는 일로 전환했을 때, 완전한 자유를 가지게 된다는 겁니다. 아시다시피 대학교수이다 보니까 사람들로부터 "그 부분은 정확하지 않아요, 그건 적절하지 않아요"라는 말을 듣는데, 이제 그런 건 아무래도 상관없는 거죠.

쿠오모 제발트 씨 작품들에는 『자연을 따라. 기초시』부터 시작해 그다음으로 죽 흐르는 주제가 있는 듯합니다. 다음과 같은 말을 하셨죠.

> 우리는 우리를 쫓아내고 있는 자연계, 아니 우리가 스스로를 쫓아내고 있는 자연계와 우리의 뇌세포가 만들어 낸 다른 세상의 경계선 위에서 살고 있습니다. 바로 그 단층선이 분명 우리 각자의 신체 구조와 정서 구조를 관통하고 있습니다. 아마도 이 지각판들이 서로 마찰을 일으키는 곳에 고통의 근원이 있을 겁니다…… 우리가 기억을 벗어날 길은 전혀 없는 것 같습니다…… 사실 저는 별로 벗어나고 싶은 마음이 없습니다.[2]

『자연을 따라. 기초시』에서도 특히 그뤼네발트의 그림에서 이 주제가 감지됩니다.

> …… 공포와 경악에 사로잡혀서
> 목을 뒤로 급격하게 젖힌 채

---
2 엘리너 워텔과의 인터뷰에서 한 말이다.

> 목구멍을 활짝 드러내고,
> 눈이 멀도록 이글거리는 빛을 향해
> 시선을 고정하고 있는데, 그것은
> 자연은 원래 조화를 모르며
> 다른 존재를 대상으로
> 맹목적인 실험을 행하는 데다가
> 어리석은 취미 공작가처럼
> 뭔가 도달할 만하면
> 몽땅 몰살시켜 버리고 만다는
> 화가의 세계관을
> 육체를 빌려 빼어나게 표현한 결과다.[3]

이러한 생각과 주제는 『자연을 따라. 기초시』를 쓸 때 떠오른 것입니까?

제발트 아뇨. 그건 오랫동안 제 마음을 사로잡았던 생각입니다. 그 이유는 저도 모릅니다. 저와 같은 환경에서 성장하면, 다시 말해서 차도 없고 기계라고 할 것도 별로 없는 알프스 산악 지방에 위치한 전후의 마을에서 성장하면 고

---

3 『자연을 따라. 기초시』 37쪽.

요하다는 게 뭔지 압니다. 집 자체가 추위나 열기에 팽창하고 수축하는 소리가 들리는 데서 살면 말입니다. 냉장고의 소음도 없고 옆방에서 들려오는 티브이 소리도 없고 소음을 내는 중앙난방 시설도 없는 곳. 그런 환경에서 있다가 가령, 여기 퀸스의 어느 집 CCTV 테이프에 찍힌 사람들을 보면 그 집의 기계들에게 서비스하기 위해 있는 사람들이 아니냐고 생각해도 무리가 아닐 겁니다. [청중의 웃음소리] 진화의 관점에서 보면, 의심할 여지 없이 기계들이 더 고등한 종입니다. 지능이 있고 없고는 상관없습니다. 하지만 기계들은 모두 우리보다 고등한 종이죠. 그들은 우리를 쫓아다닙니다. 축음기를 듣는 강아지를 묘사한 그 놀라운 그림에 잘 요약되어 있습니다. 말하자면 그들이 눈감아 줘서 유지되고 있는 게 아닌가 하는 느낌을 떨칠 수가 없습니다. 언젠가는 우리 가운데 대량 살상을 면한 소수만이 오늘날 뉴욕에서 키우는 개들처럼 살지도 모른다는 생각은 별로 유쾌하지 않죠.

1940년대 말에서 1950년대 초에 이르는 몇 년을 보면 알프스 산맥 주민들은 어떤 의미에서 18세기에 살고 있었다고 할 정도로 그곳엔 시차(décalage), 바꿔 말하면 시간의 단절이 있었습니다. 그러곤 굉장히 빨리 바뀌었죠. 그곳에는 시간이 균일하지 않았어요. 하지만 이제는 21세기가 침투하지 않은 곳을 찾기가 무척 힘들죠. 확실히 독일은 전체적으로 평준화되었습니다. 1960년대에 들어서도 동부의 체코슬로바키아 쪽 국경 지대는 여전히 과거에 머물러 있거나 저개발이랄까, 개발되기 직전의 상태랄까, 그런 풍경이었습니다. 그런데 이젠 싹 바뀌었습니다. 우리는 예전의 존재 양식 내지는 자연과 맺은 합의에서 탈피하는데, 반드시 이에 상응하는 대가를 치르죠. 우리가 포기해야 하는 부분이 반드시 있는 겁니다.

쿠오모 네, 저는 오늘 그걸 통감했습니다. 오늘 나눌 이야기를 컴퓨터로 정리하고 있었는데, 제가 쓰는 프로그램이 문장 맨 앞의 소문자 'a'를 계속 대문자로 바꾸더라고요. [청중의 웃음소리] 다음 문장에서도 또 그러더군요.

제발트 네, 올 가을에 나오는 책 『아우스터리츠』에 체코슬로바키아 말이 조금 나오는데요, 저는 그런 글자를 쓰려면 참 어렵더군요. 어쨌든 저는 컴퓨터가 없지만 이 책의 번역가는 컴퓨터를 쓰는데, 체코슬로바키아 말을 입력할 때마다 줄 사이의 간격이 조금 더 벌어지더란 겁니다. 설명도 없고 아무런 까닭도 없이 말이죠. 참 이상한 일입니다. 우리 인간과 이 기계들 사이에 존재하는 이해할 수 없는 그런 간극이 우리 인간과 동물원의 동물들 사이에도 존재한단 말이죠. [청중의 웃음소리] 이해 불가한 간극. 우리는 동물들이 우리를 어떻게 생각할까 추측해 보지만 전부 알지 못하죠.

쿠오모 제발트 씨의 소설에서 제시되는 단층선은 자연과 문명의 갈등인 것 같습니다. 제발트 씨의 두려움은 자연이 파괴되리라는 건데요……

제발트 글쎄요, 어떤 의미에서 유기적 자연은 사라질 겁니다. 대규모로 사라지는 게 보이죠. 그걸 아는 건 별로 어렵지 않아요. 제 말은, 풀잎이 바스락거리는 게 아니라 삐걱거리는 걸 들을 수 있다는 겁니다. 그런 걸 알아보는 눈이 생기면 지중해에 달마티아 연안을 따라 숲이 이어져 있었다는 걸 볼 수 있습니다. 이베리아 반도 전체가 나무로 뒤덮여 있었습니다. 스키피오의 시대에는 아틀라스 산맥에서 카이로까지 줄곧 그늘 아래로 걸어갈 수 있었죠. 그 숲들이 옛날에 어땠을지 알 수 있는 작은 지역들이 있습니다. 예를 들어 코르시카 같은 곳이 그렇습니다. 옛날엔 그 곳의 나무들 키가 훨씬 더 컸어요. 미국에서처럼 나무들이 60미터쯤 곧게 자랐죠. 하지만 이젠 그런 지역이 얼마 남지 않았습니다. 오랫동안 계속 진행되어 온 마멸의 과정이며, 우리 인간을 정신적 동물이라고 부르든 뭐라고 하든, 인간의 행위가 유기적 자연을 다른 무언가로 교체하고 있다는 걸 알 수 있습니다. 어떤 형태로 변하든 여전히 기능하는 화학 물질이나 먼지, 돌로 교체되는 것이죠. 그게 무엇이 될지 우리는 모릅니다. 대체로 물질은 자력으로 진화하니까요. 그 방향을 조종하기 위해 우리가 할 수 있는 일은 별로 없습니다.

쿠오모 제가 영어로 읽은 책 네 권 중에 구성면에서 『이민자들』이 가장 많이 다른 것 같습니다. 각기 다른 네 사람이 네 부분에 나뉘어 있고, 그들은 모두 다소간 실물을 모델로 하셨죠. 『이민자들』은 "다큐소설"이라고 하셨는데요, 나머지 세 소설에도 다큐소설이라는 말이 조금이라도 적용되는지 궁금합니다.

제발트 아뇨. 전부 다릅니다. 『아우스터리츠』는 훨씬 더 애가체 시의 형식에 가깝습니다. 사실, 애가체의 장편 산문 시예요. 첫 번째 소설 『현기증. 감정들』에는 자전적인 요소가 아주 다분하죠. 말하자면, 소설은 서술자의 인생에 있었던 혼란의 기간을 바라보고 그것이 어떻게 발생했는지를 암시하려고 시도합니다. 미제 사건이 있다는 점에서 그건 범죄소설의 본질에도 있는 요소입니다. 책에 쓴 것들 인데요, 이탈리아에서 일어난 그 끔찍한 살인 사건들은 실제로 있었던 일입니다. 사실적인 요소들인 거죠.

쿠오모 『현기증. 감정들』의 말미에 나오는 사냥꾼 슐라크의 죽음은요?

제발트 그것도 제가 그 마을에서 자라날 때 일어난 일 그대로입니다. 하지만 그 사냥꾼은 후면영사기가 투사하는 영상 같은 건데요, 여기서 투사되는 건 영상이 아니라 글입니다. 이 방식은 일종의 부정행위죠. 물론 스탕달과 카프카 이야기에도 몇몇 그런 사례가 있습니다. 손놀림이 빠른 마술사처럼 그런 요소들을 제 글에 잘 들어맞게 처리하는 것입니다.

쿠오모 서술자가 제발트 씨의 고향 이름 머리글자와 같은 W 마을로 돌아가는 『현기증. 감정들』의 마지막 장에서 우리는 갑자기 그때까지 이 책에서 읽은 모든 걸 새로운 관점에서 보게 됩니다. 앞에서 읽은 장들에 대한 우리의 인식에 변환이 일어납니다. 그건 마지막 장을 집필할 때 떠오른 생각입니까?

제발트 아뇨, 그건 그냥 쓰고 보니 그렇게 된 겁니다. 이를테면 정신분석학에서 말하듯이, 어떤 이야기가 끝나면 그때 그 이야기의 시작이 새로운 관점으로 부각된다는 것처럼요. 사실상 그런 경우는 옛날이야기나 동화에 비일비재하죠. 말하자면 결말은…… 시계의 '딱' 소리가 나면 다시 '똑' 소리가 난다는 겁니다.

쿠오모 그럼 『이민자들』은 집필 과정이 다른 책들과 많이 달랐나요?

제발트 『현기증. 감정들』은 대체로 혼자 했다는 점에서 다릅니다. 『이민자들』의 경우에는 대화 상대가 있었어요. 말하자면 제가 알던 사람들과 대화를 하는 건데요, 고인일 경우에는 어떤 사람이었는지 기억을 떠올리며 대화를 하는 겁니다. 또는 마지막 이야기에서처럼 아직 살아 있는 사람들이 대화 상대였습니다. 이 마지막 장에서는 두 사람을 모델로 썼습니다. 한 사람은 잘 알려진 동시대 화가이고, 또 한 사람은 망명자로 1933년 맨체스터에 정착한 한 집주인입니다. 집주인의 어머니의 어린 시절에 관한 자세한 사항들은 모두 본인에게서 나온 겁니다. 맨체스터에서 있었던 그 모든 일은 저에게 매우 중요한 경험이었습니다. 독일에서 자라나면 아마 단편적인 것만 배울 겁니다, 아니 그때는 그랬죠…… 다시 말해서 1960년대엔 학교에서 이른바 홀로코스트에 대해서 사실상 아무도 말하지 않았거든요. 부모들도 그에 대해선 아무런 언급을 하지 않았어요, 어림도 없었죠. 부모끼리도 그런 얘기는 하지 않았습니다. 그 화제 자체가 금기시되었던 거죠. 하지만 결국 압력에 몰려 학교에서 이 화제를 다루기 시작했어요. 주로 아무런 설명도 없이 우리에게 기록영화를 보여 주는 식이었습니다. 6월의 화창한 날 오후, 다하우 또는 벨젠 강제수용소 해방에 관한 기록영화 한 편을 본 다음 밖에 나가 축구를 하곤 했어요. 그 기록영화를 보고 뭘 어떻게 해야 할지 정말 몰랐거든요.

그리고 나중에, 제가 대학교에 들어갔을 때, 1964년인가 1965년인가 신문들이 많은 기사를 냈다는 측면에서 처음으로 홀로코스트와 관련된 문제들이 공공연해졌습니다. 프랑크푸르트에서 아우슈비츠 재판이 열렸고, 이 재판은 1년도 넘게 오랜 기간 계속되었죠. 연일 전면 기사가 쏟아져 나왔어요. 재판에서 오간 상세한 내용을 매일 신문기사로 읽고 굉장히 놀랐던 기억이 납니다. 이런 문제들에 대한 관심은 불가피했지만, 제가 아무리 관심을 가져도 솔직히 그 사건을 전혀 상상할 수가 없었어요. 그냥 추상적인 관념의 형태에 머물렀을 뿐인 거죠. 굉장히 많은 인원이 관련되었는데도 그들이 어떤 사람들이었는지는 몰랐습니다. 물론 이 나라에서 유럽 중심부에 유대인이 전혀 없는 나라가 있다는 건 상상할 수 없는 일이죠. 단연코. 지금은 다시 성장하는 몇몇 작은 공동체가 있습니다만. 그런 나라에서 1960년대에 스무 살이 되도록 자라나면서 유대인을 한 명도 마주친 적이 없으니 그들이 어떤 사람들인지 알지 못하는 것이죠. 유대인들에 대해선 그냥 유령 같은 모습만 떠올릴 수 있는 겁니다. 그러다 맨체스터에 갔습니다. 영국이든 맨체스터든 관련 역사든 뭐든 아무것도 모른 체 말이죠. 가서 보니 제 주위에 온통 유대인들이더군요. 맨체스터에는 대규모 유대인 사회가 형성되어 있거든요. 특정 교외 지역에 상당히 밀집되어 있죠. 그리고 제가 살던 곳에는 주민들이 거의 유대인뿐이었어요. 제가 살던 집의 주인도 유대인이었죠. 저는 그분과는 이런 화제를 꺼내지 않았고 그분도 꺼내지 않았어요. 서로 그 화제는 피한 거죠. 그러던 어느 날 그분의 착한 영국인 아내가 그러더군요. 피터가 사실은 뮌헨 출신인 거 아세요? 라고. 그 말을 듣고 저는 어떻게 해야 할지 몰랐습니다. 하지만 20년이 지났을 때 결국 저는 그분을 찾아갔고 얘기를 꺼냈습니다. 이 모든 책들이 출간된 다음의 일이죠. 그런데 알고 보니 그분이 어렸을 때 스키를 타던 곳은 제가 스키를 타던 곳이기도 했습니다. 그런 사실은 무언가 생각을 하게 만듭니다. 그 이야기의 현실성 때문이죠. 그가 흔적을 남긴 바로 그 언덕의 눈에서 저도 스키를 탔다는 사실. 이런 건 다른 종류의 역사 수업이죠. 역사책에는 없는 것입니다.

쿠오모 제발트 씨가 어디선가 그런 말씀을 하셨죠, 대학교에 다닐 때 교수들 대부분이 나치 정권 시절에 임용되었다는 사실이 충격이었다고요. 그곳에도 모의된 침묵이 있었던 거군요.

제발트 물론 그렇습니다. 저는 1963년에 대학교에 입학했습니다. 그전까지 사실 제가 자라난 곳을 떠나 본 적이 없었습니다. 독일을 정말로 안다고 할 수 없었죠. 아무튼 저는 프라이부르크 대학교에 들어갔습니다. 제가 살던 곳에서 가장 가까운 지역의 대학교라고 할 수 있죠. 그곳에 가 있는 내내 마음이 불편했는데, 왜 그런지 알지 못했습니다. 공부할 곳으로는 썩 좋은 환경이 아니었습니다. 그래서 스위스에 가기로 했습니다. 스위스에서는 도서관을 이용하기가 훨씬 쉬웠고 학생 수도 적었죠. 사실 처음엔 실리적인 이유로 독일을 떠났습니다. 그곳의 전반적인 상황에 마음이 불편했다는 생각이 드는 건, 그때 그랬는지 아닌지는 전적으로 확실하지 않지만, 지금 뒤돌아보니 그런 겁니다. 인문학은 특히 타협적이죠. 법률가 집단도 그렇고, 사실 전부 그래요…… 그들은 전부 자신들의 목표, 말하자면 그들의 별을 1930년대와 1940년대에 땄더군요. 그들이 박사학위 논문으로 무엇을 썼는지 들여다보면 머리끝이 쭈뼛해집니다. 그 안에는 참으로 불쾌한 광경이 펼쳐집니다. 아무도 그걸 언급하지 않았지만, 아주 뿌리 깊은 권위주의가 스며 있었습니다. 어딘가 무정부주의자적 기질을 가진 저는 정말이지 그걸 견딜 수 없었어요.

쿠오모 그래서 독일을 떠난 뒤 다시는 돌아가지 않으신 건가요?

제발트 이유야 많지만 그것도 물론 그중 하나입니다. 확실히 오랫동안 영국에서 살다 보면 태도의 차이가 보이기 때문이죠. 영국에서 이념은 중요하지 않더군요. 노동조합원인 동료들과 영국 국교회 신도인 동료들이 하루 종일 같이 있어도 모두 협업하면서 서로 너그럽게 대했죠. 하지만 독일에서는 1960년대 말과 1970년대 초의 학생운동 이후 좌익 성향인 학생들이 박사학위를 받으려면 프랑크푸르트나 베를린, 브레멘밖에 갈 데가 없었어요. 자유주의 성향이라면 거의 어느 곳에서나 학위 과정을 밟을 수 있었고요. 그게 전부였습니다. 어떤 기차에 오를지 선택해야 했죠.

쿠오모 제발트 씨의 작품에 있는 다른 주제에 관해 이야기를 해 보죠. 글쓰기 과정 자체에 담긴 도덕적 어려움에 관한 겁니다. 『토성의 고리』에서 서술자가 이렇게 말합니다.

> 그녀는 플로베르가 왜 글쓰기에 대한 주저함을 버리지 못했는가 하는 문제에 개인적으로 아주 강렬

한 관심을 느껴 이를 규명하려고 애썼는데, 그녀에 따르면 플로베르는 잘못된 글을 쓰는 데 대한 두려움 때문에 몇주 혹은 몇달 동안 소파에 파묻혀 지내기 일쑤였고, 앞으로는 반줄을 쓰기만 해도 지극히 수치스러운 꼴을 면치 못할 것이라는 두려움에 휩싸이곤 했다고 한다.[4]

이 부분을 읽으면서 『이민자들』에서 서술자가 막스 페르버 이야기를 쓸 때 하는 말이 생각납니다.

작업이 계속될수록 나는 점점 더 소심해졌고, 그럴수록 작업을 전혀 진척하지 못하는, 일종의 마비상태에 빠져드는 일이 잦아졌다. 내가 소심해져간 것은 어떤 방법을 동원해서라도 묘사하는 대상을 적절하게 재현하지 못할 것 같은 무력감 때문이기도 했지만, 글 쓰는 행위 자체에 회의를 느꼈기 때문이기도 했다.[5]

---

4 『토성의 고리』 15쪽.
5 『이민자들』 294쪽.

제발트 네, 그렇습니다, 글쓰기는, 제가 앞서 말했듯이 무에서 유를 만들어내는 겁니다. 신용 사기 같은 거죠.

쿠오모 하지만 글의 내용을 사실로 만들려는 집착이 강한 듯한데요.

제발트 그게 바로 역설입니다. 일련의 거짓말이 주어지는데, 이 거짓말을 따라 우회해서 가다 보면 엄밀히 입증할 수 있는 것보다 더 정확한 형태의 진실에 도달하리라는 것이죠, 제 희망 사항입니다만. 아무튼 그게 도전의 목표입니다. 물론 항상 원하는 대로 되느냐 하면 그건 또 별개의 문제입니다. 그러니까 플로베르처럼 작가에게 그런 거리낌이 생기고, 마비, 슬럼프 등 그 모든 상태에 빠질 수 있는 이유는 바로 그 역설적인 위안 때문이라고 저는 추측합니다. 말이 나왔으니, 앞으로 출간될 책 『아우스터리츠』를 쓸 때 저도 그런 걸로 무지 고생했습니다. 거의 아무것도 쓰지 못하고 보낸 시간이 몇 달이나 되는지 알 수 없을 정도입니다. 순조로운 날에는 펜으로 보통 세 장쯤 쓸 수 있습니다. 하지만 이 책의 경우, 그날 쓸 첫 페이지도 다 채우지 못하는 겁니다. 아침 7시에 시작해서 오후 5시까지 붙들고 있다가 그날 원고를 보면 어떤 날은 그래도 괜찮다는 생각이 들어요. 그런데 그다음 날 다시 보면 참담한 심정이 됩니다. 그래서 한 페이지를 채우기 위한 궁여지책으로 한 줄 씩 띄우고 쓰는 방식에 호소해야 했죠. [청중의 웃음소리] 스스로 너무 굴욕적이었지만 결국 그 방식이 효과가 있었습니다. 아무튼 그런 과정을 거칩니다. 대부분의 작가들이 알듯이 아주, 아주 힘들죠. 회의가 들고, 그러면 용기를 잃지 않기란 무척 힘듭니다. 플로베르는 어떤 의미에서는 글을 쓸 때의 거리낌 문제에 선구자였죠. 18세기의 작가, 즉 볼테르나 루소는 19세기와 그 이후의 작가들보다 훨씬 더 자연스럽게 글을 썼다고 생각합니다. 플로베르는 다른 작가보다 더 그 점을 감지했죠. 가령 루소의 편지를 보면 문장이 아름답습니다. 경우에 따라 하루에 편지를 스물세 장이나 급히 쓰기도 했어요. 그런데도 모든 편지의 문장이 전부 균형 잡혀 있고, 전부 아름다운 산문으로 이루어져 있습니다. 반면에 플로베르는 편지를 아무렇게나 썼습니다. 그런 점에서 문학적이지 않죠. 편지에 욕설도 있고 감탄을 늘어놓기도 합니다. 그런 것들이 웃길 때도 있어요. 하지만 플로베르는 글쓰기에서 모종의 막다른 골목이 앞에 나타나고 있다는 것을 제일 먼저 자각한 작가 중 하나였습니다.

그리고 오늘날에 이르러 글쓰기는 더 이상 우리에게 자연스러운 일이 아니어서 부쩍 더 어려워지고 있다고 저는 생각합니다.

플로베르가 어디선가 이런 말을 했습니다. "L'art est un luxe. Il faut des mains calmes et blanches." 그러고는 이어서 이런 말도 했죠. "On fait d'abord une concession et puis deux et puis on sent fou completèent." 맞는 말입니다. 한 번 양보하면 한 번 더 양보하게 되고, 그러다 보면 더 이상 아무래도 상관없게 된다는 말이죠. [청중의 웃음소리]

쿠오모 『아우스터리츠』를 쓰는 동안 『이민자들』의 파울 베라이터 장에서 서술자가 다음과 같이 말한 것이 영향을 미쳤는지 궁금합니다.

> 그가…… 철로에 누워 있는 장면을 상상해보기도 했다…… 이렇게 그의 모습을 떠올려보기는 했지만, 그렇다고 내가 파울을 더 잘 알게 된 것은 아니었다. 감정이 격해질 때면 순간적으로 그의 심정을 잘 알 것 같기도 했지만, 그런 식의 접근은 옳지 않다고 생각

한다. 이런 감정적인 접근을 피하기 위해 나는 내가 파울 베라이터에 대해 알던 것들과 그간의 탐색을 통해 새로 알게 된 것들을 여기 적어두었다.[6]

그는 제발트 씨가 다닌 학교의 선생님이었죠.

제발트: 네, 초등학교 때 선생님이었습니다.

쿠오모 『아우스터리츠』의 주제는 『이민자들』과 비슷합니다. 자크 아우스터리츠라는 남자가 1939년 어렸을 때 체코슬로바키아를 떠났고, 그는 노년이 될 때까지 그때 일어난 일을 대부분 기억하지 못합니다. 제 첫 번째 질문은, 이 사람은 『이민자들』에서 처럼 제발트 씨가 아는 사람이었습니까?

제발트 아우스터리츠라는 인물은 두 사람이 주된 모델이고 다른 사람들도 조금씩 섞여 있습니다. 제가 아는 교수가 있었어요. 그는 런던에 살고 있고 서로 가까운 사이는 아니었죠. 노리치는 런던에서 100마일쯤 떨어져 있지만 저

---
6 『이민자들』 41쪽.

는 런던에 아는 사람들이 좀 있었어요. 아무튼 그와 여러 차례 우연히 마주친 일이 있었습니다. 1960년대 말, 그것도 벨기에라는 예상 밖의 장소에서 말이죠. 그는 건축 역사학자였고, 저보다 열 살인가, 열두 살인가 더 많고, 가르치는 데 타고난 재능이 있는 교육자였습니다. 그를 만나면 저는 그의 말을 듣기만 했죠. 영국에 오기 전에는 앞서 말한 그 초등학교 때 선생님 외에는 제가 귀를 기울이고 싶었던 선생님이 없었습니다. 아무튼 이 교수의 관심 분야는 자본주의 시대의 건축이었습니다. 오페라 하우스나 기차역 같은 건축물 말입니다. 그는 대단히 흥미로운 세부 사항에 대해 끊임없이 이야기할 수 있었어요. 그러곤 한동안 그를 만나지 못하다가 1990년대에 다시 연락하게 되었죠. 그렇게 해서 이것이 이야기의 한 면이 되었습니다.

그리고 또 다른 면이 하나 있어요. 한 여자의 인생사입니다. 가끔 그런 경우가 있는데 이 이야기는 티브이에서 우연히 접한 겁니다. 티브이 출연이란 게 잠깐 지나가면 그걸로 끝이잖습니까. 가령 티브이에서 어떤 영화를 보더라도, 또는 보지 않더라도, 그 시간이 지나가면 영원히 사라지는 것이죠. 나중에 특정 프로그램의 사본을 구하려 해

도 못합니다.[7]

전쟁이 벌어지기 직전에 독일이나 체코슬로바키아나 오스트리아에서 어린아이들을 태운, 어린이 수송열차라고 불리던 기차를 타고 영국에 온 쌍둥이 자매 중 한 명의 이야기가 있습니다. 그 자매는 두 살 반인가 세 살 때인가 그랬던 걸로 기억합니다. 뮌헨의 유대인 고아원에 있던 어린이들인데, 영국에 와서는 웨일스의 근본주의 기독교 신자 부부가 맡아 키웠죠. 자식이 없는 그들은 아이들의 신원을 지워 버렸습니다. 그런데 이 양부모가 비극적인 종말을 맞았습니다. 아버지는 정신병원에 들어갔고 어머니는 요절했어요. 결국 아이들은 자신들이 원래 누구인지 모르게 된 겁니다. 이것은 제가 다른 사람의 인생사와 엮은 이야기의 한 가닥일 뿐입니다.

쿠오모 그 어떤 주제넘음에 대한 두려움이 『아우스터리츠』를 쓸 때 제약이 됐는지 궁금합니다.

제발트 그건 항상 존재하죠. 물론 저는 이방인인 독일 사람이 유대인들의 삶에 대한 글을 쓴다는 게 문제가 없진 않

---

7 이 인터뷰는 유튜브 시대 이전(2001)의 것이다.

다고 생각합니다. 실례를 들어 보겠습니다. 1960년대에서 1970년대에 걸쳐 독일 작가들이 그런 시도를 했는데, 많은 경우 수치스러운 일이었습니다. 수치스럽다고밖에 달리 말할 수 없습니다. 다른 사람들의 삶을 침해한다는 점에서 그렇습니다. 그런 걸 의식하고 그러지는 않겠죠. 좋은 의도를 가지고 그러는 건지 모릅니다만, 글을 쓰는 과정에서 옳지 않은, 도덕적으로 옳지 않은 일이 발생하는 겁니다. 다시 말해서 희생자들의 삶을 가지고 저자가 자신이나 독자에게 만족을 주는 무언가를 만드는 겁니다. 그건 정말 너무나 어려운 영역이죠. 제가 그걸 성공적으로 해내고 있는지 잘 모르겠습니다만, 저는 처음부터 확실히 그런 부분을 의식하고 있었습니다. 책에 쓰고 싶게 될지도 모를 사람들과 이야기를 나누는 중에도, 그때조차 넘지 말아야 할 선이 있습니다. 일정한 거리를 두어야 하는 것입니다. 그건 어려운 일이고 그때그때마다 다 다릅니다. 물론 그럼에도 우리 같은 작가들은 그 사람들이 이 이야기들을 어떻게 받아들이는지 말하려고 노력해야 합니다. 하지만 그걸 어떻게 말하는 것이 좋은가에 대해서는 자명한 방법이 없습니다. 모든 작가가 마주하는 문제 중에서 그건 더 어려운 축에 속하죠. 그러니까 극히 조심할 수밖에 없습니다.

쿠오모 『자연을 따라. 기초시』를 쓸 때는 거의 혼자 할 수 있었기 때문에 해방감이 컸다고 하셨는데요. 『현기증. 감정들』이나 『토성의 고리』를 쓸 때도 그러셨어요?

제발트 『현기증. 감정들』의 경우엔 확실히 아무런 문제가 없었습니다. 마지막 장은 아주 기분 좋은 환경 속에서 특별히 무언가를 참조하는 일 없이 그냥 써 내려갔습니다. 하지만 책은 쓰면 쓸수록 더 어려워지는 것 같아요. 매번 거의 같은 폭으로 어려워져요. 『이민자들』은 『현기증. 감정들』보다 더 어려웠습니다. 그리고 제일 나중의 책은 정말 간신히 썼습니다. 그러니 다음 책은 어떨지 생각도 하기 싫군요. [청중의 웃음소리] 두고 봐야죠. 글쓰기는 변호사나 외과의사의 일과는 다릅니다. 외과의사는 맹장수술을 125번 하면 126번째 수술은 자면서도 할 수 있으니까요. 글쓰기는 그 반대입니다.

쿠오모 우리가 두어 차례 논한 사항인데요, 『토성의 고리』에도 있지만, 집필 과정이 저자에게나 독자에게나 얼마나 자기 충족적인가 또는 얼마나 환상에 기초하는가 하는 문제가 있습니다. 마이클 햄버거는 『자연을 따라. 기초시』의 번역자이면서 『토성의 고리』에 등장인물로도 나오죠. 그와 서술자가 글을 쓰는 과정을 논하면서 다음과 같이 말합니다.

> 몇날 몇주 동안 성과도 없이 머리를 쥐어짜지만, 만일 누가 물어보기라도 하면 계속 글을 쓰는 것이 습관 때문인지, 과시욕 때문인지, 아니면 배운 게 그거밖에 없어서인지, 그도 아니면 삶에 대한 경탄이나 진리에 대한 사랑, 절망, 분노 때문인지 말을 할 수 없고, 글을 쓰면 점점 똑똑해지는 건지 아니면 더 미쳐가는 건지도 대답할 수 없다네. 아마도 우리 문인들은 누구나 자신의 작품을 써나갈수록 전체적인 조망을 잃어버리고, 그래서 우리가 만들어낸 정신적 구성물이 점점 더 복잡해지는 것을 인식이 발전하는 것으로 착각하는 경향이 있는 것일 텐데, 실은 우리의 길을 실제로 지배하는 예측 불가능성을 결코 이해할 수 없으리라는 사실을 우리는 이미 예감하고 있네.[8]

이것은 제발트 씨의 작품 곳곳에서 보이는 주제인 듯합니

---
8 『토성의 고리』 213쪽.

다. 즉 우리가 아는 세상은 극히 작은 부분이라는 것 말입니다. 그런데 세상에서 우리가 모르는 부분은 엄청 크죠. 하지만 우리가 아는 그 부분 내에서, 그 부분에 대한 올바른 이해와 올바른 '목소리'를 위한 상당히 많은 고민이 제발트 씨의 소설에 담겨 있습니다. 그래도 어쩌면 우리는 세상에 대해 무언가를 알고 있다고 스스로를 설득시키키 위해 이 일을 하려고 그토록 무진 애를 쓰는지도 모르겠습니다.

제발트 거의 지금 말씀하신 대로인 것 같습니다. 그렇게 병리적으로 변형된 상태에서는 자신이 하고 있는 일의 현실을 항상 볼 수 없죠. 모든 행동 양식은 그에 따른 병리적 변형이 있으니까요. 그리고 글을 써서 무언가를 창조해 내는 일은 퇴고의 문제입니다. 몇 가지 요소를 가지고 무언가를 조립합니다. 그런 다음 가치 있어 보이는 무언가를 얻을 때까지 퇴고하는 것입니다. 퇴고는 물론 편집증적 악입니다. 편집증 환자가 쓴 글은 구문론 상으로 정확하고 철자도 틀림이 없지만 서로 어울리지 않는 일련의 원칙들에서 출발하는 글이라서 내용은 터무니없죠. 하지만 퇴고의 완성도는 굉장합니다. 그 작업은 끝없이 계속되죠. 그걸 보면 퇴고의 완성도는 진실의 척도가 아님을 알 수 있습니다. 그리고 당연히 산문픽션도 퇴고를 해야 하기 때문에 그와 똑같은 문제가 있습니다. 작가가 심상을 형성하고, 그것으로 무언가를 만들어 내야 하는데, 그것으로 반 페이지나 사분의 삼 페이지를 쓰든 한 페이지 반을 쓰든, 그건 언어학적 또는 상상을 동원한 퇴고를 통해서만 가능하거든요. 물론 그러는 가운데 자신이 일종의 가상 현실을 연출하고 있다고 생각하는 것도 당연하죠.

쿠오모 시간이 다 되기 전에 두 가지만 더 살펴봤으면 합니다. 하나는 『토성의 고리』에 나오는 부분인데요, 여기서 다루는 주제도 앞서 다룬 것과 똑같습니다.

> 우리를 움직이는 것들의 불가시성과 불가해함, 이것은 우리의 세계란 다른 세계의 그림자에 지나지 않는다고 생각했던 토머스 브라운에게도 결국 풀 수 없는 수수께끼로 남았다…… 그러나 브라운은 일체의 인식이 뚫을 수 없는 암흑으로 둘러싸여 있다고 말한다. 우리가 지각하는 것은 무지의 심연 속에서, 짙은 그림자 안에 침잠해 있는 세계의 건물

속에서 드문드문 나타나는 빛의 조각들뿐이라는 것이다. 우리는 사물의 질서를 탐구하지만, 그 안에 실제로 무엇이 있는지는 알 수 없다는 것이 브라운의 생각이다.[9]

이 구절은 『카라마조프가의 형제들』에서 조시마 수사가 다음과 같이 한 말을 떠올리게 합니다.

> 이 세상의 많은 것들은 우리에게 가려져 있다……
> 우리의 생각과 감정의 뿌리는 이곳이 아니라 다른 세상에 있다. 이 세상의 사물의 본질은 이 세상에서는 이해할 수 없다고 철학자들이 말하는 것은 그 때문이다. 자라나는 모든 것은 오직 다른 세상과 신비롭게 접촉하고 있다는 느낌에 의존해 살아 간다……

다른 하나는 체스와프 미워시(Czesław Miłosz)나 아담 자가예프스키(Adam Zagajewski), 요지프 브로드스키(Joseph Brodsky) 작품과의 연관성일 텐데요. 자평하신다

---

9 『토성의 고리』 28, 29쪽.

면, 주제 면에서 그들과 비슷한 식으로 쓴다고 할 수 있을까요?

제발트 제 생각에 그 작가들의 공통점은 형이상학에 대한 관심입니다. 도스토예프스키의 경우는 명백하죠. 종교적인 것보다는 형이상학적인 것이 도스토예프스키 저작의 백미라고 생각합니다. 사람은 자신이 이해하지 못하는 영역에 관해 추측하고 싶어한다는 점에서 제 관심사는 언제나 형이상학적이었습니다. 19세기 언젠가부터 철학자들이 형이상학은 버젓한 학문 분야가 아니라고 상정한 다음 논리학자나 통계학자가 되는 수준에 스스로를 한정한 것을 보면 늘 유감스럽기도 하고 어떤 의미에선 어리석다는 생각을 합니다. 식단에 비유하자면 왠지 매우 빈약해 보입니다.

저는 형이상학에 대한 관심은 정당하다고 생각합니다. 예를 들어 카프카 같은 작가들은 형이상학에 관심을 가졌죠. 「개의 탐구」 같은 단편은 인식론적 시야가 매우 낮은 주체를 다룹니다. 그는 30센티미터 위의 것은 아무것도 인식하지 못하죠. 식탁에서 빵을 떨어지게 하려고 주문을 웁니다. 그게 어떻게 떨어지는지는 알지 못합니다. 하지만 일정한 의식을 치르기만 하면 일정한 결과가 뒤따릅니다. 그러니까 그는, 즉 이 개는 현실에 대해 터무니없는 추측을 하게 되는데, 그 현실은 우리가 아는 것과 아주 다르죠. 이 개의 이해력은 제한되어 있고, 그건 우리의 경우도 마찬가지입니다. 따라서 철학자들이 "우리가 정말 이 탁자 앞에 앉아 있는 게 확실해요?"라고 묻는 건 지극히 정당합니다. 이건 물론 블룸스버리[10]에서 그랬듯이 집 안에서 하는 게임이 될 수도 있죠.

쿠오모 제발트 씨의 작품 속에 나오는 사진에 대해 아직 묻지 않았는데요. 두 가지가 떠오릅니다. 『이민자들』에서 사진은 90퍼센트가 진본이라고 하신 것 같은데요. 하지만 『현기증. 감정들』에서 서술자가 카프카에 대해 말하는 부분을 생각하지 않을 수 없군요. 서술자가 버스에서 프란츠 카프카가 소년이었을 때와 똑 닮은 쌍둥이 소년을 만났습니다. 서술자는 카프카가 지냈던 곳에 가는 길이었죠. 그는 이 소년들의 사진을 갖고 싶어합니다. 결국 소년들의

---

10 버지니아 스티븐(울프) 가족이 아버지가 사망한 뒤 새로 이사간 보헤미안 분위기의 블룸스버리 구역을 가리키는 듯하다. 그곳에서 버지니아 울프 형제들은 친구들을 불러 모아 예술과 문학 모임인 '블룸스버리 그룹'을 만들었다. 블룸스버리 그룹에는 존 메이너드 케인스와 E. M. 포스터를 비롯한 당대의 지식인과 작가, 철학자, 예술가 등이 모였다.

부모에게 아이들의 사진이 필요하니 그들의 이름을 밝히지 말고 사진을 보내 달라고 합니다. 물론 아이들의 부모는 그를 남색꾼으로 생각하고 그와는 아무런 인연도 맺고 싶지 않는 반응을 보입니다. 그 부분은 이런 말로 끝납니다. "나는 극도의 민망함과 더불어, 이런 기적 같은 우연을 겪었는데도 아무런 자료도 가질 수 없다는 통렬한 분노를 삼키며 무기력하게 자리에 앉아 있었다."[11] 저는 이것이 제발트 씨의 작품에서 우연의 일치 자체를 기록하는 사진처럼 다른 형태의 입증 기록인지 궁금합니다.

제발트 그 에피소드는 실제로 있었던 일을 그대로 쓴 겁니다. 그래서 그 후론 항상 호주머니에 작은 카메라를 넣어 가지고 다녔어요. [청중의 웃음소리] 아무튼 민망한 오후였어요. 정말 참담했죠. 하지만 그런 우연한 일이 실제로 일어납니다. 꼭 닮은 사람들이 있어요. 물론 이 에피소드의 아이러니는 카프카의 산문픽션에 쌍둥이나 세쌍둥이가 많이 등장한다는 것입니다. 그러니 실제로 그런 일이 제 눈앞에서 벌어졌으니 얼마나 받아들이기 어려웠겠어요. 오죽하면 나중에 저 자신도 내가 그런 이야기를 지어낸 건

---

11 『현기증. 감정들』 89쪽.

가 가끔 자문할 때가 있습니다. 늘 백퍼센트 확실한 건 아닙니다.

쿠오모 마지막으로 우연의 일치에 관한 질문을 드리겠습니다. 앞서 이야기한 주제인 자연과 문명 사이의 단층선에 관한 건데요, 우연의 일치나 겹침은 자연이 우리의 문명화된 삶의 표면을 뚫고 나오는 방식이라고 생각할 때가 있는지 궁금합니다. 그런 현상이 발생하면 우리는 그게 무엇을 의미하는지 모르지만, 우리가 알 수 없는 무언가가 발생했다는 느낌이 드는 것이죠.

제발트 그 점에 대해서는 제가 뭐라고 추측할 수 없겠습니다. 하지만 어딘가에 이중 바닥이 있다는 느낌, 우리에게 일어나는 일들은 우리 마음대로 안 된다는 느낌이 들 때는 있습니다. 자신의 운명을 통제하는 자율적 개인이라는 관념에 저는 아무리 해도 동의할 수 없습니다. 모든 일이 정리되고 내 뜻대로 통제되고 있다고 생각할 때 반드시 그다음 날이면 내가 계획한 모든 것을 망쳐 버리는 어떤 일이 생기더군요. 그런 일들이 반복됩니다. 내 인생은 내가 통제한다는 환상은 서른다섯 살쯤까지 계속되다 깨졌습니다. [청중의 웃음소리] 이제 저는 통제 불능입니다.

연기의 고리
....
루스 프랭클린

**제발트가 창조하는 예술에는
기적에 가까운 아름다움이 있다.
그러나 진줏빛 연기처럼……**

루스 프랭클린 Ruth Franklin
1999년부터 《뉴 리퍼블릭》 편집인을 지냈다. 《뉴요커》와 《뉴욕타임스 북리뷰》 등에 평론을 기고한다.

이 인터뷰는 2002년 9월 23일 《뉴 리퍼블릭》에 실렸다. 원저작권자 《뉴 리퍼블릭》의 허락을 받아 여기에 옮겼다.

1

 20세기의 가장 암울한 악몽이 거주하는 저승이 있다면 W. G. 제발트는 우리를 그곳으로 데려다주는 뱃사공일 것이다. 카프카와 스탕달에 대한 스케치와 소설화된 이탈리아 및 다른 지역 여행기를 합친 『현기증. 감정들』로 시작해서 1939년 어린이 수송열차로 영국에 보내져 가명으로 자라난 『아우스터리츠』로 끝나는 모든 작품에서 제발트는 기억과 망각, 예술과 현실, 산 자와 죽은 자 사이의 간격을 메우는 일과 그 일의 불가능성을 다룬다. 이 놀라운 작품들은 끊임없이 유동적이라 읽을 때마다 다르다. 지난 12월 자동차 사고로 인한 제발트의 갑작스러운 죽음은 여러 가지 이유로 비극적이었지만, 독자들에게는 무엇보다도 그의 책들이 몇몇 테마를 바탕으로 한 변주곡들이며, 아직 완성되지 않았지만 이미 새로운 문학의 장을 연 전체의 부분인 듯했기 때문이다.

 손가락의 움직임에 따라 펴지고 접히는 종이접기의 형체처럼 제발트의 산문은 안과 밖으로 동시에 움직인다. 『아우스터리츠』의 도입부는 좋은 본보기다.

 1960년대 후반에 나는 반쯤은 연구 목적으로, 반

쯤은 나 자신도 딱히 생각해 낼 수 없는 다른 이유들로 영국에서 벨기에로 수차례 오갔는데, 때로는 하루 이틀, 때로는 몇 주 동안 머물곤 했다. 나를 항상 아주 멀리 낯선 곳으로 이끄는 듯한 이 벨기에 답사 여행 중 한번은 해맑은 초여름날, 그때까지 이름만 알고 있던 도시 안트베르펜으로 가게 되었다. 기차가 양쪽에 기이한 뾰족탑이 달린 아치를 지나 어두운 정거장으로 서서히 들어와 도착하자마자, 나는 그 당시 벨기에에서 보낸 시간 내내 떠나지 않던 불편한 감정에 사로잡혔다. 내가 얼마나 불안한 걸음으로 시내를, 예루살렘 가(街), 나이팅게일 가, 펠리칸 가, 파라디스 가, 임머젤 가, 그밖의 많은 다른 거리와 골목들을 이리저리 돌아다녔는지, 그리고 마침내 두통과 유쾌하지 않은 생각에 시달리며 중앙역 바로 옆, 아스트리트 광장에 면한 동물원으로 들어가 쉬었던 것을 아직도 기억하고 있다. 그곳에서 나는 화려한 깃털을 단 수없이 많은 피리새들과 검은 방울새들이 푸드덕거리며 날아다니는 대형 새장 옆에 놓인, 반쯤 그늘진 벤치에 어느 정도 진정될 때까지 앉아 있었다. 해가 이미 기울 무렵, 공원을 산책하다가 마침내 몇 달 전에 처음 개장한 녹투라마 안을 들여다보았다. 내 눈이 인공적인 어스름에 익숙해질 때까지, 그리고 판유리 뒤에서 창백한 달빛을 받으며 몽롱한 삶을 이어 가는 여러 동물들을 식별하기까지는 한참이 걸렸다. 내가 당시 안트베르펜의 녹투라마 동물원에서 무슨 동물을 보았는지는 더 이상 자세히 생각나지 않는다. 아마도 이쪽 나뭇가지에서 저쪽 가지로 건너뛰거나 황회색 모랫바닥에서 잽싸게 돌아다니거나, 대나무 숲 사이로 막 사라지기도 하는 이집트나 고비 사막에서 데려온 박쥐와 날쥐들, 벨기에 산 고슴도치, 수리부엉이와 올빼미, 오스트레일리아 산 주머니쥐, 담비, 산쥐, 그리고 원숭이 들이었을 것이다. 확실하게 기억에 남아 있는 것은 북미산 너구리로, 나는 그 녀석이 작은 물가에 앉아서 진지한 표정으로 시종 똑같은 사과 조각을 씻는 모습을 오랫동안 관찰했는데, 분명히 녀석은 아무 특별한 이유도 없는 이런 행위를 통해 자신의 행동과는 무관하게 빠져든 이 잘못된 세상에서 빠져 나오려는 것 같았다.[1]

---

1 『아우스터리츠』 7-8쪽.

이 인용문에서처럼 한 가지에 골몰하는 문장 전개는 제발트의 특징이다. 전체가 더 이상 하중을 떠받치지 못할 듯할 때까지 문장들이, 특이하든 평범하든 하나씩 얹혀진다. 벨기에를 오가는 여행에 대한 서두의 간단한 말은 즉시 복잡해진다. 서술자에게 뚜렷하지 않았던 이유들은 무엇일까? 그 나라를 벗어나지 않은 "여행"인데 어떻게 "점점 더 외국으로"라는 말을 하는 것일까? 그다음 문장으로 넘어가면 수수께끼는 더 깊어진다. 서술자의 갑작스러운 병, 환상적인 거리 이름들(예루살렘, 나이팅게일, 펠리컨, 파라다이스, 영원한 영혼), 그리고 끝으로 녹투라마관[야행동물관]이 나오는데, 이 상징은 너무 강력해서 제발트의 모든 상징들처럼 패러디로 넘어가기 직전에 멈춘다. 그리고 여기서 우리는 마지막으로 대수롭지 않다는 듯 모순이 시늉하는 것을 본다. 즉 제발트는 자신이 녹투라마관에서 본 동물들을 잘 기억하지 못한다면서도 익살스러울 정도로 구체적인 이름들을 열거한다. 실재하는 것과 실재할 수 없는 것 사이의 줄다리기는 결코 멈추지 않는다.

제발트의 작품 세계는 어둠이 편한 피조물들이 서식하는 녹투라마관 그 자체다. 애처로이 묘사되는 미국너구리처럼 제발트의 등장인물들은 안개 낀 듯 흐릿한 주위 환경에서 구별되어 돌연 선명히 부각된다. 그들은 자신들이 선택한 행위가 무엇이든 그 행위를 강박적으로 반복한다. 그래서는 자신들이 필사적으로 갈망하는 탈출을 하지 못할 텐데도. 그들은 고통의 무게에 짓눌리고 부러지고 파괴된 영혼들이다. 『현기증. 감정들』에는 고통에 시달리는 카프카가 있다. 오스트리아와 이탈리아를 여행하던 중 병에 걸려 혼란에 빠진 그는 "모든 것이 극히 무서운 방식으로 끝없이 분열과 증식을 반복하는" 꿈에 시달린다. 『이민자들』에 나오는 화가 막스 페르버는 어렸을 때 다하우에서 부모가 죽고 전쟁 중에 영국으로 보내졌다. "학창시절에 나를 덮쳤던 그 불행이 내 안에 박아놓은 뿌리는 너무나 깊었네. 그 불행은 거듭 땅을 뚫고 나와 사악한 꽃을 피우고, 독기 품은 잎으로 내 머리 위에 천장을 만들었지. 그 천장은 지난 몇년 동안에도 내게 짙은 그늘을 드리우고 나를 어둠으로 덮었네"[2] 『토성의 고리』에 나오는 애시베리 가족은 매일 하루 종일 수를 놓고는 밤에는 그것을 도로 풀어버리며, "우리는 이 지구에서 사는 데 결코 적응할 수 없는 종류의 인간들이고, 삶이란 끝없이 진행되는, 이해할 수

---

2 『이민자들』 241–242쪽.

없는 거대한 실수"[3]라고 느낀다. 그런가 하면 자크 아우스터리츠가 있다. 그의 인생 역정은 마지못해 완전히 억눌러야 했던 어린 시절의 기억을 되찾겠다는 맹목적이고 충족되지 않는 갈망에 이끌린 것이다.

제발트의 비길 데 없이 야릇한 작품에서 가장 야릇한 점은 처음 읽으면 그것이 소설이라고 생각할 이유를 주지 않는다는 것이다. 『아우스터리츠』는 대체로 소설로 받아들여졌지만 제발트 자신은 그렇게 규정하기를 거부했다. 한 인터뷰에서 그는 『아우스터리츠』를 "불분명한 형식의 산문집"으로 칭했다. 아닌 게 아니라 앞서 인용한 『아우스터리츠』의 도입부를 보면 특이한 여행기가 아니라고 할 만한 이유가 어디 있겠는가? 그런 거리 이름들은 있을 법하지 않지만 안트베르펜 지도를 펴면 쉽게 확인할 수 있고, 중앙역 옆에 있다는 동물원에는 정말로 녹투라마관이 있다. 카프카의 편지 일부, 청어의 교미 습관에 대한 정보, 심지어 서술자의 여행을 입증해 주는 듯한 기차표와 음식점 영수증까지 대단히 많은 사실들이 들어가 있다는 것이 그의 작품들의 특징이지만, 허구가 중력과 같은 힘으로 그 사실들을 허구 안으로 끌어당긴다. 『이민자들』을 이루는 네 편

---

3 『토성의 고리』 259쪽.

의 이야기들은 모두를 꿰뚫고 지나가는 단 하나의 이미지로 연결된다. 그것은 바로 나비채를 든 나보코프의 모습인데, 어떤 때는 성인으로, 어떤 때는 소년으로 나온다. 『현기증. 감정들』은 네 이야기에 모두 카프카의 단편에 나오는 짧은 몇 마디가 들어가는데 이 몇 마디는 이야기마다 약간씩 표현을 달리 하면서 상여의 천 아래 누워 있는 시체를 묘사한다. 『이민자들』의 네 등장인물들이 모두 나보코프와 우연히 마주쳤다는 있을 법하지 않은 일, 『현기증. 감정들』에서 카프카의 이미지가 네 이야기 모두에 나타나는 일, 이것은 있을 법하지 않은 일이 소설로 전환된다는 하나의 신호일 뿐이다. 제발트의 작품에 깊이 들어갈수록 허구성은 전적으로 본질이 된다.

하지만 허구가 한쪽 소매를 끌어당기면 현실이 거의 똑같은 힘으로 반대쪽 소매를 끌어당긴다. 이 상황은 그의 산문 픽션들 전체에 흩어져 있는 흑백 사진을 통해 가장 극적으로 일어난다. 사진에는 캡션도 없고 출처의 단서가 될 아무런 정보도 주어지지 않는다. 어떻게 찍은 사진인지 본문에서 언급되는 것이 있는가 하면 어떤 사진들은 좀더 일반적인 예시를 위해 쓰인 듯하고, 또 어떤 것들은 그냥 아예 임의적인 듯하다. 예를 들어 『현기증. 감정들』의 마지막 장에서 다년간 떠나 있던 고향을 방문한 서술자는 전쟁 발발 첫 해에 아버지가 어머니에게 크리스마스 선물로 준 사진 앨범 얘기를 꺼낸다.

그 앨범에는 이른바 폴란드 침공 기념사진이라는 것들이 담겨 있었는데, 모든 사진에는 흰색 잉크로 깔끔하게 설명이 적혀 있었다. 그중 몇 장은 체포한 집시들을 찍은 것이다. 철조망 뒤편에서 집시들이 친절한 미소를 띠고 서 있다. 슬로바키아 어딘가의 먼 후방, 아버지가 전쟁 발발 몇 주 전 공병대와 함께 배치받은 장소였다.[4]

그러면서 우리는 철조망 울타리 뒤에서 집시 같은 옷차림의 여인이 포대에 아기를 감싸 안고 있는 한 사진을 보는데, 여기에는 흰색 잉크로 쓴 "Zigeuner"(독일어로 집시)라는 캡션이 달려 있다. 하지만 이와 같은 사진이 있는가 하면 본문과 쉽게 일치되기를 거부하는 사진도 있다. 서너 페이지 앞에서 제발트는 1945년 4월 "최후의 [작은] 전투"[5]

---

4 『현기증. 감정들』175쪽.
5 『현기증. 감정들』172쪽.

에서 전사한 청년 군인들을 기리기 위해 마을 묘지에 세운 철제 기념 십자가에 대해 언급하고 그들의 이름을 나열한다. 그리고 그다음 페이지에 그 십자가 사진이 있지만 넷이 아니라 다섯 사람의 이름이 있는 듯하고, 사진이 너무 흐릿해서 이름을 식별할 수 없다.

사실과 허구의 충돌은 이 모든 상실의 이야기들을 서술하는 목소리에서 가장 잘 나타난다. 제발트는 이 서술자를 얼마간 그 자신을 닮은 사람으로 생각하기를 우리에게 권유하는 듯하다. 그의 서술자는 간혹 제발트 자신의 삶과 동일한 신상 정보를 드러낸다. 유부남이고, 이스트앵글리아에 살고 있고, 제2차 세계대전이 끝나갈 무렵 독일 알프스 산간 마을에서 태어났고, 1960년대에 영국에 왔다는 점 등이 그렇다. 그러나 이 정보는 책 속의 사진들과 마찬가지로 드러내는 것도 있지만 흐릿한 부분도 그에 못잖다. 책 속에는 놀랍도록 친밀감을 느끼게 하는 순간들이 있는데, 바로 이때 제발트의 서술자는 속을 털어놓을 듯한데도 실은 자신에 대해 아무것도 말해 주지 않는다. 제발트는 특별히 혼란스러운 서술 장치를 선호한다. 즉 대부분의 등장인물들은 서술자와 직접 만났을 때 이야기를, 그것도 독백처럼 늘어놓는다. 어떤 부분에서는 독백의 결정적 순간에 서술 시점이 삼인칭에서 일인칭으로 바뀌고, 서술자는 해당 등장인물을 두고 사라진다. 인용부호를 쓰지 않기 때문에 그 전환이 아주 매끄럽다. 이것은 '신뢰할 수 없는 서술자'가 아니라 신뢰할 수 없는 서술이다.

하지만 제발트가 겹겹이 위장을 쌓아 가는 중에도 그의 책들은 독자에게 스스로를 설명하려는 욕망에 빠져 그 자체의 문장들에 발이 걸린 듯 비틀거린다. 『아우스터리츠』 도입부의 압도적 상징 더미가 그것을 잘 보여준다. 그는 책들을 통해 자연과 인생의 패턴을 찾고자 하는데 그러다 보니 그런 책들을 강박적으로 되풀이해서 쓴다. 예를 들어 『토성의 고리』는 "적도 둘레를 원형궤도에 따라 공전하는 얼음결정과, 짐작건대 유성체의 작은 입자들로 구성되어 있다. 아마도 과거에는 토성의 달이었던 것이 행성에 너무 가까이 위치하여 그 기조력으로 파괴된 결과 남게 된 파편들인 것으로 짐작된다"[6]라는 백과사전 내용을 제사(題詞)로 인용하고 시작한다. 이 원(圓) 모티프는 서술자가 친구의 아파트를 방문할 때 경험하는 기시감에서 놀라운 통찰의 순간에 이르는 모든 부분에 반복적으로 나온다. 가장 아름답고 신비로운 통찰의 한 순간은 이렇다. "아주 오래

---

6 『토성의 고리』 5쪽.

연기의 고리

전 어렸을 때, 저녁 무렵 어둑한 계곡 아래에서 당시만 해도 하루의 마지막 빛을 받으며 무수히 하늘 위를 맴돌던 이 비조(飛鳥)들을 보면서 이 새들이 허공에 그어놓는 궤도에 의해 세상이 유지된다는 생각을 한 적이 있었다."[7] 이미지에 이미지를 쌓고, 비유에 비유를 쌓음으로써 만들어지는 힘이 얼마나 강한지, 끝까지 다 읽고 나면 처음으로 돌아가 다시 읽지 않을 수 없다. 나는 제발트의 모든 작품을 읽고 매번 똑같은 경험을 했고 다른 사람들도 마찬가지라는 말을 들었다

그러나 제발트의 책들이 자아내는 마법에는 불안감을 불러일으키는 무언가가 있다. 사실과 허구, 예술과 삶의 괴리가 끊임없이 일으키는 불안정성, 다시 말해서 제발트의 서술자가 빈번히 처하게 되고, 제발트가 독자들의 마음속에 불러일으키고자 하는 어떤 상태 때문만은 아니다. 거기엔 더 깊은 역설이 있다. 『현기증. 감정들』의 첫 장에서 제발트는 나폴레옹의 군대에 있었던 젊은 스탕달(당시엔 마리 앙리 벨)의 모험을 추적하고 스탕달 자신이 그것을 기억하기 어려워했던 점에 대해 논평한다. "직접 체험한 일에 대한 생생한 기억의 장면이라 할지라도 그 신뢰도는

---

7 『토성의 고리』 85쪽.

현저히 낮을 수밖에 없다."[8] 먼 훗날 벨은 머릿속에 그려져 있던 이브레아의 풍경이 그 도시를 묘사한 동판화의 이미지로 대체되었음을 깨닫는다. 제발트는 이렇게 결론을 내린다. "그래서 벨은 여행지에서 본 아름다운 풍경을 모사한 그림들을 사지 말라고 충고한다. 그런 그림들은 우리가 무엇인가에 대해서 지니고 있는 고유한 인상과 기억을 순식간에 장악해버릴 뿐 아니라, 심지어 완전히 파괴한다고 할 수 있기 때문이다."[9]

예술은 기억의 수호자이지만 기억의 파괴자이기도 하다. 이는 제발트의 작품에서 최종적이면서 가장 근본적인 줄다리기다. 그는 자신의 책에 기록하는 슬픔의 집합체에서 무늬를 찾으려 하는 가운데, 바로 그 무늬 때문에 그 안에 포함시키고자 하는 슬픔이 무색해지는 위험을 무릅쓴다. 심미주의와 슬픔의 독특한 연금술은 제발트 자신도 모르게 그 자체의 비현실성을 부각한다. 제발트는 기억의 근원을 파고들면서 상징성이 크다고 생각되는 직조공들처럼 끊임없이 자신의 작품들을 이루는 실을 푼다.

---

8 『현기증. 감정들』 12쪽.
9 『현기증. 감정들』 13쪽.

2

 영어판 독자들이 보는 제발트의 작품에는 원 궤도가 하나 추가된다. 영어판이 독일어판 출간 순서와 다르게 나왔기 때문이다. 그의 최초의 산문픽션 『현기증. 감정들』은 미국에서 『이민자들』과 『토성의 고리』 다음에 나왔고, 그 뒤를 이어 『아우스터리츠』가 2001년에 나왔다. 제발트의 문학 작품 중 독일에서 제일 처음 출간된 책은 『자연을 따라. 기초시』인데 영어로는 제일 나중에 나왔다. 이렇게 순서가 바뀐 것은 사실상 영어판 독자들에게는 이익이다. 왜냐하면 『자연을 따라. 기초시』는 그의 다른 작품을 본 다음에 읽으면 크게 도움이 되기 때문이다. 이 시집에서 그가 다루는 대주제들의 많은 것들이 아직 발아 단계이긴 해도 파노라마처럼 펼쳐진다.

 제발트의 다른 책들처럼 『자연을 따라. 기초시』는 장르의 구분을 거스른다. 산문시로 불리지만, 문체는 곳곳이 산문 느낌이면서도 엄밀히 따지면 자유시다. 우리는 각기 다른 제목이 붙은 세 부분을 독립적인 시로 읽을 수 있지만 제발트는 전체를 하나의 통일체로 생각하는 듯하다. (독일어판 제목에는 **Ein Elementargedicht** 즉 "자연력에 관한 시"라는 부제가 붙어 있다.) 이 시집의 제목은 살아 있는 대상을 본보기로 (시의 내용에 "자연을 따라[본떠]" 그림을 그리는 것이 언급된다) 미술품을 만드는 일을 가리키고, 참을성 있게 따르는 대상은 제발트 자신이다. 시집에 제시되는 세 명의 등장인물은 모두 저자의 자화상이다. 1부는 16세기 화가 마티아스 그뤼네발트에 대한 전기적 고찰이다. 그는 십자가에 못박힌 예수 및 육신과 영혼의 고통에 대해 충격적인 실감을 주는 제단 장식으로 유명했다. (『이민자들』에서 "극단주의적이고, 지극히 세밀한 부분들까지 철저하게 파고들고, 모든 관절을 뒤틀어 놓은 그 기이한 화가의 세계관이 색채 속에서 마치 병처럼 번져가고 있었는데, 그의 이런 세계관은 나의 성향과 전적으로 통하는 데가 있었지"[10]라는 화가 막스 페르버의 말은 제발트를 대변하는 듯하다.) 2부는 비투스 베링이 이끄는 북극 탐험에 참여한 18세기 탐험가 게오르크 빌헬름 슈텔러를 추적한다. 끝으로 3부에서 제발트는 자신의 가족사와 어린 시절의 기억을 파고드는데, 이 기억의 많은 부분은 나중 작품들에도 비옥한 토양이 된다.

『자연을 따라. 기초시』에서 그뤼네발트의 제단 패널화의 날개를 접는 사람을 묘사하는 도입부를 보면 자화상에

---

10 『이민자들』 215쪽.

대한 암시가 분명히 나타난다. 한쪽 날개 패널이 중앙 패널 위로 접히자 날개 패널 바깥 쪽에 그려진 성 게오르기우스의 얼굴이 보이고, 그는 "금방이라도 제단화의 문지방을 / 넘어설 듯하다." 게오르기우스의 "은빛으로 빛나는 / 선이 여성스러운 얼굴"은 그뤼네발트 자신의 얼굴이며 "작품 곳곳에서 / 출현한다."[11] 여기서 우리는 제발트 자신의 얼굴과 목소리가 등장인물들에게서 반복적으로 나타난다는 사실을 떠올리게 된다. 그러면 날개 패널을 닫은 제단화의 모양이 책과 같다는 유사성이 고조되는데, 책의 경우 저자의 이름이 인쇄될 자리에 성 게오르기우스의 얼굴, 즉 그뤼네발트의 얼굴이 위치하고 있다는 점을 감안하면 그렇다.

제발트는 이어 그뤼네발트의 얼굴은 "언제나 그랬듯 모양이 각기 다른 두 눈동자에, 흐릿한 / 한쪽 눈, 고독으로 비스듬히 침몰한 시선"[12]을 보인다고 말한다. 홀바인 2세도 성녀의 그림에 그뤼네발트를 묘사했다.

    이들은 기묘하게 위장된

---

11 『자연을 따라. 기초시』 11쪽.
12 『자연을 따라. 기초시』 12쪽.

닮음의 예라고, 파시스트들에 의해
저서들이 불태워진 프렝거는 기록했다.
실로, 작품에서 남자들은
서로를 숭배한 듯이 보인다고, 마치 형제처럼
자신들의 노정이 서로 스치고 엇갈리던 장소마다
서로에게 기념비를 세워준 듯하다고.[13]

    이보다 더 제발트의 계획을 잘 말해 줄 수는 없을 것 같다. 이 책에서 시작해서 그는 실제로든 상상으로든 스탕달과 카프카, 나보코프 및 다른 많은 사람들의 길이 엇갈린 지점들을 기록하면서 엄숙하게 지도 제작 작업을 수행하게 된다. "무수히 섬세한 선으로 역사를 관통하는 고통의 흔적"[14]이라고 『아우스터리츠』에서 말하듯이 그들의 고통은 제발트의 저작에 등사되어 있다.
    앞서 잠깐 나온 "파시스트들"에 대한 언급에서 알 수 있듯이 제2차 세계대전에 일어난 일들이 전면에서 중점적으로 다뤄지지 않더라도 결코 한참 뒤로 물러나 있지는 않는다. 조금 뒤로 가면 "유대인에 대한 박해는 / 오랫동안 공

---

13 『자연을 따라. 기초시』 13쪽.
14 『아우스터리츠』 18쪽.

공연한 전통이었고"[15]라고 밝히고, 이어 중세 프랑크푸르트의 유대인들이 겪은 고초에 관한 이야기를 한다. 그들은 큰불로 대학살을 겪고, 표식으로 노란색 고리를 부착하고, 매일 밤 그리고 "일요일이면 오후 네 시부터" 유대인 게토에 갇혀 있어야 했다. 그뤼네발트는 훗날 아내가 될 여자가 나중에 기독교로 개종하긴 했어도 게토에서 자라났으므로 그 박해를 목격했을 것이라고 제발트는 말한다. 하지만 유대인 박해는 인간의 고난을 이루는 모자이크에서 한 개의 타일일 뿐이며, 이 모자이크는 이 시에서 그뤼네발트의 걸작이 있는 프랑스 이서나임 병원의—어쩌면 끔찍하게 뒤틀린 신체와 관련해서 화가의 작품에 영감을 주었을지 모를—환자들이 겪는 고통과 그뤼네발트의 개인적인 고통도 포함한다. 그의 결혼 생활은 행복하지 않았는데, 아마도 "남자들에게 더 큰 호의의 눈길을 보냈"[16]기 때문일 것이다. 그리고 이 모자이크는 1525년 프랑켄하우젠 전투에서 농부 5천 명이 학살된 사건도 포함하며, 그뤼네발트는 바르텔과 제발트 베함이라는 이름의 형제 화가와의 만남을 통해 그 사실을 알게 된다. 이 이야기를 알게 된 그뤼

---

15 『자연을 따라. 기초시』 19쪽.
16 『자연을 따라. 기초시』 23쪽.

네발트는 집밖을 나가지 않았다고 제발트는 말한다.

> 보덴 호수와 튀링거발트
> 사이에 있는 지역에서
> 눈알을 파내는 처벌이
> 한동안 행해졌음을 들은 뒤에는
> 몇 주 동안
> 검은 천을
> 눈에 두르고 있었다. [17]

그러나 주된 사건은 1502년에 일어난 "파국의 그날 밤"[18] 즉 일식이다.

> 10월 1일 달의 그림자가
> 메클렌부르크에서 시작해 동유럽을 덮고
> 보헤미아와 라우지츠를 덮고
> 폴란드 남부로 미끄러져 갔다
> 아샤펜부르크의 궁정 점성술사

---

17 『자연을 따라. 기초시』 46쪽.
18 『자연을 따라. 기초시』 40쪽.

연기의 고리

요한 인다기네와 계속 접촉하던 그뤼네발트는
그 세기적 사건을 보러 먼길을 떠났을 것이다
그리하여 공포에 질려 일식을 기다렸을 것이며
환상적으로 침입하는 어둠이
한낮의 하늘에 졸도하듯 쏟아질 때
세상이 신비스럽게 쇠약해지다 사라지는 것을
목격하는 동안
첩첩이 쌓인 안개와
무겁게 드리운 한색(寒色) 구름 위로
불 같은 붉은 색이 나타나고,
그가 본 적 없는 색들이
사방으로 현란하게 비치는 광경은
이 화가의 기억에서
영원히 지워지지 않을 무엇이었다.
그 색들은 밀도가 다른 대기 속에
역(逆)스펙트럼처럼 펼쳐진다
이젠하임 패널화 가운데 그림의
인물들이 놀라 숨이 멎을 때
산소가 제거된 듯한 대기 속 그 공간은
우리가 질식하여 죽을 것을 예고한다. 그 뒤에

비탄하는 산의 풍경이 다가오는데

이를 통해 그뤼네발트는

애처로운 시선으로 앞날을 내다보며

검푸른 강 뒤에 석회색으로 전연 이상한

세상을 예시하고 있다[19]

  중세인들이 뭐라고 생각했건 오늘날 일식을 "대재난적"으로 본다는 건 있을 수 없다. 공포를 부를 만한 일이 결코 아니다. 그러나 제발트는 일식을 무시무시했던 단일 사건으로 보지 않고, 역사를 꿰뚫고 홀로코스트에 이르기까지 같은 장소에서 일어난 모든 참사를 연결하는 다림줄로 본다.

  이 시집의 마지막 세 번째 시에서 제발트는 롯과 딸들이 소돔에서 몸을 피하는 모습을 묘사한 알트도르퍼의 그림을 논한다.[20] 이 상징은 뉘른베르크가 연합군의 폭격으로 불바다가 된 광경을 나타낸다. 이 세 번째 시는 제사(題詞)로 비르길리우스의 『목동의 노래』를 인용하여 독자를 훨씬 더 옛날로 끌어당긴다. "그런데 아득한 농가 지붕에선 진줏빛 연기가 피어오르고 / 높은 산은 보다 큰 그림자를

---

19 『자연을 따라. 기초시』 40-41쪽.
20 『자연을 따라. 기초시』 105쪽.

드리우고." 대화재들은 시간상으로나 지리적으로나 모든 면에서 멀리 떨어져 발생할지라도 심미적으로는 불타는 대량 학살이라는 광의의 보편적 유형에 속한다. 이 유형은 무한정 선회하며 매번 조금씩 다르게 회귀하지만 근본적으로는 다르지 않다. 후기 작품들에서 제발트는 더 효과적으로 그 유형을 추적한다(그림으로 말하자면 문장의 칠을 약간 덧입히는 것처럼 느껴지기도 한다). 그러나 세대가 바뀌어도 끊임없이 어디에선가는 엄청난 고통이 발생하고, 그런 다음엔 온갖 불행했던 일들이 흙속에 묻히고, 우리는 또 그것을 밟고 다닌다는 근본적인 내용에는 변함이 없다.

하지만 자화상과 화가 사이에는 중대한 차이가 있다. 이 장소에서 일어난 공포스러운 일들 중 하나(일식)를 목격했는데도 그뤼네발트는 그 모든 공포의 증인이 된다. 그런 한편 제발트는 제2차 세계대전을 전혀 목격하지 않았고 그 일로 트라우마를 겪는 대부분의 사람들의 고통만큼이나 자신에게 결여된 그 경험의 간극이 뼈아프다.

보덴 호수와 튀링거발트
나는

험악한 사건으로 점철된 시대였음에도 불구하고
알프스산맥의 북쪽 기슭에서, 외면적으로는
파멸의 개념을 모르는 채로 자라났다.[21]

제발트는 자전적인 마지막 부분에서 그렇게 쓰고 있다. 세계대전이 끝나기 전해에 독일의 외진 마을에서 태어난 그는 어렸기 때문에 파멸로부터 보호되었다. 하지만 아직 어린아이였어도 이렇게 상상했다. "눈앞에 고요히 떠오르던 소리 없는 재앙의 예감…… 그 광경으로부터 / 나는 아직도 빠져나오지 못하고 있다."[22]

자크 아우스터리츠와 막스 페르버처럼 제발트는 스스로를 자신의 정체를 모른 채 자라난 카스퍼 하우저 같은 인물로 본다. 시에는 "소리 없는 참사"가 어디서 온 것인지 충분히 다뤄지지 않는다. 기억이 없는 것이다. 하지만 이 마지막 자전적인 시는 제발트의 인생을 시기별로 면밀히 살피며 기억의 단서를 찾는다. "점판암 단층 사이에서 바짝 눌린 / 선사시대 날개 달린 척추동물은 / 발견이 쉽지 않다"[23]라며 마치 대화를 계속해서 이어가듯이—어떤 의미

---

21 『자연을 따라. 기초시』 108쪽.
22 『자연을 따라. 기초시』 108쪽.
23 『자연을 따라. 기초시』 101쪽.

에서는 그렇다―마지막 시가 시작된다.

> 하지만
> 사라진 생물체가 남긴 잎맥 같은 무늬를
> 사진으로 볼 때마다 나는
> 그것이 모종의 진실과 관련되어 있다는
> 생각을 하곤 한다.[24]

"얼마나 많은 시간을 거슬러가야 / 기원과 만날 수 있는가?"[25] 제발트는 묻는다. 그런데 그가 찾는 이 "시작"은 자신의 "선사시대"에 대한 것이다. 조부모가 결혼한 날과 그 밖에 다른 잠재적 "시작들"을 죽 훑어본 다음, 그는 아버지가 군복무를 위해 드레스덴으로 떠나기 하루 전을 그 시작으로 정한다. "그 도시의 아름다움에 대해서는 / 아무것도 기억에 남아 있지 않노라고, / 언젠가 그는 내 질문에 그렇게 대답했다."[26] 그다음 날 밤, 뉘른베르크에 공습이 가해졌고, 제발트의 어머니는 알고이로 가는 길에 빈트샤임에 있는 친구의 집에서 발이 묶였고, 그곳에서 자신이 임신했

---
24 『자연을 따라. 기초시』 101쪽.
25 『자연을 따라. 기초시』 101쪽.
26 『자연을 따라. 기초시』 104쪽.

다는 사실을 알았다. 그렇다면 서술자의 삶은 전쟁 말기와 풀 수 없이 뒤얽혀 있다. 그러나 그는 전쟁에 대한 기억을 보유할 수 없다. 그러기엔 너무 어렸으니까.

 빈 예술사 박물관에서 알트도르퍼의 그림을 보고 제발트는 "모든 이성이 / 거의 사라져버린 듯했다"[27]고 말한다. 아우스터리츠는 자신이 어렸을 때 이후 처음 본 프라하를 방문한 경험을 그와 똑같은 말로 표현할 것이다. 애초에 있지도 않은 기억의 상실을 슬퍼하는 제발트는 알트도르퍼를 대리인으로 삼고 그에게 의지한다. 기억이 결핍되어 있다면 예술이 그 자리를 채울 것이다. 하지만 예술은 속기와 같은 것이어서 결핍을 대신하지는 못한다. 제발트는 역사를 정제해서 보여 주지만 역사와 예술을 절대로 혼동하지 않는다.

3

 『자연을 따라. 기초시』는 제발트의 첫 문학 작품으로, 그의 모든 작품의 서브텍스트를 이루는 "사라진 생물의 맥계"에 대한 탐색의 시작을 알린다. 지식 탐구에 강박적으로 이끌리는 등장인물이 작품에 끊임없이 회귀한다. 『토성

---

27 『자연을 따라. 기초시』106쪽.

의 고리』에 나오는 프랑스 어문학 교수 저닌은 그 이유를 밝히지 않은 채 "강렬한 관심"[28]을 가지고 플로베르의 소설을 연구한다. 은퇴한 역사학 교수인 자크 아우스터리츠는 유럽의 다양한 역사적 건축물들에서 찾아볼 수 있는 "계통의 유사성"[29]을 연구하는 일에 인생의 많은 부분을 보냈다. 그는 "스스로도 이해할 수 없는 충동"[30]을 좇아 그 주제를 추구한다고 생각한다. 등장인물들뿐 아니라 서술자도 이 범주에 포함된다. 즉 우리는 유럽과 미국을 돌아다니는 그와 다양한 장소에서 마주치지만 그가 왜 그런 여행을 하는지는 듣지 못한다.

그러나 제발트는 자신이 무엇에 그렇게 사로잡혔는지 설명하는 책을 한 권 썼다. 이 책은 독일에서 큰 논란이 되었는데, 한 비평가는 이를 대니얼 조나 골드하겐의 『Hitler's Willing Executioners(히틀러의 자발적 사형집행인)』가 불러일으킨 폭풍 같은 반응과 견주었다. 1997년 취리히 대학교의 초청을 받아 행한 일련의 강연에서 제발트는 전후의 독일문학은 연합군의 폭격이 독일 국민에게 끼친 파괴적 영향을 충분히 다루지 못했다는 대담한 논문을

---

28 『토성의 고리』 15쪽.
29 『아우스터리츠』 39쪽.
30 『아우스터리츠』 40쪽.

발표했다. 스위스와 독일의 언론 매체는 이를 광범위하게 보도했으며, 1999년 제발트는 그것을 『공중전과 문학』이라는 제목의 책으로 냈다.

폭격으로 인한 파괴의 규모가 "무엇을 의미하는지 우리는 알지 못한다"면서 그것은 "집단의식에 전혀 상흔을 남기지 않은"[31] 것으로 보인다고 제발트는 주장한다. 독일의 소설가들이 자국에 가해진 공습에 관심을 드러낸 경우가 거의 없을 뿐더러 전쟁에 대한 증언도 독일인이 쓴 것은 거의 없다고 제발트는 말한다. 이 공습으로 인한 파괴에 관한 정보는 대부분 당시 독일에 주재하던 외국인 저널리스트들에게서 나온다. 제2차 세계대전 직후에 나온 Trummerliteratur 즉 "폐허의 문학" 운동은 제발트가 말하는 "집단 기억상실"로 가장 잘 알려져 있다. 역사학자들이 독일 도시들에 가해진 파괴를 기록하기 시작했지만 "그들이 그려낸 우리 역사의 참혹한 한 장(章)이 민족의식의 경계를 제대로 넘어선 적이 없다."[32] 제발트는 작가들 사이에 독일에 닥친 "물질적, 도덕적 붕괴"를 기록하지 말자는 "암묵적이지만 보편적으로 유효한 동의"가 있었다고 말한다.

---

31 『공중전과 문학』 14쪽.
32 『공중전과 문학』 23쪽.

다시 말해서 이는 독일 문화 공동체의 모의라는 것이며, 그 영향은 오늘날까지 지속되고 있다.

이런 동향에 저항하는 대응책으로 제발트는 "파괴의 자연사"[33]가 필요하다고 주장한다. 그는 통계에 인색하지 않다. 100만 톤의 폭탄이 131개 도시를 강타했고 60만 명의 민간인이 사망했으며, 350만 가옥이 파괴되었고, 750만 명의 독일인이 거주지를 잃었다. 제발트는 "조용히 거침없이 모든 것을 압도한"[34] 피란민의 물결이 도시의 폭격이 가한 혼돈을 시골의 조용한 마을들로 실어날랐다는 한스 에리히 노삭의 말을 인용한다. 또한 그는 시체를 먹는 기생 생물들의 갑작스러운 창궐에 대해 많은 지면을 할애한다. 거리에 "대담하고 살찐" 쥐들이 날뛰고 파리들은 "전에 없이 커다랗고 무지갯빛을 띤 초록색"이었다. 그는 또 이렇게 비꼬아 말한다. "이를 보고하거나 논평한 자료가 유독 드문 까닭은 어떤 침묵의 금기 탓이라 풀이할 수 있는데, 유럽 전역에 청결과 위생을 퍼뜨리고자 했던 독일 민족이 사실은 쥐 일족이었다는, 내면에서 솟구치는 그 공포에 저항해야 했음을 떠올려본다면, 왜 이런 금기가 생겼는지 더

---

33 『공중전과 문학』 59쪽.
34 『공중전과 문학』 51쪽.

잘 이해할 수 있을 것이다."³⁵

제발트는 그렇게 큰 시련을 겪은 민간인들에게는 대개 동정적이지만, 그들이 주위에서 벌어진 파괴에 눈을 감은 점에 대해서는 신랄하게 비판한다. 알프레트 되블린은 사람들이 "무시무시한 폐허 사이를 아무 일도 없었다는 듯이, 그리고…… 도시가 늘 그렇게 보였다는 듯이 무덤덤히 걸어다녔다"³⁶고 말한 바 있다. 스웨덴의 저널리스트로 함부르크에서 보도를 하던 스티그 다게르만은 기차를 타고 그 도시의 "달 표면" 같은 풍경 속을 지나간 경험을 전하기를, 기차는 만원이었지만 단 한 사람도 창밖을 내다보지 않았다고 한다. "그가 창밖을 내다보았기 때문에 사람들은 그가 외국인임을 알아챘다"³⁷고 제발트는 말한다. 공습이 끝나고 며칠 후, 노삭은 함부르크로 돌아가는 길에 "잔해가 즐비한 황무지 한복판에 홀로 [파손되지 않고] 덩그러니 서 있는"³⁸ 집에서 한 여자가 유리창을 닦고 있더라고 보도했다. 제발트는 이를 두고 어딘가 섬뜩하다고 생각한다. 곤충 군체의 구성원들이 가까운 건조물의 파괴에 슬퍼

---

35 『공중전과 문학』 53, 54쪽. '쥐 일족', Rattenvolk(쥐의 민족).
36 『공중전과 문학』 16쪽.
37 『공중전과 문학』 48쪽.
38 『공중전과 문학』 61쪽.

하지 않아도 우리는 놀라지 않지만 "인간의 본성에 대해서는 어느 정도의 공감 능력을 기대한다."[39]

그러나 사실 우리는 핵심에서 벗어나고 있다. 문제는 일반 시민이 인간성의 추한 면과 맞닥뜨렸을 때 놀라워해야 할 책임에 대한 것이 아니라, 작가가 자신이 속한 문화 공동체에서 일어나는 일들에 감응할 책임에 대한 것이니 말이다. (연합군의 폭격에 대한 독일인의 "기억상실"은 그 끔찍했던 시대의 독일인들에게 처음 일어난 인지 실패는 아니었을 것이다.) 전후 독일문학에 그 폭격에 관한 글이 극심히 결핍되어 있었다는 제발트의 말은 맞는 말이다. 하지만 독일 작가들이 전쟁을 무시하자는 결정을 내렸던 것은 아니다. 그들(귄터 그라스, 하인리히 뵐, 볼프강 쾨펜, 토마스 만, 잉게보르크 바흐만, 막스 프리쉬, 지크프리트 렌츠, 게르트 호프만 등)은 압도적으로 전쟁에 관여했다. 다만 공중전에 대해서는 그렇지 않았다. 사실 전후 독일문학은 나치즘에 집착한다고 할 수 있을 정도다. 그들은 나치즘의 발흥과 집권, 전후 독일 사회에 어른거리는 현상들, 특히 나치즘의 범죄에 대해 글을 썼다. 문학을 증거로 삼는다면 국가사회주의 즉 나치즘은 독일 땅에 떨어진 수

---
39 『공중전과 문학』 62쪽.

백 만 개의 폭탄만큼이나 독일 사회를 근본적으로 뒤흔든 사건이었을지 모른다. 독일 작가들은 1990년대에 들어서야 비로소 자국의 도시들이 파괴된 이야기를 쓰기 시작했다. 그들에게는 그게 그렇게 중요하지 않았기 때문인지도 모른다. 그렇다면 역사적 양심의 표시로 명예로운 일이다. 남이 자신에게 한 짓보다 자신이 남한테 한 짓에 더 신경이 쓰인다면 그건 도덕적 태만이 아니다.

또한 독일의 많은 비평가들처럼 이런 물음을 던질 수도 있다. "당대의 주요 사건들이 주는 영향을 기록하는 일은 정말 문학의 책임인가?" 뿐만 아니라 제발트의 주장을 비판하는 다른 목소리도 있었다. 쿠르트 오에스테를르는 《쥐트도이체 차이퉁》에 쓴 기사에서 제발트의 주장은 많은 부분이 목격담을 근거로 하며 "설명하기 전에 충격부터 주는" 목격담을 과대평가했을지 모른다고 지적했다. 그리고 디터 포르테는 《데르 슈피겔》에 매우 인신공격적인 장문의 글을 썼는데 그는 "말로 형언할 수 없는 참사가 존재한다"고 논하면서 강제수용소에서 풀려난 후 몸이 살기 위해 "신경을 끄고" 살 필요가 있었다는 폴란드 작가 안드레이 스치피오르스키의 말을 인용했다. 그는 또한 이렇게 썼다. "제발트는 분명한 보도, 침착한 관찰의 명료함을 갖춘 간접적인 방법을 선호한다. 그는 자신의 콜라주 하나를 추적하고 있어서 그랬는지 실제 참사와는 동떨어져 있다. 그는 그들이 그 참사를 표현할 말을 찾을 수 있고, 감당할 수 있을 때 기억할 수 있는 우리 세대, 대도시 어린이들의 세대를 간과하고 있다. 그러려면 평생을 기다려야 한다."

하지만 이런 비난들은 모두 제발트의 작품에서 비독일인 독자에게 가장 명백하고 가장 충격적인 점, 즉 제발트가 도덕적 또는 정치적 맥락을 암시하지도 않으면서 완전히 반역사적으로 연합군의 폭격을 논한다는 점을 간과한다. 누군가는 그 맥락을 모르는 사람은 없으며, 따라서 그걸 되풀이할 필요는 없다고 반박할 수 있을 것이다. 하지만 사실 제발트가 은연중에 독일인의 고초는 나치의 범죄에 대한 보상으로 볼 수 있다는 주장을 하는 것으로 오해하는 사람들이 있었다. 이와 관련한 독자들의 편지는 『공중전과 문학』 3장[40]에서 다뤄진다. 제발트는 그런 오해를 바로잡는 시도의 일환으로 그런 편지들을 인용하고 그에 응답하여 다음과 같은 의견으로 끝을 맺는다. "우리가 살고 있던 도시들의 파괴에 직접적 원인을 제공한 것은 우리 자신이라는 사실을 오늘날 독일인 대다수가 알고 있다, 아

---

40 영어 번역본에 있으며, 독일어 원본과 한국어 번역본에는 없다.

니 알고 있기를 나는 바란다." 하지만 1장과 2장에서는 홀로코스트를 간접적으로만 언급할 뿐이고 제2차 세계대전과 관련한 독일의 다른 침략 형태에 대해서는 전혀 다루지 않는다.

제발트가 홀로코스트 희생자들 문제에 무심했다는 말이 절대로 아니다. 그의 문학 작품, 특히 『이민자들』과 『아우스터리츠』는 유럽의 유대인들에게 닥친 대참사에 대한 그의 이해도가 독일 작가들 중에서도 독보적임을 보여 준다. 사실 홀로코스트와 관련하여 제발트처럼 도덕적 지위가 있는 작가만이 이런 책을 쓸 엄두를 낼 수 있었을 것이다. 그렇지만 『공중전과 문학』은 그런 면에서의 감성이 이상하게 결여되어 있다. "도덕적 등가성"과 같은 터무니없는 이유를 들어 그를 비난하는 것은 주저되는 일이지만, 그런 혼동이 있다는 막연한 느낌을 떨칠 수가 없다. 『공중전과 문학』 시작 부분에서는 독일에 대한 연합군의 폭격을 그때까지 역사적으로 유일무이했던 "파괴 행위"[41]로 칭한다. 조금 더 뒤에서 그는 함부르크에 대한 폭격을 "잿더미로 만드는 것"[42]이라는 말로 표현하는데, 이 말이 무엇을

---

41 "파괴 행위" 『공중전과 문학』 14쪽.
42 『공중전과 문학』 42쪽.

암시하는지는 그도 알고 모두가 다 안다.

제발트를 옹호하자면, 이 책의 주제는 결코 홀로코스트가 아니라고, 그는 세계대전의 전혀 다른 측면을 논하고 있으며, 홀로코스트를 충분히 다루고자 했다면 완전히 다른 책을 필요로 했을 것이라고 주장할 수 있다. 하지만 이 책과 관련해서 그런 식으로는 제발트를 끝까지 옹호하기가 어렵다. 왜냐하면 『공중전과 문학』[43]은 더 나아간다. 가장 특기할 만한 것은 폭격이 가해지던 당시에도 음악의 역할이 독일에서 얼마나 중요했는가에 대한 부분이다. 그는 한 영국인 저널리스트가 "오직 독일인들만이 그런 파괴의 와중에 격조 높은 오케스트라를 무대에 올리고 극장을 음악 애호가들로 가득 채울 수 있을 것"[44]이라고 한 말을 인용하고, 이 양날의 검 같은 말을 불쾌히 여긴다. 그리고 이렇게 말을 잇는다.

그 당시 이 나라 도처에서 새로이 비상하는 음악에 눈빛을 초롱이며 귀 기울이던 청중이, (사실은 음

---

[43] 영어판 제목은 『파괴의 자연사(On the Natural History of Destruction)』임을 기억할 필요가 있다.
[44] "그런 난장판 속에서 오직 독일인들만이 웅장한 전 관현악단과 음악애호가들로 북적대는 오페라하우스를 만들어낼 수 있을 것" 『공중전과 문학』 66쪽.

악이 아니라) 살아남았다는 것에 감사하는 마음으로 감동받았던 것임을 어느 누가 부인할 수 있을까? 하지만 당시의 독일인들이 전 세계 인류사에서 어느 민족도 자신들만큼 그렇게 모진 고난을 견디고도 변함없이 음악을 연주하지는 않았을 것이란 도착적인 자긍심에 뿌듯해한 건 아니었는지 질문해야 한다.[45]

"전 세계 인류사에서"? 이 거창하고 단정적인 말이 과거와 타협하기를 열망하는 범용한 독일 작가(예를 들어 베른하르트 슐링크)에게서 나온 말이라도 믿기 힘들 텐데 제발트에게서 나온 것이라면 더 믿기 힘들다.

하지만 어떤 면에서는 그리 믿기 힘들지 않다. 왜냐하면 그가 말하는 원인 모를 괴로움은 인간 조건을 특징짓는 거대한 고통의 유형에 일부일 뿐인 것으로 제시되기 때문이다. 이것은 그의 등장인물들을 괴롭히는 독특한 종류의 멜랑콜리에서 보인다. 이 멜랑콜리는 언제나 그들의 이해력 밖에 존재하는 듯하다. ("이 세상을 이렇게 어둡게 하는

---

45 『공중전과 문학』 66쪽.

연기의 고리

것은 무엇이었나요?"[46]라고 『아우스터리츠』의 등장인물이 죽음을 눈앞에 두고 비탄의 물음을 던진다.) 서술자도 슬픔의 심연을 불러일으키는 소견을 밝히고는 어째서 특정 이미지나 일화가 자신에게 그렇게 깊은 슬픔을 유발하는지 도무지 모른다고 단언한다. 제발트는 자신의 작품에 나오는 인물들에게 감정이입을 하는 것 같은데도, 앞서 예시한 바와 같이 고의적으로 이해를 못하고, 역사와 관련해서 무지한 체하는 것은, 포르테가 그의 책에서 감지하듯이 그가 "실제 참사와는 동떨어져" 있다는 증거다. 인간의 고통의 유형을 밝히려면 그 고통에서 어느 정도 이탈해야 하지만, 그렇게 이탈하여 높은 곳에서 보면 대상이 흐릿해질 수 있다. 그러니까 유대인과 독일인, 그리고 다른 수많은 사람들이 모두 전체 무늬의 동등한 요소로, 모자이크를 이루는 동등한 부분들로 여겨지는 것이다.

　제발트의 그런 예술적 패턴은 참사를 미화하는 것이나 매한가지이며, 그렇게 해서 인과 관계는 소멸된다. 우리는 저자가 식별해 내는 이미지의 아름다움을 느낄 수 있지만, 왜 그런 일들이 그런 식으로 일어났는지에 대한 우리의 이해에 전혀 보탬이 되지 않는다. 이는 폭격의 "자연사"라는

---
46 『아우스터리츠』 73쪽.

말과 충돌한다. 히틀러의 독일을 둘러싼 공중전은 1502년의 일식과 같은 자연재해가 아니었다. 원인이나 결과가 임의적이지 않았으며, 따라서 도덕적 원칙에 따르자면 자연재해보다 더 심각했다. 물리적 충격은 폭격이나 지진이나 비슷할지 몰라도 이 둘은 같은 방식으로 이해될 수 없다. 왜냐하면 그러는 순간 우리는 폭격은 인공 참사, 인간의 행위이며, 따라서 다채롭고 무의미하며, 반복적이고 불가피한 자연재해의 유형보다 더 복잡하고 가혹하다는 사실을 묵과하게 된다. 우리는 제2차 세계대전의 현장에서 발생한 무고한 생명의 끔찍한 손실을 슬퍼해야 하지만 히틀러의 침략을 봉쇄할 필요가 있었다는 점도 인정해야 한다.

예술과 기억에 관한 그의 견해에 비추어, '공중전'에 관한 독일문학이 부재하다는 제발트의 주장은 약간 반어적으로 읽힌다. 왜냐하면 이 경우, 그 결손은 기억의 공백이 아니라 문학의 공백이기 때문이다. 하지만 우리가 보아 왔듯이 제발트는 예술이 기억의 공백을 메워 주기를 바라며 그에게 가장 큰 공백은 공중전이다.

해가 갈수록 점점 더 확신하게 되는 이런 파렴치한 결여는, 어린 시절 내게 분명히 무언가를 감추고 있다는 느낌을 받으며 성장했다는 것을 기억나게 한다. 그런 느낌은 집에서도 학교에서도, 심지어는 내 삶의 배후에 있을 어마어마한 것을 더 많이 알 수 있지 않을까 희망하며 읽었던 독일 작가들의 작품에서도 받았다.

    나는 이른바 전투 시행의 직접적인 영향을 받지 않았던 알프스 북부 자락에서 유년 시절을 보냈다. 전쟁이 끝날 무렵 고작 한 살배기였기에 그 파괴의 시절이 어떠했는지 실제 경험에 근거해서 떠올릴 수는 없다. 그럼에도 오늘날까지 전쟁 당시의 사진이나 다큐멘터리 영화를 볼 때면, 마치 내가 그 전쟁으로부터 태어난 것만 같고, 전혀 경험해보지도 않은 그 끔찍한 사건들로부터 한 치도 벗어날 수 없는 어떤 그늘에 잠겨 있는 것만 같다.[47]

    나는 자신이 경험하지 않은 일에 대한 기억을 되살리고 싶은 제발트의 간절한 마음을 깊이 동정한다. 나도 (그의 말을 빌자면) 내 인생과 우리 가족의 삶에 그늘을 드리운 홀로코스트를 '기억'하고자 하는 그와 비슷하게 간절한 마

---
47 『공중전과 문학』 98쪽.

음을 갖고 있다. 하지만 기억의 공백은 영원히 찾을 수 없는 경험이며, 예술이 그 자리를 메울 수는 없다. 『이민자들』의 마지막 단락에서 우쯔 게토 사진 전시회에 간 서술자는 그곳에서 세 여자가 담긴 사진을 본다.

> 뒤쪽 창문에서 스며드는 역광 때문에 그들의 눈이 잘 보이지 않지만, 그들이 모두 나를 바라보고 있다는 것만은 느낄 수 있다. 내가 서 있는 자리는 회계원 게네바인이 사진기를 들고 서 있던 바로 그 자리이기 때문이다. 가운데에 있는 밝은 금발의 여자는 왠지 새색시처럼 보인다…… 그들의 이름이 무엇이었을까 생각해본다. 로자, 루지아, 레아였을까, 아니면 아니면 노나, 데쿠마, 모르타(고대 로마 신화의 운명의 여신들)였을까. 물렛가락과 실과 가위를 들고 나타나는 밤의 딸을 말이다.[48]

나는 이 부분을 읽을 때마다 야릇한 감동을 받는다. 사진 속 젊은 여자는 우리 할머니였을 수 있기 때문이다. 우리 할머니도 금발이었고 가족이 전부 우쯔의 직물 공장에

---
48 『이민자들』303쪽.

서 일했다. 나는 직기 뒤에 앉아 내 운명을 잣는 할머니를 떠올려 본다. 그리고 같은 공간을 되풀이해서 오가며 아직도 이 세상을 이렇게도 어둡게 하는 그늘의 근원을 추적하는 나를 상상해 본다. 하지만 이런 접속은 위험하다. 왜냐하면 예술의 작용은 환상에 불과해서 기억에 불리하게 작용하기 때문이다. 우리 할머니는 직기 뒤에서 바깥쪽을 내다보는 유사 신화적 인물이 아니다. 우리 할머니는 실제 인물이며, 반복되는 인생의 불행에 그녀의 홀로코스트 체험을 포섭하는 것은 곤란하다. 나는 그녀가 젊었을 때 어떤 모습이었는지 모르지만, 제발트가 말하는 직기 뒤에 앉아 있는 그녀를 상상한다는 건, 제발트가 뉘른베르크를 묘사하기 위해 알트도르퍼나 비르길리우스를 불러들이는 것처럼, 텅 빈 공간을 예술적 형상으로 대체하는 것밖에 안된다. 텅 빈 공간이 오히려 진실에 더 가깝다.

   기억의 일을 하고자 하는 예술은 환상의 근원일지 모른다. 제발트도 자신의 그런 일에 대해 의심을 품었을지 모른다. 『토성의 고리』에서 그는 다음과 같이 말한다.

> 직조공들과 여러 면에서 비슷한 학자들, 그리고 여타 글쟁이들이 우울증 및 이로부터 파생되는 온갖

병에 특히 쉽게 걸리는 것은 오랫동안 구부정하게 앉아 줄곧 예민하고 정확하게 생각하고, 세밀한 인공무늬들을 무한정 계산해야 하는, 이들이 하는 일의 성격을 고려할 때 당연하다고 할 수밖에 없다.[49]

제발트가 자신의 복잡한 무늬들로 절망했는지 어쨌는지 나는 모른다. 하지만 그는 자신의 책을 이루는 무늬와 겹쳐 쌓은 듯한 문장들이 직공들이 책 속을 들락날락거리며 페넬로페처럼 수를 놓았다가는 도로 풀어 버리곤 하는 것과 무척 닮았음을 인정한다. 그의 재료는 실이 아니라 기억이지만, 결과는 매한가지로, 그것은 보이자마자 도로 사라지는 예술 작품이다. 대립하는 힘을 무늬에 넣어 매듭으로 꿰고자 하지만 그 힘에 의해 매듭이 도로 풀리고 마는 것만 같아서 도로 사라지는 예술 작품. 그렇게 망각을 상대로 한 제발트의 투쟁은 얄궂게도 덧없음으로 끝난다. 그가 창조하는 예술에는 기적에 가까운 아름다움이 있다. 그러나 그것은 진줏빛 연기처럼 연약하고 덧없다.

---

49 『토성의 고리』 331쪽.

모의된 침묵
―――――――――――――
찰스 시믹

제발트가 우려하는 것은
인류가 근래에 얻은
전면적 파괴 능력이다.
악에는 악으로 싸우는 것은
어떤 경우에도 도덕적으로 정당한가?

찰스 시믹 Charles Simic
유고슬라비아 태생의 미국 시인이자 에세이스트, 번역가이다. 퓰리처문학상 수상자이기도 하다. 《파리 리뷰》시 부문 편집자이며 1973년부터 뉴햄프셔 대학교 교수로 재직했다.

2003년 2월 27일 《뉴욕 리뷰 오브 북스》에 실린 에세이다. 원저작권자인 《뉴욕 리뷰 오브 북스》의 허락을 받아 옮겼다.

나는 W. G. 제발트를 『이민자들』이 1996년 영어판으로 나왔을 때 처음 읽었는데 그렇게 마음을 사로잡는 책은 아주 오랜만이었다. 이 책은 분류하기가 어렵다. 저자의 일인칭 서술은 회고록처럼 느껴질 때가 있는가 하면, 소설 같기도 하고 이민자 네 명의 삶을 다루는 논픽션 같기도 하다. 그들은 리투아니아와 독일 출신으로 영국과 미국에 정착한다. 저자의 특징 중 하나로, 이 책에는 흐릿한 흑백 사진들이 있는데, 사진 설명은 없고 본문에 나오는 등장인물이나 장소와의 관련 여부도 분명치 않은 경우가 있다. 저자에 대해서는 그가 영국에 사는 독일인이라는 가장 중요한 사실을 비롯해 책에 나오는 자서전적 내용으로 추정할 수 있는 것뿐이었다. 『이민자들』은 저명한 작가들과 평론가들의 찬사를 받으며 걸작으로 일컬어졌다. 서평가들은 애수 어린 분위기와 역사에 대한 이해력, 비상한 관찰력, 명료한 문장에 주목했다. 평론가들은 제발트의 독창성을 강조하면서도 카프카와 보르헤스, 프루스트, 나보코프, 칼비노, 프리모 레비, 토마스 베른하르트를 비롯한 몇몇 작가들이 그에게 영향을 주었을 것이라고 평했다. 자살한 사람들의 이야기에 배어 있는 무자비한 염세관이나 이따금 단조롭고 요지를 종잡을 수 없는 산문에 대해 불평하는 소리도 있었지만, 의구심을 품은 평자들도 그의 작품이 지닌 힘은 인정했다.

『이민자들』의 서술자는 혼자 있기 좋아하는 사람이며 등장인물들도 마찬가지다. 제발트의 관심사는 지난 세기에 벌어진 전쟁과 혁명, 대규모 테러로 인한 수많은 희생자들이다. 이해나 통제를 할 수 없는 힘에 내몰려 표류하게 된 사람들의 정신 상태를 전달하는 서술 양식이 저자가 추구한 것이라고 혹자는 말할지 모른다. 망명을 경험해 보지 못하고 대체로 자신의 사회 계급과 환경으로 일대기를 형성해 가는 사람들과 달리, 난민이 된다는 것은 자신의 운명을 순전한 우연에 내맡김을 의미한다. 이 운명이 이끄는 삶은 대부분의 경우 종국에는 너무 어처구니가 없는 것으로 일반인의 이해력을 벗어난다. 제발트는 그런 사람들의 삶을 기록하는 구전 역사가 또는 관습을 따르지 않는 전기 작가 같은 역할을 한다. 그의 책에서 멜랑콜리가 느껴진다면 이는 저자 스스로 짊어진 과업이 거의 희망이 없는 것이기 때문이다.

독자를 즐겁게 하기도 하고 짜증나게 하기도 하는 제발트의 산문에서 또 하나 특이한 점은 이야기가 지엽으로 잘 흐른다는 점이다. 그는 단초가 꼭 분명하지만은 않은 연상 작용으로 생각난 흥미로운 일화라든가 사실에 입각한 정보가 있으면 주저없이 삽입한다. 그럴 때는 예고를 한다든가, 이행부를 거친다든가, 단락을 나누지도 않는다. 시를 읽을 때 비유와 은유를 가지고 그러듯이, 독자로 하여금 책 속에 든 다양한 이야기의 가닥들을 한데 모아 의미를 찾도록 의도하는 것이 분명하다. 『토성의 고리』에서 한 예를 들겠다. 1860년 중국에 대한 영국과 프랑스의 징벌적 원정군에 대한 것인데, 이 이야기는 그가 『공중전과 문학』에서 보이는 관심사의 일부를 예견하게 한다.

일을 어떻게 진행해야 할지 알 수 없게 된 연합군은 10월 초에 추측건대 우연히 베이징 근처의 원명원(圓明園)을 발견한다. 원명원은 무수한 궁전과 정자, 산책로와 환상적인 회랑, 사원, 탑 등을 갖춘 신비로운 정원이었는데, 인공 산의 비탈에서 자라는 덤불과 연한 빛의 나무 사이에서 신기한 모양의 뿔을 지닌 사슴들이 풀을 뜯고, 인간이 자연 속에 더해놓은 기적이 자연과 어우러져 연출하는, 온갖 상상을 초월하는 장관이 바람 한점 없는 수면 위에 반사되는 곳이었다. 그날 이후 며칠 동안 이 전설적인 정원에서 자행된, 군기는 고사하고 일체의 분별력을 잃은 듯한 끔찍한 파괴행위는 결정적 전환이 자꾸 미루어지는 데 대한 분노를 감안하더라도 제대로 이해되지 않는다. 추측건대 그들이 원명원을 불태운 진정한 이유는, 중국인이 미개하다는 생각이 얼마나 어리석었는지를 보여주는, 현세에서 창조된 이 낙원이 고향에서 끝없이 멀리 떨어져 강요와 궁핍과 갈망의 억압밖에 알지 못하는 병사들에게 어처구니없는 도발로 비쳤던 데 있었을 것이다. 그 10월의 며칠 동안 벌어진 일에 대한 보고들은 별로 신빙성이 없기는 하지만, 나중에 영국 진영에서 진행된 노획물 경매만 보더라도 황급히 도망친 왕실이 남겨놓은 운반 가능한 장식물들의 대부분, 비취와 금과 은, 비단으로 만든 모든 것이 약탈자들의 손에 들어갔다고 짐작할 수 있다. 이어서 광활한 땅에 펼쳐진 정원과 근처 궁전 지역의 이백채가 넘는 정자와 사냥용 별장, 사당 등이 지휘자의 명령에 따른 방화로 소진되었는데, 이는 명목상으로는 영국의 밀사 로치와 파크스를 학대한 데 대한 보복조치였다고 하지만 실은 무엇보다도 그전에 자행된 파괴행위를 알아볼 수 없게 하려는 의도에서 취한 행동이었다. 공병 중대장 찰스 고든의 보고에 따르면, 대부분 히말라야삼나무로 지어진 사원과 대궐, 암자들은 믿기 힘든 속도로 신속하게 불길에 휩싸였고 불은 타닥거리는 소리를 내며 뛰어오르면서 푸른 덤불과 수풀로 번져갔다. 오래지 않아 몇몇 석조 교량과 대리석 탑을 제외하고는 남아 있는 것이 없었다. 길게 뻗은 연기가 오랫동안 하늘을 뒤덮었고, 태양을 가리는 거대한 연기구름이 서풍에 실려 베이징으로 날아가 얼마 뒤 사람들의 머리와 지붕 위로 내려앉았다. 베이징 사람들은 하늘이 천벌을 내린 줄 알았다.[1]

제발트의 호소력의 비결은 그가 지금은 거의 구식으로 생각되는 방식으로 스스로를 양심의 목소리로, 불의를 기억하는 사람으로, 더 이상 말이 없는 이들을 대변하는 사람으로 여겼다는 데 있다. 무슨 계획을 가지고 그런 것은 아니다. 그는 진지한 사람에게 이보다 더 주의를 기울일 가치가 있는 것은 없는 듯이 글을 썼다. 시간을 들여 고금

---

[1] 『토성의 고리』 172-173쪽.

의 역사서를 읽는 사람이면 누구나 그렇듯이 그도 크게 실망했다. 전쟁은 지옥이다 라거나 인간은 세계 어디를 가나 다 그렇다 라는 식의 설명으로는 무고한 사람들에게 가해진 잔학 행위를 잠시만이라도 잊을 수 없었다. 중국의 황태후가 죽기 전에, 역사란 불운과 시험만으로만 이루어져 있으니 우리는 "지상에서 살아가는 동안 단 한순간도 진정으로 근심에서 자유롭지 않다"[2]라고 한 말에 제발트도 동의할 것이다. 이상한 것은 소름끼치는 이야기들의 효과가 서정적이라는 사실이다. 이는 제발트와 긴밀히 협업한 마이클 헐스의 놀라운 번역 덕분일 것이다.

최초의 산문집 『현기증. 감정들』은 1990년 그가 마흔여섯 살이었을 때 독일에서 출간되었고, 영어로는 1999년이 되어서야 나왔다. 이 책은 스탕달과 카사노바, 카프카의 자취를 따라 유럽을 돌아다니다 서술자가 자신의 고향인 바이에른의 마을에서 여행을 마치는 이야기다. 그의 작품 중 단 하나의 진정한 소설이라고 할 수 있는 『아우스터리츠』는 2001년 안시아 벨의 번역으로 출간되었다. 1939년 여름에 독일에서 어린이 수송열차에 실려 나와 영국에 오게 된 한 어린이가 훗날 유대인 부모의 죽음과 자신의 출

---

2 『토성의 고리』 182쪽.

신지인 프라하에 대해 알아내려고 애쓰는 이야기다. 제발트는 이 책의 주인공이 실재했던 둘 또는 세 사람, 여기에 아마도 또 한 사람의 절반 정도를 더 합친 인물이라고 밝혔다. 사실주의적인 묘사와 마술적 사실주의 소설에서 나올 법한 부분이 번갈아 나올 때는 부자연스럽게 느껴지기는 해도 이 책에는 제발트 최고의 문장과 감동이 함께 어우러져 있다.

제발트는 한 인터뷰에서 역사가에게 허용되지 않는 질문이 있는데 그건 바로 형이상학적인 질문이라고 했다. 역사가에게 진실은 항상 형이상학적이지 않은 다른 곳에 있다. 그것은 어떤 개별적인 존재에게서 간과된 무수한 곡절의 어딘가에 발견되지 않은 채 있다는 말이다. "우리가 기억에 붙들어 둘 수 있는 것은 얼마나 적은가, 생명이 하나하나 절멸됨에 따라 어떻게 모든 게 끊임없이 망각되고 있는가, 자체적 기억력이 없는 무수한 장소들과 물건들의 역사는 전혀 들리지 않고, 기술되거나 전해지지 않기 때문에 세상이 어떻게, 말하자면 스스로를 비우고 있는가"[3]라고 그는 생각한다.

『아우스터리츠』에는 이런 으스스한 장면이 있다. 체코슬로바키아를 찾은 주인공이 테레진 거리를 거닐다 문이

---

3 『아우스터리츠』 29쪽.

닫힌 한 골동품 가게의 쇼윈도 앞에 서 있는 장면이다. 그의 어머니는 테레진 강제수용소에서 죽었다. 쇼윈도에는 아마도 수용소 수감자들의 소유였을 다양한 물건들이 어수선하게 진열되어 있었다. 장식품, 가정용품, 기념품 등은 소유주들이 죽은 뒤에도 살아남았고, 그 결과로 "지금 그것들 가운데 겨우 감지할 수 있는 자신의 그림자 같은 모습이"[4] 섞여 있다. 살아남은 것은 일본식 부채, 구형(球形) 문진, 모형 손풍금 같은 것들뿐이며, 이들은 사라진 목숨들과 그때 벌어진 사태의 규모와 현실을 깨닫게 했다.

제발트의 유작인『공중전과 문학』역시 네 장으로 나뉘어 있고 이번에는 순수한 논픽션으로 읽힌다. 첫 장의 주제는 독일 도시들에 대한 연합군의 폭격과 파괴다. 독일어판 원본[5]에는 들어가지 않은 나머지 세 장은 전후 독일 소설가 알프레트 안더슈, 아우슈비츠에서 살아남은 오스트리아 태생의 벨기에 작가 장 아메리, 화가이기도 한 페터 바이스에 관한 것이다. 공중전에 관한 부분은 1997년 취리히 강연에 기반한다. 독일의 대도시는 물론이고 작은 도시들에 대한 연합군의 공습은 전후 문학에서 충분히 다뤄

---

4 『아우스터리츠』 217쪽.
5 영역본에는 이 부분들이 있으나 독일어본에는 없으며 독일어본을 번역했을 한국어판에도 포함되어 있지 않다.

지지 않았다는 것이 그의 논지인데, 이 강연이 독일의 신문들에 실렸을 때 상당한 논란을 불러일으켰다. 나치 정권 하에서 일어난 다른 많은 일들과 마찬가지로 연합군의 폭격에 대해 모의된 침묵이 있었다는 것이다.

이는 결코 새로운 발견은 아니다. 한스 마그누스 엔첸스베르거도 1990년 「폐허가 된 유럽」이라는 에세이를 써서 본질적으로 같은 주장을 했다. 하인리히 뵐이나 프리모 레비, 한스 베르너 리히터, 루이 페르디낭 셀린, 쿠르조 말라파르테, 그리고 많은 외국의 저널리스트들과는 대조적으로 사실상 모든 독일 작가들이 이 주제를 회피했다. 그런데 제발트는 왜 그런 걸 다시 꺼냈을까?

독일인을 희생자로 비치도록 하고, 도덕적 등가성을 세움으로써 다른 이들의 고통을 최소화하려는 욕구에서 출발한 것 아니냐고 그를 비난하는 사람들이 있었다. 그러나 이런 비난은 전혀 공평하지 않다. 독일인들은 자국의 도시들이 파괴되는 것을 자초했으며, 그들도 할 수만 있었다면 상대국에 똑같이 그리고 더 지독하게 되돌려 주었으리란 것을 제발트는 알고 있었다. 그를 비방하는 사람들은 여러 소수 민족들 가운데 무고한 사람들이 겪은 고통을 측정할 수 있는 도덕적 저울이 있으며, 이것으로 동정의 등급을 매기고 가장 많은 동정을 받아 마땅한 그룹을 꼭대기에 두고 그 반대쪽에는 그렇지 않은 그룹으로 구분할 수 있다고 믿는 듯하다. 민간인에 대한 전쟁과 관련하여 제발트가 제기하는 문제에는 간단한 답이 없다. 그 답은 도저히 필설로 다 할 수 없다.

오늘날 이차대전 막바지 몇 해 동안 독일 도시들이 겪은 초토화 규모를 그 절반만이라도 제대로 떠올려 보는 것은 어려운 일이며, 그 초토화의 참상이 어떠했는지를 깊이 생각해보는 것은 더더욱 어려운 일이다. 물론 연합군의 전략폭격 조사나 독일 통계청의 조사, 여타 공식 출처에서 영국 공군이 독자적으로 40만 번의 출격으로 100만 톤의 폭탄을 적국 영토에 투하했다는 것, 한 차례 또는 그 이상 수차례 공격받았던 총 131개의 독일 도시 가운데 몇몇 도시가 거의 철두철미하게 붕괴되었다는 것, 독일 민간인 60만 명이 이 공중전으로 희생되었다는 것, 주택 350만 채가 파괴되었고, 종전 무렵에는 750만 명에 이르는 사람들이 거리로 나앉았으며, 쾰른에선 주민 한 명당 31.4세제곱미터의 건물 잔해가 쏟아지고,

드레스덴에선 주민 한 명당 42.8세제곱미터의 건물 잔해가 쏟아졌다는 것이 모두 사실로 드러나기는 했지만, 이러한 것들이 정녕 무엇을 의미하는지 우리는 알지 못한다.[6]

지난 세기에 도시 폭격으로 인한 민간인 사상자 수에 비추어 보면, 공습이 있을 때는 엄마가 아이들을 데리고 지하실로 피신하는 것보다 군인이 되어 전선에서 싸우는 편이 더 안전할지 모른다고 생각하는 것이 더 조리에 맞다. 독일 개별 도시들의 사망자 수치는 충격적이지만, 다른 곳들도 끔찍하긴 마찬가지다. 런던 대공습의 사망자는 4만 3천 명에 이른다. 1945년 도쿄에서는 10만 명, 히로시마와 나가사키에서는 20만 명이 죽었으며, 이 목록은 계속 늘어난다. 더 최근의 베트남전에서는 민간인만 36만 5천 명이 사망한 것으로 추산되고, 걸프전에서 바그다드가 겪은 사망자 수는 기밀로 유지되고 있다. 일본에서는 원폭 피해자를 제외해도 1945년에만 30만 명의 민간인이 죽었다. 물론 이 대강의 수치는 기껏해야 경험에 근거한 추측이다. 폭격의 역사는 개인의 운명을 숨기기 위해 숫자 놀음을 한

---
6 『공중전과 문학』 13-14쪽.

다. 무고한 사람들의 죽음은 곤혹스러운 일이다. 종교적이든 비종교적이든, 성아우구스티누스에서 유엔헌장에 이르기까지 '의로운 전쟁'에 관한 모든 이론은 전쟁의 무차별적인 학살에 대해 경고한다. 제네바협정은 민간인과 전투원을, 민간 목표 지점과 군사 목표 지점을 구별하라고 전쟁 당사자들에게 거듭 경고한다

국제 협약에 따라 민간인은 공격 대상이 되어서는 안 되기 때문에, 오늘날 우리가 '부수적 피해'라고 완곡한 용어로 부르는 민간인 사망자 수치는 해당 작가가 무엇을 정치적 쟁점으로 삼느냐에 따라 소급해서 계산할 경우 크게 바뀌는 경향이 있다. 그 수치를 있는 그대로 기술해도 그걸 듣는 사람은 천문학적 거리처럼 감이 잘 안 잡힌다. 10만 명이라는 숫자가 전하는 참사는 추상적인 수준에 머문다. 그런 한편, 10만 1명이라는 숫자는 내가 보는 한에서는 훨씬 더 경각심을 갖게 한다. 그 1명이라는 추가된 외톨 숫자가 나머지 10만 명의 사상자들에 대한 현실감을 환원할 수 있을 터이기 때문이다. 오래된 보도사진 책을 보거나 공습 상황을 담은 기록영화를 보면 정신이 번쩍 든다. 그 가운데 지난 세기와 관련해서 가장 흔한 것은 불에 탄 건물들이 줄줄이 외벽만 남아 있고 여전히 연기가 올라오는

광경이다. 거리에는 파편이 즐비하다. 시커먼 하늘에는 용처럼 구불거리는 불길과 소용돌이치는 연기가 보인다. 우리는 사람들이 돌무더기 속에 깔려 있다는 것을 안다. 베트남전에서 폭격을 당한 마을의 한 여자아이가 벌거벗은 채 카메라가 있는 쪽으로 뛰어오는 사진을 나는 기억하고 있다. 이런 일이 시작된 지 거의 백 년이 지난 지금, 민간인 거주 지역에 대한 폭격이 어떤 결과를 초래하며 진정한 희생자가 누구인지 인정하지 않는 사람이 있다면 그 둔감성은 가히 충격적이다.

  나는 개인적으로 유고슬라비아에서 어렸을 때 소이탄을 겪어 봤다. 소이탄은 막대기처럼 생긴 가연성 물질로 이루어져 있는데 터지면 불길을 일으킨다. 이 젓가락 같은 막대기들은 흩어져서 불쏘시개 역할을 한다. 건조한 날에 바람까지 가세하면 그런 폭탄은 폭풍처럼 불길을 일으켜 도시 전체를 화염 속에 가두어 버릴 수 있다. 이 폭탄의 위력은, 조종사들이 보고하기를, 100마일 떨어진 곳에서도 보일 정도이며, 불길에 휩싸인 건물과 성냥처럼 불붙은 사람들의 냄새가 고공에서 날아다니는 비행기에까지 오를 정도였다. 나는 그런 폭탄을 해체하려다 양팔을 다 잃은 아이를 안다. 제2차 세계대전 때는 유명한 혼합 폭탄이 있었다. 종류가 다른 소이탄들로 구성된 이 폭탄은 지붕에 불을 붙일 때 쓰였고, 지하실까지 침투할 수 있는 더 큰 폭탄도 있었으며, 가장 큰 폭탄들은 창문과 문을 날려 버리고 길에 분화구 같은 큰 구덩이를 만들어 소방차가 접근하지 못하게 했다. 단테나 조녀선 에드워즈가 그리는 무시무시한 지옥도는 폭격을 수행하고 목격한 폭격기 조종사들의 증언에 비하면 아무것도 아니다.

  비행기 엔진 소리, 시뻘건 하늘, 귀를 먹먹하게 하는 폭음만 무서운 게 아니다. 더 무서운 건 누구를 말살하고 누구를 살려 둘지 결정할 권리를 자임하는 자들의 권력이다. 어쩔 수 없다, 라는 것이 그들의 변명이다. 그들의 말이 맞다면, 나는 그렇다는 확신이 없지만, 무엇보다도 더 끔찍한 노릇이다. 역사서들이 뭐라고 하든 폭격은 집단의 죄를 전제로 한 집단 처벌의 일종이다. 저명한 공군력 이론가들은 그 사실을 한번도 숨긴 적이 없다. 이들은 전쟁에서 군인과 민간인의 구별이 있을 수 없다고 주장한다. 정치 지도자들이 수백만 명을 학살하거나 죽을 때까지 노동에 처하라는 명령을 내렸고 많은 시민들이 그 명령을 실행에 옮긴 독일과 같은 나라에 한해 말한다면, 안됐다는 마음이 들기가 힘들다. 그들에게 가해진 화재폭풍은, 비록 군사적으로나 정치적으로 설득력을 별로 갖추지 못했더라도(이제는 증거 서류를 통해 어지간히 명백해진 사실이다) 공정한 벌이었다는 생각이 보편적이다. 이해하고도 남을 감정이다. 나도 독일인들을 증오하며 자라났다.

　하지만 문제의 핵심을 제기하자면, 인구가 조밀한 민간인 거주 지역에 대한 폭격이 정말로 정당화될 수 있을까? 적국이라면 여자와 어린이라도 죄가 없지 않다는 주장을 펼 수 있을까? 비전투원의 죽음은 그야말로 별로 대수롭지 않은가? 이에 대한 대답은, 지난 세기에 행해진 길고 잔인한 폭격의 역사로 미루어 보면 '그렇다'이다. 무고한 사람들을 죽이는 것은 필요악으로 여겨진다. 이에 나는, 폭격을 당한 사람들에게 그것은 파괴를 위한 파괴로 느껴진다, 라고 하겠는데 이는 내 경험에 비추어 하는 말이다. 폭탄은 보호가 잘된 지하 벙커에서 와인을 곁들인 정찬을 즐기는 지도자들에게까지는 해를 끼치지 않는다. 그래서 결국 그들의 범죄에 대한 대가를 치르는 이들은 언제나 무고한 시민들이다.

　"그런 파괴의 자연사를 쓰려면 어떻게 시작해야 할까?" 하고 제발트는 묻는다. 건물과 나무, 주민, 애완동물, 가구와 시설물 등을 갖춘 도시 전체가 파괴되는 상황이 무엇을 뜻하는지 깊이 생각해 보라는 것이 제발트의 주문이다. 사람의 유해가 사방에 뒹굴고 파리떼가 들끓고 마루 바닥과 지하실 계단은 손가락 굵기의 미끌미끌한 구더기가 깔려 있으며, 쥐와 파리가 도시를 지배하는 상황. 몇 안 되는 목격자들의 증언 내용은 소름끼친다. 돌무더기 가운데서 주민들은 아무 일도 없었던 것처럼 일상생활을 이어가려 노력한다. 이 책에는 사막 같은 폐허에서 홀로 서 있는 집의 유리창을 닦고 있는 여자도 있다. 생존자들이 당시에 대해 이야기하기를 어려워할 만도 하다. 제발트의 부모는 그럴 마음이 없었다. 그는 자라나면서 자신이 모르게 숨겨진 무언가가 있다는 느낌을 받았는데, 집에서도 학교에서도 그랬으며, 자기 자신의 삶의 배경에서 일어난 가공할 사건들에 대한 정보를 더 찾아내려고 읽었던 독일 작가들에게서도 그렇게 느꼈다고 말한다.

  독일인만이 자신들이 사는 도시에 일어난 일에 침묵한 것은 아니다. 히로시마에 원자폭탄이 투하된 지 20년이 흘렀을 때도 대부분의 생존자들은 그날 있었던 일에 대해 입을 열지 못했다. 베오그라드가 많은 공습을 당하는 동안 지하실에서 내 곁에 누워 있던 어머니도 그때의 일에 대해서는 말을 안 하려 했다. 제발트는 언어로 전달할 수 있는 영역의 경계에 존재하는 개인의 기억, 집단의 기억, 문화적 기억이 경험을 어떻게 다루는지 늘 관심을 기울여 왔다. 폭격은 그런 한 부분이지만 인류가 맞서야 했던 상황에는 더 끔찍한 것도 있다. 내가 보기에 『공중전과 문학』 가운데 가장 훌륭한 에세이에서 제발트는 게슈타포에게 고문당한 장 아메리의 경험담을 인용한다.

> 벙커에는 반구형 천장에서 아래로 늘어뜨린 쇠사슬이 있었는데 위에서는 롤러에 감기게 걸려 있었다. 쇠사슬 아래쪽 끝에는 둥그렇고 무거운 쇠갈고리가 달려 있었다. 나는 이 기구 쪽으로 끌려 갔다. 그들은 내 양손을 등뒤로 돌려 채운 쇠고랑에 쇠갈고리를 맞물렸다. 그러자 나는 바닥에서 발이 1미터쯤 떨어지게 위로 당겨졌다. 이런 자세로는, 아니, 양손이 등뒤로 묶인 채 이런 식으로 매달리면 잠깐 동안은 근력으로 약간 비스듬히 원래 자세를 유지할 수 있다. 금세 극도의 힘을 소비하고, 금세 이마와 입가에 땀방울이 맺히고, 숨을 헐떡이는 몇 분 동안은 그들의 질문에 대답을 안 하려 한다. 공범은? 주소는? 접선 장소는? 그런 소리는 거의 들리

지 않는다. 이제까지 살아 온 삶 전체가 몸의 단 한 곳, 어깨관절의 제한된 부위에 집중되고, 그 부위는 반응하지 않는다. 기운을 소진하느라 완전히 지쳐 버린다. 하지만 이 상태는 오래 지속될 수 없다. 강인한 체격의 소유자라도 마찬가지다. 내 경우, 약간 빨리 단념해야 했다. 그러자 어깨가 갈라지고 찢어졌으며 내 몸은 지금 이 순간까지도 그것을 잊지 않았다. 팔뼈의 골두가 어깨의 관절오목에서 튀어나왔다. 나 자신의 하중에 탈구된 것이다. 나는 허공 속으로 추락했다. 두 팔은 탈구되어 찢어져 위로 높이 쳐들리고 몸은 서로 비틀린 팔에 매달려 있었다. Torture(고문)의 라틴어 어원 torquerre는 비튼다는 뜻이다. 이 얼마나 기막힌 시각적 어원인가!

제발트는 동정과 자기연민을 불허하는, 이 벨기에 레지스탕스 투사의 거리두기와 절제된 표현에 감탄한다. 제발트의 말대로 이 "묘하게 객관적인 글"의 끝을 맺는 반어적 표현을 보면, 그제서야 장 아메리의 평정심이 한계점에 도달했음이 분명하다. 아메리는 이어서, 그 경험이 정말로 어땠는지 전달하려면 스스로 고통을 가하고, 그럼으로써 직접 고문자가 되지 않을 수 없으리라고 말한다. 그런 상황에 처한 사람에게 드는 극도의 무력감, 깊은 동정심, 불의의 희생자와의 연대감은 이 두 작가 모두에게 되풀이되는 주제다. 제발트는 피난민들이 폭격을 피해 오버바이에른의 기차역으로 밀려들어 가는 광경을 말해 주는 프리드리히 레크라는 사람의 일기를 인용한다. 그 와중에 판지로 만든 가방이 "박살이 나 그 안에서 소지품이 튀어나왔다. 장난감, 손톱깎기 세트, 불에 그슬린 빨래, 그리고 마지막으로 불에 타 미라처럼 쪼그라든 어린아이 시체가 나왔다. 반쯤 정신나간 여자가 그 시신을 며칠 전만 해도 온전했던 과거의 성유물로 챙겨왔던 것이다."[7]

그런 구절을 읽으면서 나는, 너무 벅차, 라고 혼잣말을 한다. 제발트가 우려하는 것은, 생각이 있는 사람이라면 누구나 그래야 하듯이, 인류가 근래에 얻은 전면적 파괴 능력이다. 악에는 악으로 싸우는 것은 어떤 경우에도 도덕적으로 정당한가? 소위 정밀폭탄이나 소형 핵무기로 단죄할 곳만 목표로 삼으면 무고한 희생자를 내지 않을 것이라고 우리의 열렬한 전쟁광이나 전략가가 거의 매일같이 떠들어대도 그런 상황에 대한 우려는 가시지 않는다. 예를

---

[7] 『공중전과 문학』 46쪽.

들어 CBS 보도에 따르면 이라크전 관련 미 국방부의 최근 전쟁 계획은 첫날에 400개의 크루즈미사일을 발사한다는 것이다. 이 정도만 해도 걸프전 40일 동안에 쓴 양을 초과하는데, 이튿날에도 같은 양의 미사일을 발사할 것이라고 하며, 아마도 그다음날도 마찬가지일 것이다.

이 전쟁 계획은 미국 국방대학교에서 개발한 개념에 기초한다. "충격과 공포"가 바로 그것인데, 적의 군사력에 대한 물리적 파괴보다는 적의 전투 의지에 대한 심리적 파괴에 집중한다는 개념이다. "포기하라는 겁니다. 참전하지 말라는 것이죠." 대량의 정밀유도탄에 의존하는 개념, 충격과 공포의 입안자 중 한 명인 할란 울먼의 말이다. "그러면 동시 효과를 보게 됩니다. 히로시마 원폭의 효과 같다고나 할까요. 몇 날 몇 주고 계속되는 전쟁이 아니라 단 몇 분이면 끝나는 겁니다." 첫 번째 걸프전에 투입된 폭탄의 10퍼센트는 정밀유도탄이었다. 이다음 전쟁에서는 80퍼센트가 정밀유도탄일 것이다.

나는 의구심을 가지고 있다. 제발트도 마찬가지였으리라 생각된다. 그렇게 많은 지력과 자본, 노동력이 파괴를 설계하는 일에 투입하다 보면 앞으로 언젠가는 반드시 어떤 의도치 않은 학살을 할 핑계가 생길 것이다. 그랬을 때 살아남는 사람들은 또다시 같은 문제에 직면할 것이다. 말로 다 할 수 없는 것을 어떻게 말하고, 무의미한 것에서 어떻게 의미를 찾을까 하는 문제를 말이다.

경계를 넘다
………………………………
아서 루보

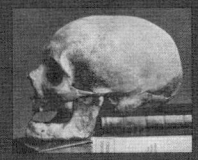

살아도 죽은 것 같은 느낌이 든다면,
그 반대의 경우도 있을 수 있죠.

아서 루보 Arthur Lubow
《뉴욕타임스 매거진》의 고정 기고가로 문화를 주제로 한 글을 쓴다. 미국 종군기자 리처드 하딩 데이비스의 전기를 썼다.

미국의 문예 전문 계간지 《스리페니 리뷰》 2002년 봄 호에 게재된 〈W. G. 제발트 심포지엄〉의 글이다.

제2차 세계대전 후 식량이 부족했던 시절, 바이에른의 한 마을에서 사는 W. G. 제발트라는 어린아이는 장난감을 직접 만들어 가지고 놀았다. "장난감이 없는 농가에서 자라나면 주변에서 발견하는 것들로 일종의 브리콜라주를 하며 놀죠." 그가 내게 말했다. "노끈 몇 개, 나무토막 몇 개. 그런 걸로 별의별 걸 다 만들었어요. 가령 의자 다리에 끈을 걸고 거미줄을 만들어 거미처럼 그 위에 앉는다든가 하는 놀이를 하는 겁니다." 우리는 그의 책과 관련하여 특유의 창작 방식에 대해 이야기를 나누고 있었다. 그는 평생 "서로 관련이 없어 보이는 조각들을 연결"하고픈 욕구에 사로잡혔다고 말했다.

나는 영국 노리치로 제발트를 만나러 갔다. 때는 8월, 그의 마지막 소설이 된 『아우스터리츠』의 출간을 몇 주 앞두고 《뉴욕타임스 매거진》에 그를 소개하는 글을 쓰기 위해서였다. 9.11 사태와 아프간전쟁이 일어나는 바람에 기사는 12월에야 실렸고, 게다가 줄어든 분량으로 일간지에 나갔다. 기사가 나고 사흘 뒤, 제발트는 사고로 사망했다. 이 소식을 처음 들었을 때의 충격이 가라앉았을 즈음 나는 우리가 가진 대화들을 전혀 새로운 시각에서 연결시키며 다시 생각해 보았다. 죽기에 매력적인 방법에 관한 농담,

출간 준비 중인 책에 대한 설명, 은퇴 후의 계획에 대한 망설임. 이 모든 말에 의도하지 않은 아이러니와 달갑지 않은 통렬함이 입혀졌다. 나는 이렇게 새로 추가된 연상이 도움이 되는지, 아니면 그저 주의를 산만하게 하는 것인지 갈피를 잡지 못했다.

제발트가 사망하기 전 그에 관한 글을 쓸 당시 나는 그가 어떤 책을 쓰고 있었는가에 대해 지면을 많이 할애할 필요는 없다고 생각했다. 그런데 이제 다음 작품이 나오지 못하게 되자 그와 만났을 때 받아 적은 메모에 (건축가의 실현되지 않은 낙서처럼) 무언가 새로운 가치를 띠는 게 있지 않을까 생각하기에 이르렀다. 그가 계획한 미래는? 2년만 더 있으면 이스트앵글리아 대학교 문학부 교수직에서 만기가 꽉 찬 연금을 받고 은퇴할 터였다. 나는 전위감(轉位感)에 관해 제발트가 매우 감동적인 글을 썼기 때문에 그의 마음을 편하게 해준 곳이 있느냐고 물었다. 그 화제를 따라가다 제발트는 말년을 어떻게 보낼 것인가를 놓고 생각에 잠겼다. 난폭하게 마감된 그 꿈들은 전혀 상관이 없어진 걸까 아니면 더 중요해진 걸까?

나는 제발트를 생각하다 제발트식 논리에 빠졌다. 그러자 죽은 자와 산 자의 경계, 계획한 것과 성취한 것의 경계, 기억에 있는 것과 실재하는 것의 경계가 임의적으로 보이게 되었다. 우리가 나눈 한 대화에서 그는 전통적인 코르시카의 가족은 중요한 결정을 내릴 때 조상의 사진을 앞에 놓고 조언을 구하는 관습이 있다면서 그것을 좋게 생각하는 듯이 말했다. "죽은 자와 산 자의 경계 영역은 용접 밀폐된 곳이 아닙니다." 그가 말했다. "저승으로 여행을 가는 곳 즉 회색 지대 같은 영역이 있는 겁니다. 불행한 사람들이 특히 그러듯이, 살아도 죽은 것 같은 느낌이 든다면, 그 반대의 경우도 있을 수 있죠." 그의 차기작과 은퇴가 없게 된 사실은 그 말이 끌어당기는 힘에 별로 영향을 주지 않는다. 제발트의 작품을 읽노라면 낯설고 새로운 풍경을 탐험하는 흥분을 느낀다. 내가 그와 대화하며 모은 정보의 조각들은 그의 생각의 영토를 탐험하는 데 도움이 되는 도로 표식, 아니 적어도 여행 포스터로 쓰일 수 있을 것이다.

사람들은 제발트의 작품을 두고 '프루스티언'이라고 말하곤 한다. 애수를 자아내는 분위기와 나선형 같은 구문 때문에 그런 분류는 예측 가능하다. 뿐만 아니라 제발트와 프루스트는 독특한 구성 방식을 창출했다는 점에서도 비슷하다. 발터 벤야민이 프루스트에 대해 "모든 위대한 문학 작품은 그 자체가 한 장르를 주조하거나 용해한다"라고

한 말은 제발트의 작품에 대한 평가로도 적절할 것이다. 그렇긴 해도 이들의 경우, 유사점보다는 차이점을 살펴보는 편이 더 유익하다. 무언가를 가리켜 프루스티언이라고 한다면 대개는 프루스트가 무의식적 기억에 사로잡혔던 점, 감각의 연상 작용이 과거를 불러내는 방식과 관련해서 하는 말이다. 하지만 이 프랑스 작가는 기대감이 주는 기쁨과 고통에 엄청난 공을 들였다. (그를 실망시키는 것은 지금 이 순간이다.) 제발트는 기질이 그래서인지 그가 생각하기에 재난의 암운이 짙게 드리운 미래를 외면하고 싶어했다. 그리고 그가 축적한 기억은 바람에 무더기로 떨어진 과실이 아니라 강바닥을 훑고 땅을 파는 근면함으로 수집한 것이다. 1944년 독일에서 태어나 스스로 기억상실을 유도한 사회에서 자라난 제발트는 기억하는 일을 도덕적이고 정치적인 행위로 여겼다. 그는 세 살 때인 1947년에 부모를 따라 처음으로 뮌헨에 갔던 경험을 내게 말해 주었다. 전쟁의 참화는 바이에른 알프스산 기슭에 있는 그들의 마을을 피해 갔지만 뮌헨은 연합군의 폭격으로 완전히 파괴되었다. "피해를 입지 않은 건물이 조금 있더라도 그 주위에는 온통 무너진 건물들의 돌더미가 쌓여 있었죠." 제발트는 그때를 회상했다. "그런데 사람들은 그걸 보고도 아무런 말을 하지 않았어요." 그도 건물의 파편을 보고 질문할 생각을 못했을 것이다. 그랬더라도 그의 부모는 대답을 회피했을 것이다. "도시란 원래 그런 건가 했죠. 그냥 산더미 같은 돌무더기 속에 집이 있는 거죠." 군에서 승진하여 장교가 된 제발트의 아버지는 그가 겪은 전쟁에 대해 한마디도 하지 않았다. 그때 나는 제발트의 어머니 연세가 80대 후반이니 더 이상 전쟁 때의 일들을 기억하지 못하시는지 무심코 물었다. 그러자 제발트는 얼른 부모의 세대 전체를 가리켜 "그들이 원하면 기억할 수 있겠죠"라고 대답했다.

  제발트는 사진과 일기, 전쟁 관련 기록 등 자료들을 조사하면서 모든 것을 흡수하기 시작했다. (그는 『이민자들』에서 우리는 사진을 보다 보면 "죽은 자들이 다시 돌아오는 것 같기도 했고, 우리가 그들 속으로 섞여 들어가는 것 같기도" 한다고 썼다.) 그는 주의를 기울일 사물을 직관적으로 선택했다. 직업적 역사가들과는 달리 그는 조사 계획을 가지고 도서관에 가기보다는 어느 한곳을 충동적으로 뒤진 다음, 다음 장소로 이동하는 식이었다. "저는 뮌헨 전쟁기록 보관소에서 2년이고 얼마고 앉아 있을 여유가 없어요." 그가 내게 말했다. "그냥 1주나 2주 동안 드나들며

경계를 넘다

너무 늦기 전에 나와야 하는 사람처럼 필요한 걸 수집합니다. 불난 집에서 가지고 나올 물건을 챙기는 사람처럼 닥치는 대로 손에 넣는 셈이죠." 제발트는 고물상에서는 엽서를, 기록 보관소에서는 지도를, 비망록에서는 글귀를 수집해 모았다. 잡지에서는 사진을 스크랩하거나 소형 캐논 사진기로 직접 찍었다. 처음엔 이 이미지들의 용도가 조사 도구나 영감을 얻는 장치였으나 그는 나중에 이것들을 책 속에 집어넣기로 했다. 이와 관련하여 그는 이렇게 말했다. "그건 아무것도 없는 백지 상태에서 출발하지 않는다는 걸 명백히 밝혀 두는 한 방법입니다. 출처도 있고 자료도 있다는 것이죠. 펜 끝에서 저절로 줄줄 흘러나온 듯이 보이는 무언가를 쓰려면 자료의 출처를 숨겨야 합니다."

또한 은연중에 사진은 글을 허구가 아니라 실화로 생각되게끔 만든다. 디지털 시대 이전에도 사진은 조작될 수 있었다는 사실이 널리 알려져 있어도 그렇다. 『이민자들』에서 한 등장인물은 나치 신문에 실린 1933년 뷔르츠부르크 분서(焚書) 사진이 가짜라고 말한다.[1] 모닥불을 피운 때는 밤이었기 때문에 사진이 제대로 찍히지 않았다. 그래서 그들은 낮에 찍은 다른 군중 사진을 가지고 연기 기둥

---
1 『이민자들』232쪽.

과 밤하늘이 있는 것처럼 조작했다. 서술자는 그의 말을 의심하고 해당 사진을 직접 찾아 그게 변조된 사진임을 확인했다. 이 부분에 이르러 제발트는 그 이미지를 넣어 두었다. "그 사진을 가지고 있었죠." 그가 설명해 주었다. "그래서 바로 이 부분[2]에 일종의 공표를 해야겠다고 생각하고 의식적인 선택을 한 겁니다. 그보다 더 명시적일 수는 없을 거예요. 그건 산업 전체에 패러다임으로 작용합니다. 실재하는 그대로라곤 하지만 전혀 그렇지 않은 사진 이미지를 만드는 공정은 우리의 자기상(自己像), 서로에 대한 인식, 아름다운 것이란 무엇인가에 대한 관념, 무엇이 지속되고 안 그런지에 대한 관념에 변형을 불러왔습니다." 제발트에게는 진실을 밝히는 일의 중요성과 어려움을 판단하는 기준으로 나치가 문자언어를 파괴하고 이를 조작한 문서만한 것이 없었다.

   제발트는 다른 주제들 가운데 특히 자신의 가계(家系)를 파헤칠 책을 쓰기 위해 조사를 하던 시기에 사망했다. "그들은 모두 하층 계급 출신이어서 많은 경우에 정확한 생년월일이나 주거지도 없었습니다." 그가 내게 말했다. "이 불확실성은 두 세대 전에 시작되었죠." 그의 먼 조상은

---

[2] 『이민자들』 233쪽.

바이에른과 보헤미아의 경계에 있는 산림 지방에서 살았다. 그들은 17세기부터 유리 제조업에 종사했었는데, 그렇기 때문에 제발트는 그들의 노동 생활이 어땠는지 꽤 자신 있게 추측할 수 있었다. 하지만 이에 대해서도 전적으로 확신하지는 않았다. 사금파리 조각 두어 개로 도자기를 재구성하는 고고학자처럼 그는 스스로 평하기를 "극히 빈약하고 신뢰할 수 없다"는 방식으로 작업했다. 『토성의 고리』에서 그는 문인을 직조공에 비한다. 복잡한 문양에 엉뚱한 실을 짜 넣었는지도 모른다는 걱정에서 한시도 헤어나지 못하는 우울증 환자. 그가 차기작[3]을 위해 조사하던 '실타래' 중 하나는 단명한 바이에른 평의회 공화국의 적군파(赤軍派) 지휘관과 관련된 것이다. 오늘날 뮌헨의 화려한 막시밀리안 가(街)에 있는 에르메스 부티크 자리에서 1919년에 처형당한 이 지휘관은 제발트의 외가와 성이 같다. 제발트는 친족 연계성을 밝히지 못했지만 적어도 우연의 일치로 보였던 그 점에 주목했다.

  제발트는 조사를 하는 과정에서 어떤 경우에는 신뢰할 수 없는 자료가 범람해서 '그림'이 흐려진 때도 있다고 했

---

[3] 2000년 초반, 제발트는 이와 관련하여 NESTA(영국과학기술예술기금)에 보조금을 신청했다.

다. 이 차기작을 위해 그는 1905년부터 1950년대에 이르는 23권 분량의 일기를 독파하고 있었다(권당 200페이지인 데다 보라색 잉크로 아주 작게 쓴 일기장이었다). 일기장은 제발트의 친구의 할아버지 것으로, 마리라는 이름의 그 프랑스인 친구는 그와 나이가 같고 피카르디에서 성장했다. 이 일기를 쓴 그녀의 할아버지는 제분업자였다. "말하자면 그 집안의 대소사를 기록하는 서기였음이 분명합니다. 기억의 임무를 맡은 사람인 셈이죠. 한데 반드시 정확하게 기록하지는 않았습니다." 제발트가 말했다. "그는 메모를 했지만 늘 즉석에서 쓴 건 아니고, 일을 안 하는 밤이나 토요일을 이용했죠." 같은 일을 두고도 친척들의 말이 서로 달랐다. "그래서 전하는 이야기들이 다양했는데, 그 이야기 하나하나가 전부 동등한 권리와 지위를 가지죠." 물론 어떤 부분들은 큰 차이가 있다. "증거가 부족하다고 말하는 것도 한두 번이지, 책장을 넘길 때마다 그럴 수는 없습니다. 그러면 따분한 책이 돼요. 그래서 차용을 하는 겁니다. 진실을 쓰려고 노력하면서 진실에 물을 타는 거죠. 거기엔 글자 그대로의 진실에 도달하려 하는 허식이 없는 겁니다. 이 결함을 인정할 때 삼는 유일한 위안은 지고의 진실에 도달하려고 노력하고 있다는 겁니다."

마리의 가족은 프랑스에서 독일인과 관련하여 직접적으로 불행한 일을 겪었다. 그녀의 할아버지는 생캉탱 인근 마을에서 살았는데, 그곳은 제1차 세계대전이 막바지에 이르렀을 때 독일군의 방어선이었다. 제2차 세계대전 때는 그녀의 아버지가 레지스탕스로 활동하다 나치에게 살해당했다. "그때 마리의 아버지 나이가 스물둘인가 셋이었어요. 총으로 쏴 죽이고 눈알을 도려냈더군요." 제발트가 말했다. 마리는 몇 달 뒤에 태어났다. 제발트는 가톨릭 신부가 처형당한 장소였던 근엄한 석조 건물을 찍은 사진을 내게 보여 주었다. "사진이 없이는 얻을 수 없는 가치 있는 것이 있습니다." 그가 말했다. "사진이 반드시 책에 들어가지는 않더라도 글을 쓰는 과정에 필요하다는 겁니다. 사진을 충분히 한참 들여다보면 드러나는 것들이 있죠."

그는 독일군 사령부가 1918년에 쓰던 지형도 하나를 내게 보여 주었다. "이걸 보면 참호의 밀집 상태를 알 수 있습니다. 그게 얼마나 불합리했는지…… 조직적이면서도 극히 비상식적이었던 집단적 노력은 이 전쟁의 특징이기도 하죠. 저는 앞으로도 이해하지 못할 테지만 그 집단적 노력에는 경탄해 마지않습니다." 제발트는 뮌헨에 갈 때면 반나절만이라도 전쟁기록보관소를 방문해서 몇 십 년 동안 아무도 손대지 않은 자료들을 수십 권씩 신청해 본다. 그곳에 처음 갔을 때 신청한 파일들이 카트에 실려 나온 경험을 이렇게 회상했다. "무게를 머릿속으로 상상했지만 막상 그걸 들어보니 간신히 들겠더군요. 그런 데서는 우리가 일반적으로 쓰는 것보다 더 무게가 나가는 종이를 쓰나 봐요. 아니면 먼지가 쌓이고 종이에 스며들다 돌처럼 굳어서 그런 걸까요. 상상력이 좀 있으면 그런 것에 의문을 품지 않을 수 없죠. 역사학자들에게는 이런 질문들을 하는 게 허용되지 않습니다. 형이상학적인 질문이니까요. 그런데 제 관심을 끄는 걸 하나 꼽으라면, 그건 형이상학입니다." 그는 잠시 쉬었다 말을 이었다. "저는 답을 구하는 게 아닙니다. 그냥 '그래, 이건 정말 묘하군'이라고 말할 수 있길 바랄 뿐입니다."

현대 생활의 많은 부분은 제발트에게 혐오감을 주었다. 그는 독일을 떠나 스위스의 프랑스어권 지역으로 갔다가 다시 영국으로 간 주된 이유를 "사방에서 들리는 최신 독일어를 듣지 않으니 마음이 편해서"라고 했다. 고트프리트 켈러, 아달베르트 슈티프터, 하인리히 폰 클라이스트, 장 폴 리히터 등 그가 모델로 삼은 작가들은 19세기 독일어로 글을 썼다. "요즈음 언어는 대개 흉물스러운데, 독일어의 경우는 특히 역겹습니다." 그는 '휴대전화(mobile phone)' 가 독일어로 뭔지 아느냐고 내게 물었다. 그리고 경악하는 얼굴로 "핸디(handi)랍니다"라고 했다.

제발트는 팩스기도 자동응답 전화기도 없다. 이스트앵 글리아 대학교 교수들 가운데 제발트만 연구실에 컴퓨터가 없었다. 학교 측에서 새 컴퓨터를 들여놓을 때도 그는 그걸 거절하고, 차라리 그 돈을 학생 보조금에 쓸 것을 권했다. ("그래서 보조금으로 갔나요?" 내가 묻자 그는 어깨를 으쓱하고 대답했다. "그럴 리가요.") 자신도 물론 포함한 인간의 기벽을 재미있게 생각하는 제발트는 그런 반동적 태도에 우스운 무언가가 있다는 것을 알고 있었다. "라디오나 자동차는 좋다고 생각해요." 그가 선언하듯 말했다. "그래도 기술의 이기(利器)들이 별로 고맙지 않습니다." 그는 현대 사회의 저속한 물질문화가 자신의 삶에 침입하는 것을 소극적이나마 완강히 물리쳤다. "이런 문제와 관련해서 어김없이 나오는, 거부하기 힘든 논쟁이 있죠." 그가 말했다. "가령 부모가 딸아이한테 '제 고물차를 몰고 가다 셋퍼드 숲 한복판에서 고장이 나면 어떡해요? 저도 휴대전화기가 있어야 하지 않겠어요?'라는 질문을 받는 경우죠. 악마는 영업사원의 모습을 하고 옵니다. 언제나 그런 법이죠."

건물의 규모, 가속화된 생활 속도, 크게 확대된 선택 범위 등 현대의 거대화 경향에 제발트는 일종의 현기증을 느낀다. 자신이 살던 시대에 마음이 불편했던 그는 다른 곳에서 외국인으로 지내는 편이 그나마 가장 편했는지 모른다. "여기도 결코 마음이 편하지 않아요." 그가 노리치를 두고 한 말이다. 그는 이곳에서 30년을 살았다. 억양과 고향의 풍경과 이력이 자신의 반영 같은 사람들의 사연에 언제나 마음이 이끌렸던 제발트는 어머니를 보러 자신이 자라난 마을에 갈 때마다 "예나 지금이나 늘 변함없이 같은 틀에 갇혀" 사는 "고약한 거리의 모든 사람들에게" 어김없이 혐오감을 느꼈다. 그가 좋아하는 주제는 틀에서 축출된 독일인들이었다. 이들은 대개 나치 독일을 떠날 수밖에 없었던 유대인이었다. 제발트는 유대교나 유대인 자체에 관심이 있는 건 아니라고 설득력 있게 역설했다. "저는 어떤 친유대인적인 이유로 그들에게 관심을 갖는 게 아닙니다. 그들이 독일에서 말살된 사회사의 한 부분이기 때문에 그런 겁니다. 무슨 일이 있었던 건지 알고 싶었던 거죠." 그는 전반적으로 난민을 이해하고 공감을 느꼈으며, 추방된 작가들에 대해서는 특히 그랬다. "샤토브리앙의 회고록에서 브르타뉴에서 보낸 어린 시절을 읽으면 굉장히 감동적입니다. 주변 사람들에 대해서보다 저는 그에게 더 가까울지 모를 친밀감이 느껴집니다." 소수의 사람과 장소만 알기를 바라는 그의 마음은 아마 극심한 전위감(轉位感)에서 비롯하는 것이리라. 그는 현대의 난잡한 여행을 비웃었다. "현대 생활이 정말 끔찍한 건 바로 그런 점과도 관련이 있습니다. 결코 같은 곳을 다시 찾지 않죠. 한 해는 인도에 가고 다음 해엔 페루에 가고, 그다음엔 그린랜드에 가고. 이제는 세계 어디든 갈 수 있으니까요. 저는 죽을 때 '나는 세계 곳곳을 거의 다 가 봤다'라고 하기보다는 대여섯 군데쯤 제게 무언가 의미가 있는 곳이 있기를 바랍니다. 처음 한 번 방문으로는 별로 보이는 게 없습니다."

어느 한 곳이라도 편한 곳이 있다면 어디냐고 물었더니 그는 한 곳을 생각해 냈는데, 우연찮게 문학적 내력이 있는 스위스 비엔호수에 있는 생피에르섬이다. 1765년 루소가 얼마 동안 피신해 있던 곳으로 유명하다. "그곳은 아주 작은 세상이라 묘하게 마음이 편합니다. 장원 영주의 저택 한 채, 농가 하나. 포도원, 감자밭, 밀밭, 체리나무, 과수원. 모든 게 하나씩만 있어요. 어찌 보면 노아의 방주 같죠. 어린아이가 그린 그림 속 마을 같기도 하고요. 건축물이든 진화적 도약이든 뭐든 저는 대규모인 걸 좋아하지 않습니다. 그건 일탈이라고 생각해요. 무언가 작고 자족적인 어떤 것에 대한 관념은 제게는 심미적이고 도덕적인 이상입니다." 젭발트가 은퇴 장소로 현실적이지는 않지만 제발트는, 아마도 스위스일 텐데, 어느 프랑스어권 지역에서 말년을 보낼지 모른다고 생각했다. "저 같은 사람에게는 항상 양면이 있습니다. '그래, 그냥 프랑스 북부의 가장 불쾌한 지역으로 이사를 가자. 생캉탱이나 콩브레에 거처를 정해 세 들어 살면서 견뎌 내나 한번 보자'라는 마음이 있죠. 물론 다른 한 면은 스위스의 뇌샤텔 근처로 갈 생각을 합니다. 하지만 저는 계획을 세워 봤자 헛수고란 걸 알아요. 계획을 따르는 적이 없거든요. 별자리에 달린 문제일 겁니다."

제발트는 학자로 밥벌이를 했지만 학문의 길에서 벗어남으로써 명성을 얻었다. 관행에서 벗어난 그의 첫 번째 책 『자연을 따라. 기초시』는 입체파 화가의 자화상과 닮은 산문시다. 이 책에서 그는 자신의 고향 마을에서 멀지 않은 뷔르츠부르크 출신의 16세기 화가 마티아스 그뤼네발트와 젊은 식물학자 게오르크 빌헬름 슈텔러에 관해 이야기한다. 슈텔러는 독일 남부 출신일 뿐 아니라 이름의 머리글자가 제발트와 같다. 제발트는 내게 이 책은 "전후 독일의 남부에서 자라난 과정을 그리는 그럴듯한 전기적 이야기"로 끝난다고 말했다.

그는 거듭거듭 독일 남부에 뿌리가 있거나 그곳과 관련이 있는 인물들을 등장시킨다. 많은 군소 작가들처럼 그도 처음엔 주로 자신에게 관심이 있었다. 그런데 이 유아론(唯我論)적인 부분을 벌충해 준 것은 그 자아가 본질적으로 비범하고 포용력이 크다는 점이었다. 그가 고안한 글쓰기 형식(그답지 않은 무뚝뚝한 말투로 "산문픽션"이라고 했다)은 하나의 숙고 또는 묵상이며 모든 등장인물들과 서술자는 슬프고 우울한 분위기를 느끼게 한다는 공통점을 갖고 있다. 제발트가 『아우스터리츠』에서 한 남자가 부모를 찾는 모험을 서술의 동력으로 삼아 전통적 소설 구성에 더 근접하고자 할 때, 우리는 관습에 사로잡히지 않은 저자의 생각이 관습의 벽에 부딪치며 삐걱이는 것을 느낄 수 있다. 제발트가 새로 쓰려고 한 책은 초기작들처럼 자유롭고 음악적인 구성으로 돌아갈 것 같았다. 구식 소설이 현대에는 제대로 기능할 수 없다고 역설한 그로서는 당연한 귀결이었을 듯하다. "표준 소설은 무언가 너무 부자연스러운 경우가 많죠. 그런 소설은 도중에 비틀거리기도 합니다. 플롯을 진행시키기 위해 대화를 써야 했던 번거로운 일은 18세기나 19세기 소설에는 괜찮았지만 오늘날엔 좀 짜증나게 합니다. 이런 경우 반드시 소설의 바퀴가 힘들게 돌며 삐걱이는 걸 봅니다. 서술자가 누구인지 알 수 없는 경우가 상당히 많은데, 이건 받아들이기 어렵습니다. 소설의 이야기는 누군가의 머리를 통해 나오죠. 독자로서 저는 그게 누구인지 또 어떤 자격이 있는가 하는 요소를 알 권리가 있다고 생각합니다. 과학 분야에서는 오래전부터 알려져 있는 사실인데요, 시계(視界)는 관찰자에 따라 바뀝니다. 따라서 그런 요소는 소설 방정식의 일부여야 한다고 생각합니다." 그는 서술자를 "실재하는 사람"과 혼동해서는 물론 안 된다고 주의를 주었다. 다시 말해서 제발트의 소설에서 서술자를 제발트 본인으로 착각해서는 안 된다.

그가 그렇게 부인하더라도 제발트의 작품을 읽는 기쁨은 그의 머릿속에 있는 기묘한 보물의 집에 들어가는 즐거움이다. "저는 저를 작가로 보지 않습니다. 그보다는 성냥개비로 에펠탑 모형을 쌓는 사람이랄까요. 헌신적인 일이죠. 강박적이고요." 그의 작품은 놀랍고 변칙적으로 정리된 표본들로 가득한 무슨 18세기의 골동품 보관실 같다. 그의 트레이드마크가 된 흐릿한 흑백사진들이 쓰이지 않앉더라도 그의 작품은 일기나 비망록 같을 것이다. 그의 소설들은 등장인물들이 모두 서술자인 것처럼 보이는데, 왜 그러냐는 내 물음에 제발트는 "그 모든 게 서술(이야기)하는 인물을 통해 전해지기 때문이죠. 그가 기억하는 대로 전하는 건데요, 그러니까 그게 서술자가 맡은 배역입니다." 토마스 베른하르트가 독백극의 등장인물에게 출처를 네 단계쯤 거쳐 말하게 하는데 제발트는 바로 그 기법의 영향을 받았다고 했다. 그는 출처 없이 인용하는 시대 이전의 옛날 신문 기자들처럼 근원을 밝히는 것이 좋다고 생각했다. "그렇지 않으면 '그녀는 슬픈 표정으로 말했다'라거나 '후회하는 생각이 그녀의 마음을 스치면서'라는 식이 되는 거죠." 제발트는 한탄하듯 말했다. "서술자가 그걸 어떻게 알죠? 나로서는 의혹을 덮어 두기가 어려워요." 말하자면 그는 들은 것만 증거로 받아들이는 문학의 치안판사였다. 아니, 더 정확히 말하자면, 일단 누군가의 머릿속에서 진술을 비틀어 빼내고 나면 그것을 더 이상 평가할 수 없다고 생각했다.

직접 만나 본 제발트는 그의 우울한 서술자들과는 달리 재미있는 사람이었다. 운 좋게 그의 이야기를 들은 사람들은 그를 재치 있는 이야기꾼으로 칭찬한다. 물론 나도 서술자와 저자를 혼동해서는 안 된다는 걸 안다. 하지만 제발트와 이야기를 나누는 가운데 나는 그 경고가 다른 사람의 마음을 확신하는 것은 불가능하다는 생각에서 나온 추론의 하나일 뿐임을 상기했다. "누군가 상당히 우울한 글을 쓴다고 가정합시다. 그런데 만일 그 가운데 농담하는 내용이 있으면 사람들은 저자를 상품정보고시 위반으로 고발이라도 할 기세죠. 누가 알겠어요? 저자가 어두운 글로 드러내는 건 파티에서 농담을 말하는 사람보다 더 진실된 진리에 가까울지 모르잖아요." 그 자신의 우울증은 얼마간은 윗대로부터 물려받은 것이다. 그의 부친이나 조부는 병적으로 우울한 말년을 보냈다. 제발트에 따르면 현학적이고, 비굴하고, 검소한 독일인의 풍자화와 비슷했다는 부친은 독서와는 거리가 멀었다. "아버지가 책을 읽는 걸 딱 한 번 본 적이 있어요. 제 여동생이 크리스마스 선물로 드린 건데, 제목이 '지구의 종말'이었던가, 아무튼 환경 운동이 막 시작할 무렵이었죠. 아버지가 제목을 보고 깜짝 놀랐어요. 그 책에 온통 밑줄을 그어 가며 읽으시더군요, 물론 자를 대고요, '맞아, 맞아' 하면서."

제발트의 이야기는 인생을 바라보는 것과 같은 건조하고 쓸쓸한 시선으로 자주 죽음으로 향했다. 나는 출판사를 왜 바꿨냐고 지나가는 말처럼 물었다. 나는 금전이나 계약 문제, 에이전트와의 불화 같은 흔한 이야기가 나올 걸로 기대했다. 하지만 제발트는 그의 책을 내는 독일 출판사 사장의 불가사의한 자살 때문이라는 해명을 내놓았다. 그 사람은 S반(광역철도) 열차를 타고 프랑크푸르트 교외의 산에 가서 독주를 반 병 마신 뒤 웃옷을 벗고 눈 속에 드러누웠다. "체온 저하가 시작되면 느낌이 꽤 괜찮다는 것 같더군요." 제발트의 말에 나는 "익사처럼요"라고 응했다. 그러자 제발트는 고개를 끄덕하고 "익사도 꽤 괜찮죠"라고 덧붙였다.

그는 살아 있지 않은 이들에게 강한 흥미를 느끼게 된 유래를 외조부의 죽음에 두었다. 맥스(그는 스스로를 본명 대신 '맥스'로 불렀다)가 열두 살 때, 온화하고 말씨가 상냥한 외조부는 그의 하이킹 동료이자 막역한 친구였다. "저는 죽은 이들에게 지속적으로 흥미를 느꼈습니다. 정말 잃어선 안 될 사람을 잃은 순간 발단된 것이죠. 할아버지가 돌아가신 직후 피부병이 생겼는데, 몇 년 동안 낫지 않았어요." 죽음에 대한 그의 관심은 그때 시작된 걸까? 잠시 후, 제발트는 1933년부터 모아 둔 가족사진 앨범을 넘기면서 그의 아버지가 찍은 자동차 사고로 죽은 전우의 사진을 가리켜 보였다. 그는 드러누워 있다. 아무것도 못 보는 눈은 위를 응시하고 있다. 숨을 거둔 이 청년 주위에 꽃들이 놓여 있다. 맥스는 다섯 살 때 이 사진을 처음 보고 "바로 여기가 그 모든 것이 시작된 곳이라는 직감이 들었습니다. 엄청난 재난이었지만, 저는 그것에 대해 아무것도 몰랐죠." 그러니까 아마 사진과 죽음 모두에 대한 강한 흥미는 그 시체 사진에서 시작되었을지 모른다. 그런 다음 앨범을 넘겨 다른 사진을 보여 주었다. 종아리 중간쯤 오는 드레스 차림의 두 여자와 가죽 반바지에 로덴코트 차림의 남자가 바이에른식 기와지붕 농가 앞 보기 좋게 가꾼 꽃밭에 서 있는, 세세한 데까지 잘 나온 사진이었다. 제발트의 부모와 어떤 여자인데, 그녀의 남편이 찍은 것이었다. 1943년, 장소는 밤베르크 근처의 한 공원이었다. 여자들은 세련되고 명랑하고 유복해 보였다. 나치 독일의 표시가 된 현수막은 보이지 않았다. 전쟁 시기의 궁핍한 모습도 찾아볼 수 없었다. 줄무늬 죄수복을 입은 유대인도 물론 보이지 않았다. 이 사진만 보면 누구도 그곳에서 50킬로미터도 안 되는 거리에 나치당 집결의 본진 뉘른베르크—그 이듬해에 연합군의 폭격으로 황폐해질 그 중세의 도시—가 있다는 것도, 제발트의 아버지가 군복무 중 휴가를 나왔던 때라는 것도 짐작하지 못할 것이다. 그러나 나치 정권은 유령의 잔상처럼 이 사진에 어른거린다. 사진에 보이는 모든 것은, 당시 그의 어머니가 임신한 아기의 이름인 빈프리트 게오르크마저 정부의 인가를 받은 것이다. 이 아이는 훗날 자신을 맥스라고 부르기로 했다.

  산 자와 죽은 자에게 동등한 지위를 부여하던 제발트이니만큼, 어쨌든 그들은 그의 마음속에서 나란히 어깨를 맞부딪치고 있었으니까, 그는 아마도 지금 자신의 죽음을 차분히 바라보고 있으리라. 제발트는 다음 책을 쓰는 수고를 면했다. 여기에 있는 우리에게는 기대할 그 책이 없어져 불행한 일이며 이는 공제된 희망이다. 그가 자신의 흥미를 끈 어떤 실험에 관해 해 준 이야기가 생각난다. "물이 가득한 실린더에 쥐를 한 마리 넣었더니, 쥐가 1분쯤 헤엄을 치다가 그 안에서 빠져나올 수 없다는 것을 깨닫고는 심장마비로 죽더랍니다." 두 번째 쥐를 같은 실린더에 넣었는데, 이번엔 그 안에다 쥐가 타고 나올 수 있도록 사다리를 설치해 두었다. "그런 다음, 이 쥐를 사다리가 없는 다른 실린더에 넣었더니 지쳐서 죽을 때까지 계속 헤엄을 치더랍니다. 무언가가 사람들에게 주어집니다. 테네리페섬에서 휴가를 보내게 됐다든가, 좋은 사람을 만난다든가 하는.

그리고 그대로 삶을 이어갑니다. 그러는 게 희망 없는 일인데도요. 여기에 사람들이 알아야 할 모든 게 담겨 있습니다." 그는 낄낄 웃었다. 쓸쓸하게, 유쾌하게, 다정하게, 비통하게, 체념한 듯, 비관적으로, 과장되게, 뚱하게, 위로할 길 없이? 나는 무어라 말할 위치에 있지 않다.

W. G. 제발트

1943   7.24-8.3, 일명 '고모라 작전'으로 불리는 영국의 공습으로 함부르크가 파괴되고 약 40,000명이 사망했다. 8.28-29, 연합군의 뉘른베르크 공습이 시작된다.

[『이민자들』에서 페르버는 "열여덟이 되던 1943년 가을, 미술을 공부하기 위해 맨체스터로 왔다."(210쪽)] [1]

---

[1] 제발트의 작품에서 비슷한 시기에 일어난 일을 [ ] 안에 인용했다.

1944	5.18, 빈프리트 게오르크 제발트(Winfried Georg Sebald, 이하 WGS)가 독일 알고이의 베르타흐에서 태어난다.
1945	1.31, 독일 국방군 수송부대 소속의 WGS의 아버지(1911-99)가 프랑스에서 전쟁포로가 된다.
1947	1-2월, 프랑스에서 전쟁포로였던 아버지가 귀향한 후 WGS의 가족은 베르타흐로 이사한다. 3월, WGS의 아버지는 국가사회당 관련 혐의를 벗고 존트호펜 경찰국의 민간인 관리로 들어간다. 가족과 함께 프랑켄으로 가는 길에 뮌헨의 참상을 목격한다.
1949	6.2, 외할머니(게노페파 아델바르트의 딸로 1880년에 출생)가 사망한다.

[『이민자들』에서 서술자는 1951년 여름, 1920년대 말에 미국으로 이민을 갔던 친척들이 몇 주 동안 베르타흐를 방문한다. 서술자는 그때 유일하게 아델바르트 종조부를 본 것을 기억한다. (84쪽)]

1952	12월, WGS의 가족이 외할아버지 요제프 에겔호퍼(1872-1956)와 함께 베르타흐에서 인근 존트호펜으로 이사한다.
1953-1954	존트호펜의 초등학교를 다닌다.
1954-1956	가톨릭 산하 김나지움을 다닌다.
1956-1963	오베르레알슐레(근대언어와 자연과학을 가르치는 고등학교)에 다닌다.

[『아우스터리츠』에서 아우스터리츠는 1956년에 쿠르토연구소에서 건축사를 연구하기 시작한다. (122쪽)]

1956	WGS의 아버지가 1956년에 창설된 독일 연방군의 소령으로 임관한다. 4.14, WGS의 정신적 지주였던 외할아버지가 사망한다.
1962	학교에서 베르겐벨젠 강제수용소 수감자들의 해방에 대한 기록영화를 본다. 4월, 학교 연극부의《안티고네》공연에서 보초 역을 맡는다. 5.31, 자정이 되기 몇 분 전, 예루살렘에서 아돌프 아이히만이 교수형으로 처형된다.

1962-1963	런던 햄스테드에 오페어(au pair)로 가 있던 누나 게르트루트를 방문한다.
1963	7. 15, 김나지움 졸업장을 받는다. 발터 벤야민과 프랑크푸르트학파의 저서들을 사 보기 시작한다.
1963-1965	프라이부르크 대학교에 입학했으나 도중에 스위스 프리부르 대학교(1965-1966)로 가서 누이의 집에서 거주하며 학업을 이어간다. 그곳에서 1966년 7월, 문학 학사학위(licence ès lettres)를 받는다(최우등 졸업).
1964	12월, 브뤼셀을 처음 방문한다.

[『토성의 고리』의 서술자도 "1964년 12월 브뤼셀을 처음 방문"한다. (148쪽)]

1963-1965	프랑크푸르트에서 아우슈비츠 재판이 열린다.
1966	여름, 스스로를 '맥스(Max)'라는 이름으로 소개하기 시작한다(독일에서는 '막스'). 맥스는 프라이부르크 대학교의 막스밀리안스트라세(Maxmilianstrasse)라는 기숙사 이름에서 딴

것으로 WGS는 베르타흐 다음으로 이곳에서 가장 마음이 편했다고 한다. 이 기숙사 학생들은 학생이 학생을 자율적으로 선발하고 운영했으며, 반보수, 반체제의 저항 그룹이었다. 반항아였던 WGS는 그곳에 있었을 때 자기 몸에 딱 맞는 '옷'을 입은 듯했다. 재학 당시의 별명은 카키(Cocky)였는데, 이것은 유진 오닐의 단막극 『위험 지역(In the Zone)』에서 그가 맡은 배역의 이름이다.

1966 가을-1968년 여름, 맨체스터 대학교에서 독일어 강사로 일한다.

[『이민자들』에서 서술자가 1966년 가을, 맨체스터로 이사한다.]

영국 맨체스터 대학교에서 독일어 강사로 일하면서 석사학위(우등 졸업)를 취득한다.

[『이민자들』에서 "고향에서 기차로 대여섯시간 걸리는 곳 너머로 가본 적이 없다"(188쪽)

는 서술자는 "1966년 가을" 맨체스터로 이주한다.]

1967   9.1, 독일 바이에른 오버알고이의 존트호펜에서 결혼한다.

1968-1969   스위스 상트갈렌의 한 국제기숙학교에서 독일어와 영어를 가르친다.

1969-1970   맨체스터 대학교의 외국어 강사로 재임용된다.

1969   10월, 유대인이자 독일인인 작가 카를 슈테른하임에 대한 석사논문을 기반으로 쓴 책을 출간한다.

1970   4.20, 파울 첼란이 파리에서 자살한다.

1970-1975   이스트앵글리아 대학교(이하 UEA로 표기) 조교수가 되어 학생들을 가르치며 공부한다.

1970   10월, UEA 박사과정에 들어가서 되블린을 연구한다.

1971   4월, WGS 부부는 윈덤에 집을 구입한다.

1972   7월, 딸이 태어난다.

1973   8월, 박사학위 논문을 제출한다. 10.1, 전임강사가 된다.

1974	7월 박사학위를 받는다.
1975-1976	뮌헨 독일문화원에 1년 기간의 대학강사수련 프로그램에 들어가면서 UEA에 1년간 무급 휴직계를 낸다.
1975	여름, 윈덤의 집을 판 WGS 가족은 초식만 하는 반려견(래브라도)과 함께 독일 코부르크에 사는 처가집으로 이사한다.
1976	1-9월, 뮌헨 독일문화원에서 독일어 강사 교육을 받는다. 6-9월, 독일문화원에서 슈베비슈할로 파견되지만 조건에 불만을 품고 8월에 프로그램에서 자퇴한다. 가을 학기를 위해 UEA로 돌아간다. 노리치 남서쪽에 위치한 포링랜드의 낡은 구 교구 목사관저를 구입, 사망할 때까지 그곳에 거주한다.
1977-1978	몇 년간 진행된 주택 보수 공사에 비용을 대기 위해 번역 일을 겸한다.
1979	되블린 석사논문 독일어판을 준비하고 교정을 본다.
1980	클레트출판사와 되블린 연구서 출판 계약을 맺고 두 달 후인 3월에 출간한다.

1981	12월, 미국현대어문학협회(MLA)의 되블린 세미나로 뉴욕을 방문했을 때 뉴저지에 거주하는 외가쪽 친척들과 만난다. 1920년대에 미국으로 이민을 간 그들에게서 아랍옷 차림의 암브로스 외종조부의 사진을 본다.
1983	『자연을 따라. 기초시』의 두 번째 부분을 쓴다. 가을 학기에 UEA 평의회 임원이 된다. 12.30, WGS가 다녔던 초등학교 교사 아르민 뮐러가 자살한다(이 소식을 1984년 1월에 알게 된다).

["1984년 1월, S시에서 보낸 우편물이 도착했다. 초등학교 시절 나의 선생님이었던 파울 베라이터가 일흔네번째 생일을 맞고 일주일 뒤인 12월 30일 저녁에 목숨을 끊었다는 소식이었다." (38쪽)]

1985	『Die Beschreibung des Unglücks: Zur österreichischen Literatur von Stifter bis Handke(불행에 대한 서술: 슈티프터에서 한트

	케에 이르는 오스트리아 문학)』를 출간한다.
1986	2.26, 대학교수 자격 취득을 위해 함부르크 세미나에 참석한다. 4월, 함부르크 대학교에서 대학교수 자격 취득 논문 심사를 통과한다.
1987	4.11, 프리모 레비 사망. 10.1, UEA 부교수가 된다.
1988	여름, 『자연을 따라. 기초시』를 출간한다. 9.23, UEA 브리티시문학번역원(BCLT) 설립 관련 영국예술위원회 행사에서 A. S. 바이어트와 함께 강연한다. 10월, 엘리아스 카네티에게 『자연을 따라. 기초시』 증정본을 보낸다. 10.1, UEA 유럽문학부 정교수가 된다. UEA에서 1987년 봄에 열렸던 세미나 발제자들의 논문(제발트가 영어로 쓴 것도 포함)을 편집하고 직접 서문을 쓴 『급진적 무대. 1970년와 1980년대 독일의 연극』을 출간한다.
1989	UEA에 BCLT를 설립하고 1995년까지 초대 원장을 역임한다. 2.12, 토마스 베른하르트 사망.
1990	3월, 첫 산문픽션 『현기증. 감정들』을 출간한다.

| 1991 | 『이민자들』을 쓰기 위해 독일문학진흥기금에 장학금을 신청한다.

[『이민자들』에서 서술자가 1991년 6월 말에 암스테르담, 쾰른, 프랑크푸르트를 경유해 바트키싱엔과 슈타이나흐에 간다(278쪽). 또한 서술자는 9월 중순 도빌에 간다(147쪽).] |

| 1992 | 2.7, 『이민자들』의 「암브로스 아델바르트」 편을 끝내고 (3월 7-8일에 타자 원고를 작성한다.) 2.10, 번역가 마이클 헐스를 만난다. 9월, 두 번째 산문픽션 『이민자들』을 출간한다.

[『토성의 고리』에서 서술자는 "한여름이 거의 끝나갈 무렵이던 1992년 8월"(10쪽) 서포크로 도보 여행을 떠난다. "Hundstage"(영어는 dog days)는 7.9-8.11에 이르는 기간이며, 서술자가 입원하기 꼭 1년 전, "써머레이턴 성"(42쪽)에서 시작한다.] (실제로 1992년 8월은 1956년 이래 영국에서 가장 비가 많이

내린 달이었고 1988년 이래로 가장 추운 8월
이었다.)

1993   『이민자들』와 관련하여 거의 1년 내내 독일과
        스위스에서 수많은 홍보 행사에 참여한다.
        11.15, 마이클 헐스가『이민자들』의 영어 번
        역을 맡기로 한다.

1994   봄, 마이클 헐스가『이민자들』영어 번역에 착
        수한다.

1995   6월에『토성의 고리』를 탈고하고 10월에 출간
        한다. 11.19, 마이클 헐스가『이민자들』최종
        번역 원고를 하빌출판사에 보낸다.

1996   6-9월,『이민자들』영역본이 출간된다. 이것으
        로 WGS의 문학이 최초로 영어로 소개된다.
        11.19, 수전 손택이《타이스 문학증보판》을 통
        해『이민자들』을 극찬한다. 1996년 말경 마이클
        헐스가『토성의 고리』영역에 착수한다.

1997   함부르크 대학교에서 문예창작학과를 창설하
        고 운영해달라는 제의를 받고 9달 동안 숙고
        끝에 이제는 독일에 돌아가 살 수 없으리라는

	결론을 내리고 거절한다.
1997	가을 학기, 연구년을 내고 『토성의 고리』 영역을 검토한다. 『전원에 머문 날들』을 집필한다. 9월 중순, 『토성의 고리』 영역이 완료된다. 10월, 『이민자들』에 대한 미국 홍보 행사를 뉴욕에서 시작한다.
1998	1.22–25, 영국문화원에서 A. S. 바이어트가 주재하는 '번역' 세미나에 마이클 헐스와 함께 참석한다. 9.14, 『전원에 머문 날들』이 출간된다.
1999	3월, 『공중전과 문학』을 출간한다. 6.18, 아버지 게오르크 제발트가 세상을 떠난다. 12월, 번역가 안시아 벨이 『공중전과 문학』과 『아우스터리츠』의 영어 번역 의뢰를 받는다. 그리고 2000년 여름에 번역할 원고를 받는다. 12.9, 『현기증. 감정들』의 영역본이 출간된다.
2000	봄 학기, UEA의 영국 & 미국학과(EAS)에서 창작을 가르치기 시작한다. 2월, 마이클 햄버거가 『자연을 따라. 기초시』의 번역에 착수한다. 가을 학기에 연구년을 내고 『아우스터리

츠』『공중전과 문학』『자연을 따라. 기초시』의 영어 번역을 검토하는 한편, 독일과 프랑스, 스위스 등지를 다니며 새 작품에 필요한 조사를 수행한다.

2001 2.5, 『아우스터리츠』가 출간된다. 홍보행사 일정으로 바쁘다. 10월 말, 어머니와 친구들을 보러 존트하임을 방문한다. 12.4, 『아우스터리츠』의 프랑스어 번역자 파트릭 샤르보노와 마지막이 될 전화통화를 한다. 그 시점에 그는 약 100페이지쯤 번역하고 있었다.

12.14, 노리치 근처에서 운전 중 사망했다. 정확한 사인을 가리기 위해 부검을 거쳐 2002년 1월 초 노포크 세인트앤드류 교회 묘지에 묻혔다.

인용 출처 도서 목록

『자연을 따라. 기초시』(배수아, 문학동네, 2017)
        Nach der Natur: Ein Elementargedicht (1988)
        After Nature (Michael Hamburger, 2002)
『현기증. 감정들』(배수아, 문학동네, 2014)
        Schwindel. Gefühle (1990)
        Vertigo (Michael Hulse, 1999)
『이민자들』(이재영, 창비, 2019 개정판)
        Die Ausgewanderten (1992)
        The Emigrants (Michael Hulse, 1996)
『토성의 고리』(이재영, 창비, 2022 개정판)
        Die Ringe des Saturn. Eine englische Wallfahrt (1995)
        The Rings of Saturn (Michael Hulse, 1998)
『아우스터리츠』(안미현, 을유문화사, 2022)
        Austerlitz (2001)
        Austerlitz (Anthea Bell, 2001)
『공중전과 문학』(이경진, 문학동네, 2013)
        Luftkrieg und Literatur (2003)
        On the Natural History of Destruction (Anthea Bell, 2003)

연보와 옮긴이의 말 참고 문헌

Angier, Carole. Speak, Silence: *In Search of W.G. Sebald*. London, UK: Bloomsbury Circus, 2021.
Catling, Jo, and Richard Hibbitt, eds. *Saturn's Moons: W.G. Sebald: A Handbook*. London: Legenda, 2011.
Jacobs, Carol. *Sebald's Vision*. Literature Now. New York: Columbia University Press, 2015.
McCulloh, Mark Richard. *Understanding W.G. Sebald*. Columbia, S.C: University of South Carolina Press, 2003.
Patt, Lise, and Christel Dillbohner, eds. *Searching for Sebald: Photography after W. G. Sebald*. Los Angeles: The Institute of Cultural Inquiry, 2007.

부록

나방의 죽음
버지니아 울프

사냥꾼 그라쿠스
프란츠 카프카

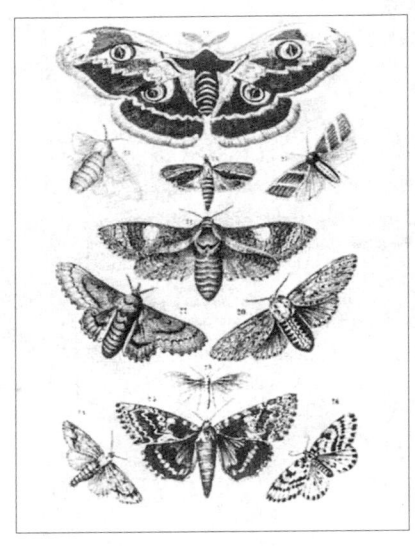

「나방의 죽음」과 「사냥꾼 그라쿠스」는 각각 런던 호가스 프레스의 『버지니아 울프 전집 1권』(1966), 뉴욕 쇼켄 북스의 『프란츠 카프카, 단편 전집』(1976)을 번역 텍스트로 삼았다.

나방의 죽음

버지니아 울프

그럼요, 녀석이 말하는 듯했다.
죽음은 나보다 강해요.

나방의 죽음

　낮에 날아다니는 나방은 엄밀히 말해 나방이라 할 수 없다. 그런 나방은 커튼의 그늘에서 잠자는 아주 흔한 노란 뒷날개나방처럼 어둑한 가을밤과 담쟁이덩굴꽃의 상쾌한 감흥을 주지 않는다. 낮에 날아다니는 나방은 나비처럼 화려하지도 다른 나방들처럼 칙칙하지도 않은 잡종이다. 그렇지만 좁다란 건초색 날개의 가장자리에 같은 색 솜털이 수북한 이 녀석은 삶이 만족스러운 모양이었다. 화창하고 온화하지만 여름철보다는 바람이 쌀쌀한 9월 중순의 상쾌한 아침이었다. 창문에 내다보이는 밭에서는 벌써부터 쟁기질이 한창이었고 보습이 지나간 자리의 납작하게 눌린 흙이 습기를 머금고 어슴푸레하게 빛났다. 그런 활력이 밭과 그 너머 언덕 위 초원에서 밀려오니 책만 보고 있기가 어려웠다. 게다가 때까치떼가 연례 축제를 벌이고 있었다. 때까치떼가 나무 꼭대기를 빙빙 돌며 날아올라 수천 개의 검은 매듭이 있는 거대한 그물이 공중에 던져진 듯했고, 잠시 후 그물이 천천히 나무 위로 가라앉자, 잔가지 끄트머리마다 매듭이 하나씩 걸린 것 같았다. 그러곤 갑자기 그물이 다시 던져졌는데, 이번에는 공중에 더 큰 원이 펼쳐지며 극도의 소란스러운 아우성 소리가 났다. 마치 그렇게 공중에 펼쳐졌다가 나무 꼭대기에 천천히 내려앉는 일이 때까치떼에게는 무척 신나는 일인 것처럼.

때까치떼, 쟁기질하는 사람들, 말들, 심지어 메마르고 헐벗은 구릉에게도 영감을 불어넣는 그 에너지에 이 나방도 네모난 창틀 안에서 날개치며 이리저리 돌아다녔다. 나는 이 녀석을 지켜보지 않을 수 없었다. 그러다 묘한 연민의 정을 느끼기 시작했다. 그날 아침은 기쁨의 가능성이 무척 충만하고 또 무척 다양해 보였는데, 한낱 나방으로, 그것도 낮 나방으로 삶에 참여한다는 것은 가혹한 운명으로 느껴졌고, 그 빈약한 기회를 최대한 활용하려는 열의는 애처로웠다. 나방은 창유리 칸 한쪽 구석으로 힘차게 날아갔다가 잠시 뜸을 들이더니 반대쪽 구석으로 날아갔다. 세 번째 구석으로, 그리고 네 번째 구석으로 날아가는 일 말고 달리 할 게 뭐가 남아 있을까? 구릉은 저리도 넓고 하늘은 저리도 크고 저 멀리 가옥의 굴뚝에서는 연기가 피어오르고 이따금 바다에서는 증기선의 낭만적인 소리가 들려와도 녀석이 할 수 있는 건 그뿐이었다. 그저 할 수 있는 것을 할 따름이었다. 녀석을 가만 보고 있자니 세상의 거대한 에너지에 붙어 있던 미세하고 순수한 보풀 한 가닥이 잘려 나와 몸 안에 스며들었나 보다는 생각이 들었다. 녀석이 유리창을 가로지를 때마다 나는 한 올 생명의 미세한 빛이 반짝인다는 상상을 했다. 녀석은 생명 자체 외에는 아무것도 아니었다.

하지만 녀석은 너무 작고, 열린 창문으로 밀려들어와 내 머릿속과 뭇 사람들의 머릿속에 있는 수많은 좁고 복잡하게 연결된 회랑을 돌아다니는 에너지의 너무 단순한 형태였기 때문에, 경이로우면서도 가엾게 느껴졌다. 마치 누군가가 순수한 생명의 작은 구슬을 솜털과 깃털로 최대한 가볍게 장식해서 우리에게 진정한 생명의 본질을 보여주려고 이렇게 어지러이 춤추며 다니게 만든 듯했다. 이렇게 묘사하고 보니 이상한 기분을 떨칠 수 없었다. 그토록 공들인 무늬가 있고 곱게 장식되었기 때문에 신중하고 품위 있게 움직여야 하는 녀석을 보고 있으면 삶의 모든 것을 잊고 싶은 기분이다. 다른 모습으로 태어났더라면 그 모든 삶이 달라졌을지 모른다는 생각에 나는 다시금 녀석의 단순한 활동을 측은하게 바라보았다.

잠시 후, 춤을 추다 지쳤는지 녀석이 양지바른 창턱에 내려앉았다. 그 기묘한 광경이 끝나자 나는 녀석을 잊었다. 그러다 문득 고개를 쳐들자 녀석이 보였다. 날개를 파닥이기에 다시 춤을 추려는가 보다 했는데 창유리 바닥까지밖에 못 갈 정도로 동작이 뻣뻣하고 서툴러 보였다. 창유리를 가로질러 날아 보려 했지만 헛짓이었다. 다른 일 때문에 여념이 없어 아무런 생각 없이 잠시 그 헛된 몸짓을 물끄러미 바라보면서 기계가 멈추면 그 원인을 생각하지 않고 다시 작동하기를 기다리는 것처럼, 나는 부지중에 녀석이 다시 날기를 기다렸다. 대여섯 번은 시도했던 것 같은데 그러다 창틀에서 미끄러지더니 날개를 파닥이며 창턱에 떨어져 자빠졌다. 속수무책인 녀석의 자세에 나는 문득 정신을 차렸다. 녀석이 곤경에 처했다는 생각이 스쳤다. 녀석은 스스로 일어날 수 없었다. 다리를 버둥거렸지만 소용없었다. 녀석을 일으켜 주려 연필을 내밀다가 문득 녀석의 실패와 서투름은 죽음이 가까이 왔기 때문이라는 생각이 엄습했다. 나는 연필을 도로 내려놓았다.

다리들이 다시 한 번 흔들렸다. 나는 녀석이 맞서 싸우고 있는 적이 있기라도 한 듯이 바라보았다. 문밖도 내다보았다. 저 밖에서 무슨 일이 있었던 걸까? 아마 한낮이었고 밭일은 멈춘 것 같았다. 활기의 자리에는 고요와 정적이 들어섰다. 새들은 먹이를 구하러 시냇가로 날아갔다. 말들은 가만히 서 있었다. 하지만 특별히 어느 하나에 주의를 주지 않고 무심히 비정하게 운집해 있는 힘은 여전히 거기에 있었다. 왠지 그 힘은 이 작은 건초색 나방에게 적대적이었다. 무언가를 해보는 건 부질없었다. 원하기만 하면 도시 전체를, 도시뿐만 아니라 수많은 사람들을 묻을 수 있을, 다가오는 파멸에 맞서 그 작은 다리들이 비상하게 애쓰는 모습을 나는 그저 지켜볼 수밖에 없었다. 나는 아무것도 죽음에 대항할 수 없다는 것을 알고 있었다. 그렇지만 지쳐 멈추었던 다리들이 다시 떨었다. 이 마지막 저항은 눈부셨다. 녀석은 필사적으로 움직인 끝에 바로 앉는 데 성공했다. 물론 나의 동정심은 전적으로 생명의 편이었다. 또한 관심을 갖거나 아는 사람이 없는데, 작고 하찮은 나방이 그런 큰 힘에 맞서, 아무도 존중하거나 가지고 싶지 않을 것을 잃지 않으려는 거대한 안간힘에 나는 야릇한 감동을 받았다. 그리고 또 왠지 삶이 순수한 구슬처럼 보였다. 나는 소용없을 줄 알면서도 다시 연필을 들었다. 그러는 중 죽음의 징후가 분명하게 드러났다. 녀석의 몸이 느슨해지는가 싶더니 이내 뻣뻣해졌다. 고투는 끝났다. 이 작고 하찮은 녀석은 이제 죽음을 알았다. 죽은 나방을 바라보면서 나는 그토록 거대한 힘이 한눈을 팔고 이 초라한 적수를 상대해서 하찮은 승리를 거둔다는 것이 경이로웠다. 몇 분 전 생명이 야릇했던 것처럼 이제는 죽음이 야릇했다. 다시 일어나 앉았던 나방은 이제 품위 있고 불평이 없는 듯이 평온히 엎드려 있었다. 그럼요, 녀석이 말하는 듯했다. 죽음은 나보다 강해요.

버지니아 울프는 1941년에 스스로 목숨을 끊었다. 「나방의 죽음」은 그해에 쓴 에세이다.

나방의 죽음

사냥꾼 그라쿠스

프란츠 카프카

사는 게 기뻤고
죽는 게 기뻤어요.

두 소년이 방파제에 앉아 주사위를 갖고 놀고 있었다. 한 남자가 기념비 위에서 검을 높이 휘두르는 영웅의 동상이 드리운 그늘 속 계단에 앉아 신문을 읽고 있었다. 한 소녀가 우물가에서 물통에 샘물을 채우고 있었다. 과일장수가 물건 옆에 가로누운 채 호수를 바라보고 있었다. 텅 빈 구멍 같은 술집 문과 창문을 통해 깊숙한 안쪽에서 포도주를 마시고 있는 두 남자의 모습이 보였다. 주인은 앞쪽 테이블에 앉아 졸고 있었다. 세대박이 돛배가 마치 보이지 않는 수단으로 공중에 부유하듯 소리없이 작은 부두로 들어왔다. 퍼런 덧옷을 입은 사내가 배에서 내려 밧줄을 고리에 걸어 당겼다. 이 수부장 뒤로 은색 단추가 달린 짙은색 코트를 입은 두 남자가 들것을 들고 내렸다. 들것을 덮은 술 달린 꽃무늬 비단 아래 사람이 누워 있었음이 분명했다.

부두에서는 아무도 새로 온 사람들에게 관심을 갖지 않았다. 그들이 들것을 내려놓고, 여전히 밧줄을 다루고 있는 수부장이 앞장서길 기다릴 때에도 아무도 그들에게 다가가지 않았고, 아무도 그들에게 질문을 하지도, 그들을 자세히 쳐다보지도 않았다. 머리를 풀어 흩트린 채 아기를 안고 갑판 위로 나온 한 여인 때문에 수부장의 일이 더 지체되고 있었다.

 이윽고 수부장이 일행에게 다가가 부둣가 왼쪽에 우뚝 서 있는 누르스름한 이층집을 가리켰다. 그들은 들것을 다시 들고 굵지 않은 기둥이 받치고 있는 낮은 문 쪽으로 갔다. 어린 소년이 창문을 열었다가, 그들이 집 안으로 사라지는 것을 보고 얼른 창문을 도로 닫았다. 이제 문도 닫혔다. 검은 떡갈나무에 정성껏 문양을 새긴 문이었다. 종루 주위를 날아다니던 비둘기떼가 그 집 앞길에 내려앉았다. 마치 모이가 집 안에 저장되어 있기라도 한 것처럼 비둘기 떼가 문 앞에 옹기종기 모였다. 그러더니 한 마리가 이층으로 날아올라 창문을 쪼았다. 보살핌을 받는 밝은 색의 활기찬 새들이었다. 갑판 위의 여인이 손을 휘이 저어 알곡을 던지자 비둘기들은 그것을 다 먹어치운 뒤 여인 쪽으로 날아갔다.

 상장(喪章)이 달린 실크해트를 쓴 남자가 좁다랗고 가파른 골목길을 내려와 부둣가로 나왔다. 그는 주위를 유심히 살폈다. 모든 게 그를 슬프게 하는 것 같았다. 한쪽 구석에 버려진 쓰레기를 보고 그의 입가가 뒤틀렸다. 기념비 계단에는 과일 껍질이 널려 있었다. 그는 지나가며 지팡이로 그것들을 옆으로 치웠다. 검정 장갑을 낀 손으로 실크

사냥꾼 그라쿠스

해트를 벗으며 그는 문을 두드렸다. 문이 바로 열렸고, 오십 명쯤 되는 소년들이 긴 현관 복도에 두 줄로 서 있는 것이 보였고, 그들은 그에게 고개 숙여 인사했다.

수부장이 계단을 내려와 검은 옷의 신사를 맞이하고 이층으로 안내해 올라갔다. 그는 앞장서 중앙에 안뜰이 내려다보이는 밝고 우아한 로지아를 따라 걸었다. 소년들은 무례가 되지 않게 거리를 두고 뒤를 따랐다. 두 사람은 집 뒤쪽에 면한 넓고 시원한 방으로 들어갔다. 그 방의 창문 밖으로 다른 집들은 보이지 않고 밋밋하고 거무스름한 회색 바위의 표면만 보였다. 들것을 들고 온 사내들은 상여 머리맡에 긴 양초를 여러 개 놓고 불을 붙이느라 분주했다. 촛불은 실내를 밝히기보다는 그때까지 미동도 않던 그림자들을 뒤흔들어 벽에 너울거리게 했을 뿐이다. 들것을 덮고 있던 천이 벗겨졌다. 그곳에 누워 있는 사람은 미친 듯이 머리가 헝클어진, 왠지 사냥꾼 같은 모습의 남자였다. 그는 꼼짝하지 않고 눈을 감은 채로 누워 있었는데, 숨도 쉬지 않는 것 같았다. 그를 둘러싼 부대 요소들이 그를 죽은 사람인가 보다고 생각하게 만들었을 뿐이다.

실크해트의 신사가 들것으로 다가가 그 위에 누워 있는 사람의 이마에 손을 얹더니 무릎을 꿇고 기도를 했다. 수

사냥꾼 그라쿠스

부장이 들것을 운반한 사내들에게 나가라고 신호했다. 그들은 방에서 나가 밖에 몰려 있던 소년들을 몰아내고 문을 닫았다. 하지만 신사는 그것만으로는 성에 차지 않은지 수부장에게 눈짓을 했고 그는 무슨 뜻인지 알아차리고 옆문으로 나갔다. 그러자 들것에 누워 있던 사람이 눈을 뜨고 신사 쪽으로 아주 힘들게 얼굴을 돌리더니 입을 열었다. "누구시오?" 무릎을 꿇고 앉아 있던 신사는 전혀 놀란 기색이 없이 일어나며 대답했다. "리바의 시장이오."

들것의 남자는 고개를 끄덕하고는 힘없는 손을 들어 의자를 가리켰다. 시장이 제안을 받아들인 후 들것의 남자는 말했다. "물론 알고 있습니다, 시장님, 하지만 의식이 돌아온 순간에는 언제나 생각이 안 납니다. 모든 게 눈앞에서 빙빙 돌아요, 그래서 무엇이든 알아도 무조건 묻는 게 좋죠. 시장님도 내가 사냥꾼 그라쿠스란 걸 아시겠군요."

"물론이오." 시장이 말했다. "선생이 오리라는 전갈을 간밤에 받았으니까요. 한참 잠을 자고 있을 자정 무렵에 우리 집사람이 갑자기 외치더군요. '살바토레,' 아, 살바토레는 내 이름입니다. '창가에 비둘기가 있어요'라고. 보니까 진짜 비둘기이긴 한데, 수탉처럼 큽디다. 녀석이 내게 날아오더니 귓가에 대고 이렇게 말하더군요. '죽은 사냥꾼

사냥꾼 그라쿠스

그라쿠스가 내일 옵니다. 시(市)의 이름으로 그를 맞으시오'라고."

사냥꾼이 고개를 끄덕하더니 혀 끝으로 입술을 핥았다. "네, 비둘기들이 저보다 앞서 가지요. 그런데 시장님, 내가 리바에 머무를 수 있겠습니까?"

"아직은 뭐라 할 수 없습니다." 시장이 대답했다. "선생은 죽었습니까?"

"네." 사냥꾼이 말했다. "보시다시피. 오래전, 그렇지, 아주, 아주 오래전, 나는 검은 숲의 암벽에서 떨어졌습니다. 검은 숲은 독일에 있죠. 샤무아를 사냥하다 그리 되었어요. 그 후론 주욱 죽어 있습니다."

"근데 이렇게 살아 있기도 하잖소." 시장이 말했다.

"어떤 의미에서는." 사냥꾼이 말했다. "어떤 의미에서는 살아 있기도 하죠. 제 죽음의 배가 길을 잃었습니다. 내 조국의 아름다움에 정신이 팔려서 그랬는지 왜 그랬는지 모르겠지만 수부장이 한순간 방심해서 키를 잘못 돌렸죠. 내가 아는 건 오로지, 그로 인해 나는 이 세상에 머물게 되었고, 그 후론 줄곧 저 배가 이 세상의 바다를 항해하고 있다는 것입니다. 그래서 산속에 사는 것 외엔 바라는 게 없던 나는 죽은 다음에도 이 세상의 모든 나라를 돌아다니는 겁니다."

"그럼 선생은 저세상과는 상관이 없단 말이오?" 시장이 눈살을 찌푸리며 물었다.

"나는 영원히 그곳에 이르는 광대한 계단에 있습니다. 그 끝없이 넓은 계단을 배회합니다. 올라갈 때도 있고 내려갈 때도 있고, 오른쪽으로 가기도 하고 왼쪽으로 가기도 하며 항상 이동합니다. 사냥꾼이 나비가 된 거죠. 웃지 마십시오."

"안 웃어요." 시장이 항변했다.

"고맙습니다." 사냥꾼이 말했다. "나는 항상 이동합니다. 하지만 지고의 도약을 해서 저 꼭대기의 빛나는 문을 보는 순간, 깨어나 보면 여전히 이 세상의 어느 바다에서 쓸쓸히 오도가도 못하는 저 배 위에 있는 겁니다. 내가 실패한 죽음이 선실에서 나를 보며 빙글거립니다. 수부장의 아내 줄리아는 아침마다 문을 두드리고 배가 정박하는 곳의 음료수를 가져다 주죠. 나는 나무 침상 위에 누워 있습니다. 나를 보기가 즐거울 리가 없죠. 더러운 홑이불에 둘둘 감겨 있고, 희끗희끗한 머리와 수염은 어찌할 수 없이 뒤엉켜 있으니. 긴 술이 달리고 커다란 꽃무늬가 있는 여자용 숄이 내 사지를 덮어 주긴 하죠. 성찬식용 촛불이 내 머리맡을 지키며 불을 밝혀 줍니다. 맞은편 벽에는 작은 그림이 걸려 있는데 그림 속 부시맨으로 보이는 자가 내게 창을 겨누면서 아름답게 칠한 방패 뒤로 최대한 몸을 숨기고 있죠. 배에서는 곧잘 유치한 그림들과 마주치게 되는데, 이 배는 그런 걸로는 타의 추종을 불허합니다. 그밖에 내가 기거하는 그 나무 감옥 같은 방은 텅 비었죠. 옆쪽에서는 남쪽 바다의 훈훈한 밤바람이 불어 들어오고 저 낡은 배의 옆구리를 치는 파도소리가 들립니다.

나는 검은 숲에서 사는 사냥꾼 그라쿠스로서, 샤무아를 쫓다가 벼랑에서 떨어진 후로 줄곧 이 침상에서 누워 지내죠. 모든 일이 착착 순조롭게 진행됐어요. 사냥감을 쫓다가 벼랑에서 떨어졌고, 계곡에서 피를 흘리다 죽자, 나를 다음 세상으로 데려다줄 배가 온 거죠. 처음 이 침상에 길게 누울 때 얼마나 기뻤는지 아직도 생각납니다. 나는 그 어둑한 곳의 벽을 보고 내가 살던 산에게도 들려주지 않은 노래를 불렀답니다.

사는 게 기뻤고 죽는 게 기뻤어요. 배에 오르기 전에 나는 그 불쾌한 탄약이며 배낭이며 내가 자랑스럽게 여기던 엽총까지 모조리 던져 버리며 흥겨워 했죠. 나는 결혼 예복을 입는 여자처럼 이 둘둘 감기는 홑이불 속으로 들어갔죠. 그리고 누워 기다렸어요. 그러나 불운이 닥쳤죠."

"끔찍한 운명이군요." 시장이 그 운명을 막듯이 손을 쳐들며 말했다. "그런데 선생의 잘못은 전혀 없습니까?"

"전혀요." 사냥꾼이 말했다. "나는 사냥꾼이에요, 혹시 그게 잘못일까요? 나는 검은 숲에서 사냥꾼으로 일했어요. 그때만 해도 그곳엔 늑대가 살았죠. 잠복해 있다가 총을 쏘고, 목표물을 맞히고, 시체의 가죽을 벗기고 하는 일, 그게 잘못인가요? 제 일은 축복받은 일인데요. 나는 검은 숲의 대(大)사냥꾼으로 불렸어요. 그게 잘못인가요?"

"나는 그 말에 답할 적임자가 아닌 것 같습니다만, 내가 보기에 선생한텐 잘못이 없는 듯합니다. 그렇다면 누구 잘못이죠?"

"그야 수부장의 잘못이죠." 사냥꾼이 말했다. "내가 여기서 말하는 걸 글로 읽을 사람은 없겠죠. 나를 도우러 올 사람은 없을 테니까. 만일 나를 도우라는 지시가 내려지면 모든 집의 문이 잠길 것이며, 창문도 모두 닫힐 테죠. 모든 사람이 이불을 뒤집어쓰고 침대에 누워 있을 테고, 온 천지가 한밤의 여인숙 같을 테니까요. 여기엔 그럴 만한 이유가 있는데, 아무도 나에 대해 알지 못하기 때문이에요. 사람들이 나를 안다 해도 내가 어디에 있는지 모를 테고,

또 내가 어디에 있는지 알더라도 그곳에 머물지 아닐지 모를 것이며, 그곳에 머물지 안다 하더라도, 나를 어떻게 도울지 모를 겁니다. 나를 돕는다는 생각은 잠자리에서 치료되어야 할 병이죠.

나는 그걸 압니다. 그래서 도움을 청하러 외치고 다니지 않아요. 그래도 가끔은 내가 지금처럼 분별을 잃고 진지하게 그럴 생각을 하지만요. 하지만 그런 생각을 물리치려면 내 주위를 한번 쓱 돌아보고 내가 어디에 있는지를, 수백 년이라고 해도 과언이 아닐 텐데, 내가 그 동안 어디에 있었는지를 확인하기만 하면 그걸로 됩니다."

"놀랍습니다." 시장이 말했다. "놀라워요. 그러니까 리바에 한동안 머물 생각이란 말씀이죠?"

"그럴 생각은 없습니다." 사냥꾼이 씩 웃으며 말하고는 달래듯이 시장의 무릎에 손을 얹었다. "내가 여기 있다는 사실, 그것밖에는 모릅니다. 이게 내가 할 수 있는 전부예요. 내가 타고 온 작은 범선에는 키가 없습니다. 죽음의 하계(下界)로 부는 바람을 타고 떠가는 거죠."

사냥꾼 그라쿠스

그라쿠스가 카프카가 직감한 자신의 운명을 나타내는 것이라면 그라쿠스라는 이름은 우연이 아닐 것이다. '갈까마귀'를 뜻하는 라틴어 graculus는 영어의 grackle(찌르레기류)이 되며, grackle은 까마귀보다 작은 갈까마귀를 비롯한 검은 새를 가리킨다. 체코어에서 갈까마귀는 kavka인데, 이 이름은 프라하에서 카프카의 아버지가 운영하던 상점의 간판에 그려져 있었다. 카프카는 자신을 '갈까마귀'로 소개했던 적도 있다.

『현기증. 감정들』에서 카프카의 사냥꾼 그라쿠스는 여러 텍스트를 하나로 묶어 일체성을 부여하는 유령이다. 사냥꾼 한스 슐라크(그라쿠스의 아바타)도 마찬가지다. 『이민자들』에서는 블라디미르 나보코프가 비슷한 역할을 한다. 한 곳에 오래 정착하지 못하고 돌아다니는 나보코프는 『이민자들』의 유령으로 제격이다. 제발트는 그라쿠스의 운명은 자살에서 비롯했음을 암시한다.

글쓰기에 관한 제발트 어록

소설에는 어딘가 유령 같은 존재가 있어야 합니다. 전지적인 무언가가. 그것이 소설의 실재를 다르게 만듭니다.

글을 쓰는 목적은 이제까지 보이지 않던 것을 발견하는 것입니다. 그렇지 않으면 그 과정은 아무런 의미가 없습니다.

실험 소설을 쓰는 것도 좋지만, 그러려면 독자를 그 실험에 포함시키십시오.

모호한 무언가에 대해 쓰되 모호하게 쓰지 마십시오. 어떤 부분은 모호하게 내버려두는 것이 좋을 때도 있습니다.

나폴레옹에 관해 독창적인 글을 쓰기는 힘들지만 별볼일 없었던 보좌관에 관해 쓴다는 건 전혀 다른 문제입니다.

오늘날 관찰자가 관찰 대상에게 영향을 미친다는 것을 우리는 압니다. 따라서 전기를 쓰면 출처를 말해야 합니다. 그것이 누군가와 대화한 결과라면 그 대화를 나눈 상황을 말할 수 있어야 하죠.

서술자라는 부류가 하는 일은 기록이죠. 서술자는 감정에 좌우되지 않습니다. 산전수전 다 겪어 봤으니까요.

현재 시제는 희극에 적합합니다. 과거 시제는 이미 지나간 것이니 당연히 우울합니다.

소설을 쓸 때 부족한 것을 등장인물 탓으로 돌려서는 안 됩니다. 가령 "그는 그곳의 풍경을 몰라 묘사하지 못한다"라거나 "그는 술에 너무 취해 이러저러한 걸 모른다"라는 식은 곤란합니다.

기상 상태는 이야기에 불필요하지 않습니다. 날씨 이야기에 거부감을 가지지 마십시오.

등장인물의 동작을 제대로 묘사하는 건 불가능까지는 아니더라도 상당히 어렵습니다. 중요한 건 독자가 그걸 읽고 정확하진 않더라도 분명히 머릿속에 떠올릴 수 있어야 합니다. 생략법을 써도 좋아요. 일련의 행동을 축약해도 좋고요. 모든 행동을 일일이 다 공들여 묘사할 필요는 없습니다.

등장인물들에게는 독자의 머릿속에 박힐 의미심장한 디테일이 있어야 합니다.

거의 분간이 안 되는 쌍둥이나 세쌍둥이를 등장시키면 으스스하고 기묘한 분위기를 주는 효과가 있습니다. 카프카가 그렇죠.

소설을 읽고 무언가를 배우면 언제나 흐뭇합니다. 디킨스가 소설에 그런 요소를 도입했죠. 에세이가 소설에 침입한 겁니다. 그렇지만 우리는 소설 속의 '사실'을 신뢰해서는 안 될 겁니다. 소설은 어쨌든 환상이거든요.

소설 속에서 분명히 밝혀지지 않고 누가 봐도 잘 알아볼 수 없는 비정상이나 정신질환 요소는 이야기에 좋습니다. 시골에는 그런 종류의 이야기들이 많죠. 도시와는 달리 시골에서는 주위에 누가 정신병이 있어도 모르고 살아 가죠.

문학과는 관련이 없는 책을 읽으십시오.

무엇을 발견하고 그걸 챙겨 두는 일에는 리비도적인 기쁨이 있습니다.

하인들에게 일을 시키세요. 온갖 일을 전부 스스로 해서는 안 됩니다. 다시 말해서 사람들에게 질문하고, 정보를 캐고, 그들이 내놓는 정보를 사정없이 훔치세요.

순전히 여러분의 머릿속에서 지어내는 이야기는 사람들이 말해 주는 것만큼 손에 땀을 쥐게 하지 않아요.

나는 여러분에게 가급적 많이 훔치라고 격려해줄 수밖

에 없어요. 아무도 눈치채지 못할 겁니다. 한두 마디라도 끄적일 수 있는 메모장을 가지고 다니다 무언가를 적으면 어디서 누구한테 들은 건지는 적지 마세요. 그리고 이삼 년 뒤 그걸 다시 보면 아무런 죄책감 없이 활용할 수 있습니다.

묘하거나 감명적인 인용구를 보면 여러분의 이야기에 접목하십시오. 산문은 그런 걸로 풍요로워집니다. 인용구는 효모나 첨가물 같은 겁니다.

오래된 백과사전을 보세요. 다른 시각이 있습니다. 백과사전은 완전하고 체계적인 지식을 전달하려 하지만 사실 이 세상을 설명한다면서 완전히 임의적으로 긁어 모은 것입니다.

다른 텍스트를 따라가며 글을 쓰는 건 아주 유익합니다. 알루미늄박 같은 거죠. 말하자면 여러분의 글은 글자를 지우고 그 위에 글을 쓴 양피지가 되는 겁니다. 여러분이 그렇게 글을 썼다고 밝힐 필요도 없고 양피지 밑에 무슨 글이 있었는지 말할 필요도 없습니다.

글쓰기에서 제약은 자유를 줍니다.

어떤 작가든 잘 들여다보면 문제점이 있습니다. 그걸 발견하면 큰 희망이 생기죠. 그런 문제점들을 발견하는 데 능할수록 자신은 그런 걸 피할 수 있습니다.

모든 문장은 문맥에서 따로 떼어내도 그 자체로 의미가 있어야 합니다.

'시적'인 문장을 쓰려고 애쓰는 작가라는 인상을 주면 안 됩니다.

운율이 있는 산문을 쓰는 건 쉬워요. 그런 글은 읽기 좋을지 몰라도 얼마쯤 지나면 따분해집니다.

단지 다음 문장을 쓰기 위한 문장은 쓰지 마십시오.

너무 개고를 많이 하지 마십시오. 그러다 누더기 잡동사니가 됩니다.

누구의 말도 듣지 마세요. 우리 교수들의 말도. 치명적입니다.

옮긴이 **공진호**

서울에서 태어나 뉴욕시립대학교에서 영문학과 창작을 공부했다. 윌리엄 해즐릿의 『혐오의 즐거움에 관하여』 『왜 먼 것이 좋아 보이는가』 조지 오웰의 『1984』 『동물농장』 『버마의 나날』, 윌리엄 포크너의 『소리와 분노』, 허먼 멜빌의 『필경사 바틀비』, 하퍼 리의 『파수꾼』, 루시아 벌린의 『청소부 매뉴얼』, 아틸라 요제프의 『일곱 번째 사람』, 베르톨트 브레히트의 『꽃을 피우는 사과나무에 대한 감격』 등 다수의 번역서를 냈다.

기억의 유령
폭력의 시대, 불가능의 글쓰기는 어떻게 가능한가

초판 발행 2023년 9월 15일
개정증보판 발행 2025년 6월 16일

지은이 린 섀런 슈워츠
옮긴이 공진호
펴낸곳 아티초크 (Artichoke Publishing House)
출판등록 제25100-2013-000008호
주소 경기도 성남시 분당구 탄천상로 164, A-303 (13631)
전화 031-718-1357 | **팩스** 031-711-1351
홈페이지 artichokehouse.com

이 책 내용의 전부 또는 일부를 재사용하려면
반드시 저작권자와 아티초크 출판사의 동의를 받아야 합니다

ISBN 979-11-86643-22-8 (03800)